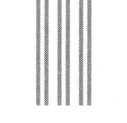

YOUZHI JUNHENG
JINMI FAZHAN

优质均衡 紧密发展
杨浦区集团化办学共享机制研究

朱 萍·主编

上海社会科学院出版社

编委会

主　编 朱　萍
副主编 吴　芳
编　委（按姓氏音序排列）
　　　　丁利民　冯　巍　贾晓岚　姜明彦　蒯峰梅
　　　　李鸿娟　李　忠　刘　刚　楼蓓芳　秦　娟
　　　　邱爱萍　邵世开　薛志刚　杨莉俊　郑小燕
　　　　周　梅

序

上海市教育科学研究院普通教育研究所所长　研究员　汤林春

教育是民生，教育发展程度决定着国家的未来和民族的希望。教育公平是社会公平的基石。党和国家一直高度重视基础教育的均衡发展，强调人人都有人生出彩的机会。集团化办学就是在区内或跨区组建办学联合体，通过优质教育资源带动相对薄弱学校、农村学校与新建学校发展，是扩大优质教育资源，促进基础教育均衡发展的重要策略。2012年9月，国务院颁发《关于深入推进义务教育均衡发展的意见》，明确指出："发挥优质学校的辐射带动作用，鼓励建立学校联盟，探索集团化办学，提倡对口帮扶，实施学区化管理，整体提升学校办学水平。"为贯彻党中央和国务院的要求，2014年上海市在《上海市教育综合改革方案（2014—2020年）》专门提出推广"集团化""学区化"办学模式，促进"新优质学校"集群式发展，使学区化集团化办学和新优质学校推进项目成为推动上海基础教育优质均衡发展的"两翼"。2015年，上海市教委出台《上海市教育委员会关于促进优质均衡发展推进学区化集团化办学的实施意见》（沪教委基〔2015〕80号），对学区化集团化办学作出了部署，等等。这些文件与政策都是落实党和国家要求的集中体现。

其实，从20世纪90年代起，浦东新区、闵行、杨浦、普陀、奉贤等区就先后对集团化办学进行了探索。如2005年4月，为扩大优质教育资源，促进教育均衡发展，杨浦区组建了以打虎山路第一小学为核心的教育集团，通过教师专业发展、课程资源共享、学校文化覆盖、管理方式辐射等一系列举措，带动集团内其他学校发展，达到区域办学水平均衡发展的目标，获得学生和家长、领导和专家、同行和社会的积极评价。其后，杨浦还先后成立了杨浦小学、控江二村小学和上理工附小等4个小学教育集团，有效促进了区域内基础教育均衡发展。2014年杨浦区成为上海市推进学区化集团化办学四个试点区之一。2015年，杨浦区教育局制订《关于进一步深化集团化办学的实施意见》，明确了进一步拓展集团规模、进一步形成可复制经验成果、进一步创新办学机制的目标。到 2017 年，杨浦共建有 13 个教育集团，覆盖义务教育阶段的 56 所中、小学，占总数的 66％。当年下半年，杨浦区又率先提出办紧密型教育集团的主张，进一步尝试探索多法人"一体化"的紧密型集团办学模式。截至 2019 年底，杨浦区义务教育阶段的教育集团已增至 16 个，覆盖义务教育学校 85％左右。从 10 年自主探索、3 年上海市试点，到 3 年多的紧密型实践，一路走来，杨浦积累了许多值得借鉴的经验。

一、较好地处理了公平与质量问题

开展集团化办学，有人担心会稀释优质教育资源。杨浦区认为，集团化办学就是要通过多种合作形式，使集团内的优质学校在充分发挥辐射作用的同时，能够向新的高度攀升，并使集团的整体教育水平达到甚至超过原有优质学校的水平，进而实现不低于或高于其他集团和其他地区办学水平的目标，做到内外两个优质均衡发展。集团化办学的首要目标是全面提高教育质量，实现人民群众对于美好教育的期盼。这些对集团化办学目标的表述，说明杨浦区较好地处理了公平与质量问题，打消了人们的担忧。

二、构建了较好的稳定的运作机制

集团化办学要不流于形式，取得实效，就必须构建若干有效的工作机制。杨浦区深知其中的奥秘，聚焦管理、教师流动、课程、教科研等方面，专门设计了管理机制经验共享项目、教师流动机制经验共享项目、课程共建机制经验共享项目和教科研机制经验共享项目，完善优化了集团办学章程、理事会管理机制、集团内教师流动机制、集团考核激励机制、集团考核分级评估制、专项经费制、项目驱动制等，形成了可复制与推广的经验。

三、为解决集团化办学关键问题提供了杨浦方案

集团化办学管理是个难题，杨浦区提出构建"1＋1＋5"管理机构，形成集团理事会、集团学术委员会和五大集团事务中心，确保集团有序运作。集团化办学教师交流是关键，但实际中流动困难大，杨浦区实行主学科教师跨校交流 2 年，其他学科教师交流 1 年，通过统筹编制、盘活存量等方式，形成"骨干交流、校际互动"的柔性流动机制，对跨校流动实施过程化管理，形成培训跟教、

结对带教、课程走教、导师培教、跨校联教和专题研教的"六教"交流模式,组建12个研修共同体,形成"多元互动,优势互补,合作互融"的研修文化。集团化办学成效评估是难点,杨浦区探索引入第三方评估机构参与,重点对集团化办学的规划制订、实施过程、办学成效进行评估。这些都是值得大家借鉴的好经验、好做法。

杨浦在集团化办学上的经验还有许多,读者可以通过阅读《优质均衡 紧密发展——杨浦区集团化办学共享机制研究》一书来仔细领略。这本著作汇集了杨浦十几年来在集团化办学上的主要探索,凝聚了杨浦教育人的心血。全书共分四个部分:一、《上海市杨浦区集团化办学的行与思》,全景式地勾勒了杨浦区集团化办学的实践与思考。二、《杨浦区集团化办学共享机制建设项目报告》具体介绍了管理机制共享、教师流动机制、课程共建机制和教科研机制。三、"一线报告",比较具体地介绍了杨浦区16个教育集团的建设情况,让大家能领略到不同教育集团的风采,领悟他们的成功秘诀。四、"案例分享",以文化共识、课程共创、教学共研、队伍共建以及成果共享这"五共"为线索展开,让读者从案例中领略到突破难点的实践智慧。全书既有理论探讨,又有实践呈现,是一本理论与实践相结合、情景生辉的作品。

党的十九大明确指出,中国特色社会主义进入新时代,我国社会主要矛盾已经转化为人民日益增长的美好生活需要和不平衡不充分的发展之间的矛盾。教育自然也要克服发展不平衡不充分的矛盾。在第十三届全国人大四次会议关于国民经济和社会发展第十四个五年规划和2035年远景目标纲要的决议里,要求准确把握新发展阶段,深入贯彻新发展理念,加快构建新发展格局,推动高质量发展,为全面建设社会主义现代化国家开好局、起好步。对教育提出了建立高质量教育体系,促进义务教育均衡发展和城乡一体化发展的构想。可见,"公平与质量"仍然是基础教育发展的主旋律,集团化办学仍然任重道远。期待杨浦区在紧密型集团化办学上继续深化探索,办好老百姓家门口的学校,进一步促进基础教育优质均衡发展,为杨浦建成高标准人民城市实践区、高能级科技创新引领区、高水平社会治理先行区、高品质生态生活融合区作出新的贡献,为上海全面实现教育现代化做出新的成绩。

是为序。

2021年3月12日

目　　录

序 ·· 汤林春　1

第一部分　区级层面 ·· 1
上海市杨浦区集团化办学的行与思
　　································ 上海市杨浦区教育局　朱　萍　3

第二部分　项目建设 ·· 13
杨浦区集团化办学共享机制建设项目报告
　　·· 杨浦区教育局课题组　15

第三部分　一线报告 ·· 61
夯实集团办学基础　提升优质均衡高度
　　·· 打虎山路第一小学教育集团　63
兼收并蓄再出发 ································ 杨浦小学教育集团　70
深化融合　优质共享　提能增效 ········ 控江二村小学教育集团　76
持续优化机制　驱动长效发展 ······ 上海理工大学附属小学教育集团　83
营建富有生命力的集团共同体 ············ 平凉路第三小学教育集团　95
关注"集团生态"建设　构建教育共赢环境 ······ 六一小学教育集团　104
同创共享　合力发展 ················ 齐齐哈尔路第一小学教育集团　112
从"新兵"到后起之秀 ········ 上海市第二师范学校附属小学教育集团　123
协力同行　推进义务教育优质均衡发展
　　································ 上海音乐学院实验学校教育集团　129
传承复旦精神　实现互融共进 ······ 复旦大学第二附属学校教育集团　136
构建集团教师专业发展支持系统 ············ 鞍山实验中学教育集团　146

合心　合力　合创硕果	辽阳中学教育集团	151
思维共生　合作共赢	三门中学教育集团	157
风正扬帆正适时　合心合力共发展	复旦实验中学教育集团	166
协同　共创	杨浦区教育学院教育集团	170
成长共同体	控江中学教育集团	190

第四部分　案例分享 ········· 197

专题一　文化共识 ········· 199

文化共育　不负时光	控江中学教育集团	199
卿云班主任工作坊	复旦实验中学教育集团	204

专题二　课程共创 ········· 208

"我们"和"我"	杨浦小学教育集团	208
集团化综合实践活动课程发展机制探索	六一小学教育集团	212

专题三　教学共研 ········· 219

教育集团跨校联组教研的实践与探索	控江二村小学教育集团	219
集团英语工作室的一次小初联合教研活动	复旦大学第二附属学校教育集团	225
教研联合：促进教育集团优质均衡发展的有效选择	辽阳中学教育集团	229
聚焦思维专题研修　协同攻关促进发展	三门中学教育集团	234

专题四　队伍共建

教育均衡的逻辑起点：师资队伍均衡发展	打虎山路第一小学教育集团	240
循证改进　优化教师流动机制	上海理工大学附属小学教育集团	245
聚焦成长　共生共融	平凉路第三小学教育集团	250
暖流	齐齐哈尔路第一小学教育集团	255
新教师的专业培养链	上海市第二师范学校附属小学教育集团	259
融合创生　优质发展	上海音乐学院实验学校教育集团	263
专业引领　共研共修——集团教师成长之路	杨浦区教育学院教育集团	267

专题五　成果共享 ……………………………………………… 271
　　以项目带动集团化办学　探索适合的教育
　　　　……………………………………… 鞍山实验中学教育集团　271

附录　政策文件 ……………………………………………… 275
　　上海市教育委员会关于推进本市紧密型学区和集团建设的实施
　　　　意见 …………………………… 沪教委基〔2019〕7号　277
　　杨浦区教育局印发《关于进一步深化集团化办学的实施意见》的
　　　　通知 ………………………………… 杨教〔2015〕52号　282
　　杨浦区教育局关于印发《关于推进教育集团内教师流动的若干
　　　　意见（试行）》的通知 ……………… 杨教〔2016〕61号　285
　　杨浦区教育局关于印发《关于进一步加强义务教育教育集团内
　　　　教师队伍建设的实施意见》的通知 … 杨教〔2018〕63号　288
　　杨浦区教育局关于印发《推进紧密型集团建设的实施意见》的
　　　　通知 ………………………………… 杨教〔2019〕87号　292

后记 …………………………………………………………… 297

第一部分
区级层面

上海市杨浦区集团化办学的行与思

上海市杨浦区教育局　朱　萍

自 2005 年我区率先成立打虎山路第一小学教育集团,上海集团化办学已走过了 15 年的实践道路。2014 年 3 月,上海市成为全国第一个整体性通过义务教育均衡发展督导认定的城市。同年,《上海市教育综合改革方案(2014—2020 年)》专门提出推广"集团化""学区化"办学模式,促进"新优质学校"集群式发展,使学区化集团化办学和新优质学校推进项目成为推动上海基础教育优质均衡发展的"两翼"。学区化集团化作为打破校际壁垒,促进校际均衡的抓手,新优质学校作为新时期公办学校回归教育本原、探索全面实施素质教育的标杆,整体带动基础教育优质均衡发展。

2015 年,《上海市教育委员会关于促进优质均衡发展推进学区化集团化办学的实施意见》(沪教委基〔2015〕80 号)出台。2018 年,上海针对不足提出了紧密型学区化集团化办学,推进学区和集团在管理文化、教师流动、课程教学、教研科研、考核评价等方面进一步的紧密化。

围绕着更好地提升杨浦区集团化办学的整体水平,并进而完善公平、均衡、优质的义务教育整体质量这一核心目标,总结既有的集团化办学实践过程和经验,为下一步的工作提供必要的支持,客观认识集团化办学实践中存在的困难及不足,逐步探索解决方法,同时也对下一步的工作提出思考及展望。

一、杨浦区集团化办学的实践与经验

要提炼杨浦集团化办学的经验,需要不忘初心,回归到集团化办学的逻辑起点,亦即厘清学校发展的核心要素和基本框架。从教育变革与发展的内容来看,可以分为知识体系、制度体系、文化体系 3 个层面:知识体系解决集团化办学的"技术"问题;制度体系解决"关系"问题;文化体系解决"方向"问题,三者彼此联系,相互作用,共同构成集团化办学的整体。

(一) 知识体系:教师专业化发展成为核心

集团化办学是一个体量大、影响远的教育工作,需要建立科学强大的工作体系。在众多工作中,将工作核心集中在教师专业化发展的高标准和严要求上。这是因为,杨浦的集团化办学要求从认知论基础出发,构建集团化办学的知识体系,而知识体系中最有力量、最本质的工作就在于教师专业化发展,这是决定集团化办学成效的核心力量。说到底,教师专业化发展将在最大程度激发人的发展动力,促进人的发展,并进而促进学校和集团的办学质量、促进基础教育整体水平的提高。

1. 严格把关,积极引进,做好教师招聘工作

加强集团内编制管理,适当增加集团内核心校编制人数,建好"蓄水池"。集团积极建立实习基地,扩大教育集团的影响力,吸纳优秀人才加盟,以提高集团教师队伍的原始质量。

2. 创新集团内教师培养工作模式

基于集团发展规划,杨浦区进一步创新教师培养培训机制、模式,积极营造一个有利于教师自我要求、良性发展的政策环境,营造一个上下求索、丰富底蕴的文化环境,营造一个多元、立体、友好、健康、便捷、共享的学习环境,营造一个师德高尚、专业厚实的教师团队发展环境。

加强师德建设,提升教师综合素养;加强高端培养,形成骨干教师梯队;加强见习培训,增强见习教师技能;加强课程建设,促进教师培养培训;加强项目建设,创新教师培训模式;优化平台建设,促进资源共建共享。

在具体做法上,每周的见习期教师培训、每月的学科教研组培训、每学期的集团整体师资培训,使龙头学校对成员校教师的培训实现全覆盖,使成员校教师个人综合能力、团队综合实力和学校办学质量得以明显提升。

3. 共享优质师资,推动教师柔性流动

教育均衡先从师资均衡开始。杨浦区积极加大教育集团内教师流动力度,推进集团内教师队伍"区管校聘"管理改革,使教师由"学校人"变为"集团人",推进集团内教师资源均衡配置。

集团内每学年教师流动的比例不低于符合流动条件教师总数的10%左右,其中骨干教师比例应不低于流动总数的20%。教师每次的流动时间原则上为2年,但不少于1年。

教师流动,带动了优质课程流动、教研流动、项目流动。优质课程能够惠

及更多层面的学生,联合教研则将各成员校的教师个人的成长和集团学科成长紧密捆绑在一起。柔性流动将集团化师资盘活,激发出更大的工作动力。

因此,狠抓教师专业化建设这一工作核心,就是从知识体系层面抓住了认识和技术的本质,实践证明,这是行之有效的举措。

(二) 制度体系:现代治理结构的积极探索

杨浦区教育局制定了集团建设的实施意见,要求继续围绕坚持以办学集团化推进教育均衡化,通过加强理论和实践研究、体制机制创新和改革深化,建设好、治理好、运行好每一个教育集团。

杨浦区集团化办学从系统论角度出发,摸着石头过河,努力构建集团化办学的制度体系,重点在于探索科学有效的现代治理结构。集团化办学政策在实施过程中应在教育治理体系改革的框架内进行。

1. 集团化办学组织架构突出整体性和共享性

突出整体性和共享性的组织架构是确保集团化办学实施的核心。组织架构是集团化办学的基本框架,影响着集团化办学决策落实、信息交流、愿景规划、整体效能等。

杨浦区集团化办学注重在政府主导和支持下,将力量凝聚成一个拳头,亦即注重整体性,同时又将整体力量合理回馈至每个手指,亦即注重共享性。这样,集团管理者能够将精力集中在内部管理以及如何提高教育教学质量、尽快缩小校区之间的办学差距上。整体性能够有效平衡利益与目标、效率与质量、部分与整体、部门与集团之间的关系,共享性包括师资、课程、资源的共享,实现管理、师资、课程、文化等互融互通,则能够最大程度上保证集团办学系统整体效益的不断提升和优化。

2. 构建规范化、科学化的治理模式

实践出真知。杨浦区集团化办学在长期的办学过程中,力求规范化、科学化。不断创新集团内部治理结构,建立以共同愿景为目标,以制度体系为框架,以规则程序为纽带的集团运行机制。

(1) 提高集团规范化管理水平,建立"条条管理、块块落实、条块结合、统筹协调"的管理模式,实现管理标准化、精细化和科学化。

(2) 坚持集团认定与社会评价相结合的原则,从学生发展、教师发展、校区发展、集团发展、社会认可等层面,加强对集团办学实施状况的动态监测与评估,促进集团化办学科学发展。

集团化办学的生命力来自内部管理的规范和成员的认同,科学合理的组织架构,可以促进集团化办学的可持续发展和提高输出效益。教育集团积极借鉴现代先进的企业管理制度,在设置相关机构以及划分其职能时,要尽可能做到明晰干练、有序清晰、科学高效,最大程度上确保各项工作在集团的引导下顺利开展。

3. 鼓励各集团发挥办学自主性

区域政府部门通过行政赋权,充分尊重集团的管理自主权。由于各校、各集团的具体情况有较大差异,如何既能够完成集团化办学的整体艰巨任务,又发挥各集团自身的办学特长,杨浦区也进行了较大的探索。以平三小学教育集团、辽阳中学教育集团为代表的"火车头"办学模式、以鞍山实验中学教育集团为代表的"动车组"办学模式、以控江中学教育集团为代表的初高中衔接模式、以复旦大学基础教育集团为代表的以高校资源辐射附属各学段学校的办学模式等,都各有特色,各有成就。

可以说,从制度体系上看,杨浦区积极探索新型集团化办学治理体系,摸索出了一条整体性、共享性、规范性、科学性的道路。

(三) 文化体系:集团核心价值的寻找与树立

文化建设作为精神力量的来源和愿景,也是杨浦区集团化办学的重要工作之一。价值论是人类的科学理论体系中的重要组成部分,是解决"对于人类的生存与发展的意义"这一重大问题而产生的理论。在集团化办学实践中,价值论解决的是精神层面的深层需求和外部体现,落实到具体实践,则体现为寻找核心价值,构建具有正能量且特色鲜明的文化体系。

1. 美美与共,描绘共同愿景,凝聚行动共识

在集团化办学过程中,存在着多元主体间的利益与观念冲突,从而带来了各种风险,需要在观念、制度、机制和文化、环境等方面协同变革,以降低改革成本。杨浦区在实践中,注重凝聚各教育集团的文化精髓,围绕"什么样的学校是好学校""我们应该办怎样的学校""我能为新学校发展做什么"等问题,从价值论角度出发"横纵"联合推进。在横向上,传播龙头学校的母体文化;在纵向上,则通过榜样引领、信息烘托、制度导向、人文孵化等举措,对集团文化进行与时俱进的打造弘扬,为集团化办学的成功奠定了扎实基础。

真正的教育集团要逐步形成独特的文化品质,集团成员校要做好文化认同和整合工作,促进集团文化的重构与再生,用学校的整体办学愿景、发展目

标感召集团内部所有教职工和师生家长,强化学校文化理念的高度认同,增强学校文化凝聚力,从而真正实现优势互补、扬长避短、合作共赢。

2. 各美其美,鼓励集团成员校创生特色文化

推动校区均衡发展、特色发展,是集团化办学的两大基本任务,也是重要使命,真正影响孩子们生命成长的是教师、课程、课堂、活动等共同呈现出来的校园文化。促进各美其美,鼓励特色创生。各校既要吸纳龙头校的优势文化,又要结合自身生源和地域等特点形成学校特色。

总之,杨浦的集团化办学聚焦义务教育教学品质的整体提升,以教师队伍专业化发展、现代化的治理结构、集团文化的提炼为主要抓手,走出了一条坚实的道路。

二、杨浦区集团化办学的困难及不足

基础教育发展的主要矛盾是人民群众接受高质量教育的要求与优质教育资源供给不足的矛盾。杨浦向来是上海基础教育的高地,在推进集团化办学中取得了一定的成果,也遇到了相当多的困难。

(一)价值提炼和教育品牌不足

面对义务教育发展的新要求和老百姓对优质教育资源的新期待,教育学区化、集团化面临价值提炼不足,教育品牌生成不够的问题。

1. 核心价值提炼不足

部分教育集团一方面未能够更多重视提炼集团化办学的核心价值追求,或者说,已提出的集团化办学理念还有待进一步完善和提升;另一方面是集团在不断扩大的过程中需要充分考虑新的校情、适应新的教育形势,还未来得及进行理论总结和提炼。

2. 价值提炼和教育品牌不足

在追求教育公平,提高办学质量成为全社会共识的时代背景下,借助于品牌延伸进行集团化办学已成为"教育热潮"。品牌延伸的初衷,在于通过增加优质教育资源的供给量来实现高位公平。但现实中,品牌延伸的效果并不尽如人意。区域内一些相对规模较小、结构松散的教育集团,尚未能很好地调动各方资源,未能聚集成一定规模的教育品牌,优质品牌覆盖率不高,未能从根本上破解择校难题。同时,部分薄弱学校在加入教育集团后,因为各种原因,教学质量未能获得较大幅度的整体提升,未能够达到优质均衡的要求。

要解决这个问题，必须充分从实际情况出发，将各项工作落到实处，转变办学思路，从简单依赖利益刺激到重视价值层面的引导，强化办学力度，一个关键的问题是，如何使成员校由集团外力推动转变为学校自身发展的需要。

（二）治理机制的专业性不足

近年来，集团化办学成为热点，但杨浦区在实践过程中也发现，在治理机制的设计上仍有专业性和创新性等方面的不足。

1. 集团管理机制的制定要强化专业意识

集团管理机制的制定要遵循专业化原则。集团可学习和运用优秀的管理理论，制定科学的管理制度，设立合理的管理机构，以此保障集团的健康稳步发展。集团发展阶段的主要任务是探索适宜集团发展实践的管理机制。

集团化办学组织架构和内部管理制度都是在发展的过程中不断得到建设和完善，是在边干边看边琢磨的过程中逐渐走向正规。在集团化不断扩大的过程中，简单地移植易于操作，但未必具有很好的适应性；自我创新的机制贴合实情，但可能缺乏规范化。但在最初的设计和后续完善中是否有足够的专业意识，将直接影响到发展前景和成果高度。

2. 保障和评价机制有待进一步完善和落实

走紧密化集团办学道路，必须积极探索集团化办学的多元机制。在实践过程中，难免会出现简单的任务完成式的情况，归根到底是工作动力不足。在各项机制中，激励和评价机制能够将外部动力转换为内部能量。以师资柔性流动为例，可以进一步细化教师交流的保障措施，在确保诸如交通、住房、津贴补贴等待遇落实到位的同时，大力推进教师专业发展资源平台的建设，使进入薄弱学校的教师，依然能得到充足而有效的专业支持与指导，更好地实现自身的价值。此外，合理有效的动态评价机制，也使得集团化办学工作本身成为学校发展、教师专业发展的动力与源泉。

3. 集团各校尚未形成较为完善的自我改进系统

自我改进的学校系统强调教师队伍建设和教学品质改善在集团化办学中的核心地位，并将此任务赋予学校；给予学校更大的办学自主权，赋予学校系统更多的改进能力。就目前杨浦的集团化办学现状而言，有经验的优质学校和学校领导者将承担更大的责任，发挥引领作用。因此，集团和集团之间、学校和学校之间沟通协作尤为重要，如何在多方援助的情况下设计好自我改进系统,从而促进最有效的教育实践得到迅速传播,相关工作还有待进一步完善。

教育管理现代化是一个不断变革、创新、完善的动态过程,现代治理结构的核心是人的现代化,即以人为本,使其与国家的文化、教育相适应,实现人的现代化发展。因此,面对困难和不足时,需要冷静考虑各方利益需求和人的发展。

(三)均衡化和特色化不够平衡

由于教育文化同质化和独特性之间矛盾的存在,集团化办学中难免产生均衡化和特色发展不平衡、不突出、不灵活的情况。

部分教育集团由于具体校情不同,或者处于集团化发展的前期阶段,对政策和外部资源有一定依赖,对自身的内涵发展挖掘不够,自身造血能力不足,因此,需要进一步摸索适切性、前瞻性、实操性较强的集团化发展路线。

龙头校在输出和弘扬优秀的学校文化的同时,还要看其他成员学校对龙头学校的认同,并在继承的基础上进行创新和发展,因此要寻找恰当的平衡点,重视各成员学校独特性的彰显和再生,而并不是我们简单地理解为1+1的相加,或者是优秀校园文化的全面覆盖。从最后的结果来看,这种简单粗放的相加模式,很可能使集团内的成员学校所固有的校园文化逐渐被替代,使一批学校丧失了自身所具有的特色和个性。这是迫切需要解决的问题。

三、杨浦区集团化办学的思考与展望

2017年下半年,在既有工作的基础上,杨浦区集团化办学提出了紧密型教育集团的路线,进一步尝试探索多法人"一体化"的紧密型集团办学模式。

(一)区域协同:从内部完善到外部开放

开放办学、合作办学是教育发展的大趋势。一方面让社会承担更多的教育责任,增进对教育的理解,为教育发展付出更多智慧,从外部治理角度给教育输入新鲜动能;另一方面丰富教育供给主体、方式和渠道,为教育提供学习、反思和改进的空间,提升内部治理能力,专注自身教育供给的品质化、特色化,满足人民对优质教育的需求。

集团化办学旨在打破校际壁垒,但也要预防在某种程度上形成新的教育发展的不平衡。在紧密型集团办学中,希望能够进一步扩大集团与集团之间的开放与交流,包括纵向和横向两个层面的交流。纵向层面是指处于不同学段的教育集团展开交流,如初中教育集团向下和小学教育集团、向上和高中教育集团交流,有利于探索搭建顺畅的学段衔接,惠及每一位学生,为处于不同学段的学生提供个性化的人才成长模式。横向层面是指处于同一学段的教育集团展开交流,由于各集团的办学模式不尽相同,这将有利于更深入地总结这一学段的教育经验,并进而总结出教育规律。

(二)优质增幅:从解决问题到引领需求

上海市教科院普教所所长汤林春认为,上海基础教育质量及均衡程度已经达到一定水平,"有学上"的问题已经得到基本解决,但"上好学"的问题比较突出,基础教育发展的主要矛盾是人民群众接受高质量教育的要求与优质教育资源供给不足的矛盾。

为了解决问题,就目前而言,一部分教育集团在实际操作的过程中,走的是"问题导向—机制构建—系统管理"的路线。下一步在紧密型集团化办学积极开展的同时,在现有成绩的基础上,能否在解决问题的同时,也逐步引领社会的理性教育需求呢?

紧密型集团化办学是对体制机制的再创新,从形式融合走向实质融合,打造均衡优质的教育阵地,确保教育改革取得实效。

以龙头校带动薄弱成员校这一模式为例。就紧密型带动而言,推动实质融合,龙头的努力付出和主导功能是关键。从形式融合走向实质融合,当前尤其需要把握好3个环节:

1. 推进"龙头带动"需要龙头校有实实在在的付出,包括理念输出、管理输出、教学输出和教师输出,让薄弱学校产生实质性变化,这既是重点,也是难点。

2. 推进"龙头带动"需要量力而行,附加在龙头校身上的任务不可过重。

3. 推进"龙头带动"需要精心设计,真正做到"名实相符",需要通过人事管理体制改革和学校管理机制创新,搭建起教育共同体、学区和教育集团内部的资源共享平台、教师交流平台、学生互通平台,实现学校之间的管理融合、教育教学融合、文化融合、教师融合和学生融合,使龙头校的辐射功能得到最大程度的发挥。

在这一过程中,一批薄弱学校的办学质量有所提升,社会美誉度增加,优质增幅,势必会为老百姓提供更多的优质教育选择,在一定程度上引领人们理性选择更适合孩子成长的教育模式。

（三）理论提升：从经验研讨到规律总结

集团化办学启动 20 年来，在全国范围内，尤其是北京地区、东部地区为龙头，取得了相当大的成就。就研究层面而言，经验研讨、行动研究较多，比较研究和学术研究较少，理论性的深层探讨较少且深度不够。

要想真正提升集团化办学的整体质量，并进而打造杨浦品牌，需要重新明确和定位基础教育集团化办学的特性和意义。这些都需要专业的指导和理论的支持。另一方面，目前基础教育集团化办学主要依靠集团间经验的交流和优秀集团办学经验，但经验的总结始终相对朴素，尚不足解决所有集团办学中的问题，也难以提炼集团化办学的本质，对基础教育集团化突破发展瓶颈的指导有限。因此，能否在下一步工作中，尽可能地凝练基础教育集团化办学这一教育现象的普遍规律，以便更好地指导实践。北京市在实施学区制改革和集团化办学取得了显著成效，学区制改革从单一行政区划向学术性组织转变，可以适当借鉴北京集团化办学学术研究的做法。当然，这需要高度专业的教育理论和大量的教育实践作为基础，具有相当大的难度。

习近平总书记在全国教育大会上的重要论述强调：加强党对教育工作的全面领导，是办好教育的根本保证。要始终坚定社会主义办学方向，把党的教育方针全面贯彻到教育改革与发展的各方面和全过程。作为探索拓展优质教育资源、实现优质资源配置公平、推进教育优质均衡发展的一个重要策略，杨浦区紧密型集团化未来的探索任重而道远。

第二部分

项目建设

杨浦区集团化办学共享机制建设项目报告

杨浦区教育局课题组

引　言

杨浦区集团化办学的起步试点从打一小学教育集团开始。2005年4月,以打虎山路第一小学(打一小学)为核心校,联合鞍山小学、打一二分校、民办打一外国语小学,率先组建成立了打一小学教育集团。这也是上海市全市范围内第一个组建的小学教育集团。发展到2017年,杨浦共建有13个教育集团,覆盖义务教育阶段的56所中、小学,占总数比的66%。现在,杨浦的义务教育阶段的教育集团已增至16个,区域布局不断优化,成员校也进行了结构性的调整,覆盖义务教育学校85%左右。

通过10多年的探索和实践,杨浦的集团化办学已从"增量扩容"到"内涵深化",杨浦义务教育从"基本均衡"走向"优质均衡"。杨浦打出了一套"四化"的机制变革组合拳,即:

规范起步:集团管理制度化。集团先后探索建立了集团办学章程制、理事会管理机制、集团内教师流动机制、集团考核激励机制等多项机制,保障集团运行。同时也建立起了多项管理机制,如集团考核分级评估制、专项经费制、项目驱动制等,有序推动集团化办学的实施。

追求高效:内涵推进项目化。以"创智课堂"项目为抓手,以"课程领导力提升计划"为依托,以"基于课程标准的教学与评价研究"为突破口,项目化促使集团内部优秀资源在联动中不断优化发展并实现倍增。

突破瓶颈:教师发展多样化。杨浦教育、人保、财政等部门合力研究,突破制约集团发展的核心难题,多途径促进教师流动。支持"驻校"流动,启动了集团教师"蓄水池"计划,试点给每个集团增加10个编制,用于开展教师流动;教师由核心校统一招聘、统一培训;明确集团内每学年教师及其中骨干教师的流动比例；同时开展骨干游教、课程走教等，丰富流动形式。

促进发展：集团评价立体化。 在每年对集团化办学进行绩效考核的基础上，试点开展引入第三方机构对不同集团的"个性化"专业评估，2016年起率先在全市推行集团化办学综合督导。

作为上海市学区化集团化办学试点区，杨浦集团化办学起步早，成效明显，有比较成熟的实践经验可以借鉴和复制，如何进一步提炼，使实践经验成为上升到理论高度，为上海各区域深化和全国各省市开展集团化办学提供更有效的范例，《杨浦区集团化办学共享机制建设》经市教委批准立项，于2018年启动。

一、理论探索

集团化办学是新生事物，是对基础教育阶段的主要矛盾即人民群众接受高质量教育的需求与优质教育资源供给不均衡不充分之间矛盾的积极回应。从区域教育整体发展的视角出发，以核心校为引领，扩大优质教育资源在区域内的覆盖，能在最短时间以最快速度高起点地解决区域内优质教育均衡发展的问题，是教育领域的供给侧结构性改革的重要举措。在探索过程中，需要不断总结经验，形成经验性的分享，同时也需要对有关集团化办学核心价值等一些共性理论问题，从现代教育治理的角度，深入研究，形成理论提升，推动教育发展。

（一）集团化办学的核心价值

集团化办学最初出现在20世纪90年代，是一种以契约为纽带构建的大规模多层次组织形态，是通过优势互补或以强带弱，推进教育资源优质均衡发展的办学模式。它使传统学校由单一封闭走向联合开放，推动着学校组织变革。在很多地方，实施集团化办学已经成为扩大优质教育资源覆盖面的重要举措，并逐步形成各具特色的区域模式和学校品牌。

从实践的维度看，集团化办学创造性地运用了企业经营模式，并充分发挥其优势，实现了促使现有的教育资源在一定程度上实现最大化效应的运作模式，它通过统一的教育理念和学校文化、教学标准规范等，促进集团向着集约管理的方向发展，并不断扩大名校的品牌影响力，推进优质教育资源在一定时期和特定的区域内实现一个有效的优化配置，因而能够形成教育改革发展的集团优势，实现教育的均衡和优质发展，提升高水平教育、高质量教育的供给能力。经过多年的探索实践,依托优质学校实施集团化办学,能够有效实现办学理念与学校发展经验的共享,能够在短时间内实现薄弱学校的改观,集团化办学成为推进教育优质均衡发展的重要路径。当然,处理好集团内学校之间的均衡发展与本集团和其他集团及其他地区之间均衡发展的关系也很重要。集团化不是将集团内的优质教育资源稀释,而是通过多种形式的合作,使集团内的优质学校在充分发挥辐射作用的同时,能够向新的高度攀升,并使集团的整体教育水平都能达到甚至超过原有优质学校的水平,进而实现不低于或高于其他集团和其他地区办学水平的目标,做到内外两个优质均衡发展。

党的十九大以来,随着我国社会主要矛盾的转化,人们对于公平而有质量的教育的追求更加迫切,在这样的情况下,有必要重新审视集团化办学对于教育质量促进的积极价值,在新时代新的社会发展与教育变革环境中通过理念、制度、组织、运行的系统性变革创新,探索形成更为有效的集团化办学模式,促进教育优质均衡发展。因此,集团化办学的首要目标是全面提高教育质量,而实现人民群众对于美好教育的期盼,正是集团化办学的核心价值所在。

(二)集团化办学的特征分析

作为一种新型的办学模式,集团化办学重在校际的联合,但这种联合绝不是将集团内的所有学校都冠以优质学校的名称或者都戴上优质学校的光环,造成所有成员校都已优质的假象,成为给群众的一种精神安慰。优质学校是集团化校际联合的核心,需要承担更多的组织协调的责任。因此,形成相对稳定的合作领域和工作程序,以使集团活动制度化,进而取得整体优化的实效,是集团化办学既不流于形式,又不影响正常的教育教学秩序的制度保证。一方面,集团不是一所大学校,不可能事无巨细,都由集团统管。如果核心校校长变成了一位大校校长,那么,既不利于发挥其他成员校的积极性,也不利于其自身领导水平的提升。另一方面,集团的合作领域应当突出重点,应把促进各校教师专业发展、教育资源共享和开展教学研究作为主要任务,紧抓不放,不能有丝毫懈怠。

集团化办学需要优质教育资源的引领,这种引领首先体现在教育理念上。要把贯彻国家的教育方针、落实培养目标、服务于集团覆盖地区的群众,作为指导思想,务必取得共识;同时,又不能让集团内的所有学校都完全按照优质学校的模式去办,要尊重各校的发展历史、周边环境和已形成的办学特色,从而使集团内的所有学校都实现共性与个性的有机结合,最终达到"大家不同,大家都好"的目标。我们必须看到,帮助基础薄弱学校形成办学特色,是使其实现跨越式发展的重要途径。因此,应当形成一种集团文化,其核心是尊重——尊重每一所学校,尊重每一位校长,尊重每一位师生,尊重每一种教育创新,使集团成为和谐共生的大家庭。

基于上述分析,基础教育集团化办学模式的出现有其必然性和肯定性,总览其办学历程及办学发展,可看出其具有以下内在特征:

1. 辐射范围广

基础教育集团化的办学方式能够促使优质的教育资源被尽可能地扩大,教育资源的辐射范围增大,有利于基础教育领域薄弱学校的教育教学水平提升。

2. 流动范围大

基础教育集团化办学在相对范围、相对区域内的招生基础相对稳定,在基础教育阶段就近入学政策的深入影响下,大部分学生在以集团化办学的学校内部、学校之间相互适度流动,这种基础性的做法,有效缓解了学生择校难的相应问题,解决了基础教育办学过程中诸多家庭追求优质教育资源的难题。

3. 互补性强

集团化办学能拓宽各个学校的教育视野,尤其是处于教育资源分配严重短缺的相关学校,集团化联盟将有效促进各个学校之间的资源互换,有利于强化集团内部各个学校之间的优势互补、资源共享,促使信息化的交流更加丰富,信息的表达、传播渠道更加通畅,从而达到相互促进的目的和效果。

4. 带动性强

集团化办学主要呈现出"名校带新校""名校扶弱校""名校管民校""名校连子校"和"名校联名企"5种办学模式,这五种模式都是以名校为领头,以名校为起点和中心来开展的,也是当前比较收到社会认可的集团化办学模式,这种模式有助于发挥名校的引领带动作用,实现新建学校和薄弱学校教育质量的快速改善,满足社会对于优质教育的普遍期望。

(三) 集团化办学的理论基础

从目前的情况看,上述5种模式的集团化办学,总体上说都是一种结构松散型的模式。"松散型"集团办学模式,是一种多文化、多层次、多类别学校嫁接式的联合体,是多个独立法人学校组成的联盟方式。这种模式的主要优势在于保持不同学校的独立性,能够在充分发挥名校引领价值的同时保证不同学校的特色发展,但是这种模式要在实践中取得成效,需要各成员学校在教育理念、文化制度、精神追求上的认同。这种模式的形成不是随意的,其背后有相应的理论基础,其中最为重要的是资源共享理论和系统优化理论。

1. 资源共享理论

资源共享理论源起于20世纪80年代,在美国的多个学区,一些学者开始研究学校间的合作是否可以有效降低成本和提高效率。乔纳森·休斯认为规模经济可以带来最优的学校运营效益,因此建议各校之间可以通过合作的方式共享教育资源,包括课程、软硬件设施、教师和管理人员等。此后,也有诸多学者分别从高等教育和基础教育阶段,探讨了教育资源共享的必要性和重要性。有研究认为,学校之间的资源共享也会产生一定的成本,因此需要政府部门建立相应的保障机制,为学校提供一定的激励或补偿措施,并制定相应的制度措施,这些正是区域层面统筹推动集团化办学的初衷和依据。集团学校通过实行课程资源共建共享、师资力量柔性流动、硬件设施互相开放等方式,使集团内学生享受到高质量的课程和师资,打破了"边界"局限,促进了教育均衡,兼顾了教育公平和效率提高。

2. 系统优化理论

1945年,冯·贝塔朗菲提出了系统优化理论。他从整体上看待一个系统,强调系统中各要素之间的关联性,通过重新排列、组合,削弱了"离心力",以局部连接实现整体最优。系统优化理论的核心观点认为某些单位通过组合,产生的正效应远远大于负效应,从而增强系统整体效应。目前,系统优化理论广泛运用在各级各类组织机构中,集团化办学正是系统优化理论在教育领域的应用。一方面,教育集团是一个总系统,各成员校则是子系统,教育集团的发展离不开各成员校的努力,各成员校的进步也离不开教育集团的支持,两者相辅相成。另一方面,当集团化办学模式是"名校+弱校"时,通过名校提供优质师资,可以快速提高弱校的办学水平,从而提高区域教育发展水平;当是"名校+新校"时,通过名校提供管理经验,可以使新校在短期内建立起完善的组织机构和管理制度,而新校又可以为名校提供崭新的硬件设施和办学条件,从而实现优势互补,解决了各自所面临的紧迫问题。集团化办学可以调集各校的丰富资源,通过优化他们的结构配置,增强各学校的办学水平。

(四)集团化办学的未来改进

作为一种教育变革和学校治理的新理念,集团化办学彰显出了一种集群式、协同式的发展思路。从当前的实际情况看,集团化办学从整体上看还存在一些普遍性问题。主要是,集团化办学后,成员校原有的特色受到削弱,导致校园文化趋同,同质化突出。而在布局上,成员校之间距离过远,可能会导致组织体系过于多元,增加集团的管理难度,反过来,如果成员校之间距离过近,在服务空间上又高度重合,在划片招生上还可能产生不必要的竞争,影响成员校之间的关系,不利于集团化管理以及集团化办学的可持续发展。

我们认为,在今后集团化办学过程中,有必要牢牢抓住**思维方式**、**生态系统**和**文化融合**这三个维度,以建构适应现代教育治理体系的集团化办学模式,推动集团化办学走向深层次,走向科学化。

1. 共同体思维:从知识互动走向知识创新

以优质教育资源的均衡发展为直接目标的集团化办学,通常是在行政驱动下,优质学校带动其他学校向前发展。学校规模的扩大、集团化办学的推进,促进了组织间稳定的合作关系和相互支持的生态体系的形成,这是一种学习共同体,具有异质性、多元参与、共享观念等特点,以人的成长为终极目的,为知识的创新创造了持续的可能。学校间办学水平有差异,知识占有不均衡并不意味着学校间关系不平等,也不意味着优质学校在知识互动的过程中只是单向输出,没有提升空间。知识交换并不是真正的知识互动,只是一定意义上的复制与模仿,共同体视角下的知识创新对于集团化办学更为重要。

如何实现知识创新?野中郁次郎等学者曾指出,知识创新的关键在于不同主体隐性和显性知识之间的有效互动,并提出支撑知识创新的SECI模型,包括社会化、外化、整合和内化等过程。通过这四个动态的过程,知识实现了组织间的深度共享,组织成员的心智模式得以改善,知识互动得以发生,知识创新得以实现。以教育集团举行教师同课异构或集体教研活动为例,成员校教师通过听课、观察、模仿等手段习得核心校教师没有用语言表达出来但通过其他途径展示的默会知识,并创造形成了个人隐性知识;成员校教师回到自己的学校,通过讲座、培训等方式将自己习得的默会知识外化,以他者容易接受、理解的方式展现出来,实现知识的扩散和传播;成员校依托一定的工具和机制,将分散于不同个体教师身上的显性知识结构化、系统化,形成完整的组织知识体系;最后成员校的教师通过系统学习,再次将组织知识体系内化为个体经验。经过这一过程,教师的思维方式得以改变,知识的互动和创新得以实现,这才是集团化办学的重要价值所在。

2. 超越单中心：构建集团发展的生态体系

组织结构决定人们惯常的行为方式，而人们惯常的行为方式反过来形成组织的结构或对组织进行重构。在组织成员与组织结构相互作用的过程中，组织不断形成并得以重新创造，同时反过来影响这种相互作用。集团化办学带来的规模扩大，极大地挑战了组织结构与规则，是需要所有参与集团化办学的学校必须系统回应的。组织结构的集权性与分权性主要指决策权的集中程度，笔者认为集团化不必然带来集权化和管理层级的增加，从单中心走向多中心乃至网络治理模型，更加符合治理现代化的要求。

从全国范围来看，当前集团化办学仍以单中心模型居多，这既由推进集团化办学的主要目的决定，也与当前集团化办学所处的发展阶段有关。在单中心单向联系模型中，集团核心校处于典型的中心地位，与每个成员校间都发生直接的、更多是单向度的联系；成员校发起、建构的活动较少，成员校间互动和联系较少。随着集团内学校间联系的不断增加，单中心多向联系模型逐渐形成，此时整个集团不断发展壮大，但集团总校仍处于中心地位，成员校与总校互动增加的同时，成员校之间的合作不断增加，成员校逐渐走向成熟。伴随着成员校办学水平的不断提升，集团内开始涌现出多个主体，与核心校相互支持、彼此补充，单中心模式发生改变，多个中心出现，各个成员校之间存在广泛联系与沟通，形成了多中心、多层次、紧密联系的分布式网络治理结构，集团的创造力不断增强。集团化学校不是规模庞大、科层控制、复杂僵化的巨型学校，而是统筹推进、分布领导、系统赋能的生态体系。

集团制度体系的调整、组织结构的优化要以组织的整体目标为核心，以组织内部的运行过程为基础，适应环境不确定性和无序性的挑战。制度建设既不是自上而下的，也不是自下而上的，而是混合型的，重点在于形成一种激发管理者自觉、自组织的、提升多样性、鼓励合作、适应变革情境的机制，实现组织管理幅度与层级的合理变化，达到优化组合组织结构的目的，实现集团内部的权力配置以及成员校间的良性沟通。

3. 文化互动：形成"和而不同"的文化体系

集团化的过程包括创新知识、技能和能力，开发新的资源（教育理念、教学材料），确立新的共享身份，改善教育组织能力等，而文化互动是集团化过程的重要起点。学校变革一定是有价值前设的，首要的关注点并非知识、技术或者效率，而是"为了什么、该朝着什么方向走"。当学校组织规模扩大，知识流动与创新增加,制度变革压力增大,文化体系的建构与生长就显得尤为重要。简单地将文化建设理解为标语上墙、校服统一、办学理念同一化,却忽视其与实践的关系,将人为形成文化的进一步割裂。集团化办学的文化建设绝不是复制,复制也不可能真正改善实践,而是不同组织的文化在合作中,经过交流、彼此影响、相互吸收、相互融合等方式,弱化相互之间的差异和冲突,扩大不同组织之间的文化共识,趋向于形成共同文化的过程。

集团学校间要通过持续有效的沟通,唤醒并确定彼此在对方发展过程中的意义,防止组织成员边缘化。这一过程中需要把握几个关键环节:

(1) 在理解他者文化的基础上反观自身文化,相互尊重,建构共同的文化语言体系。通常情况下,集团总校的优秀文化体系会被设置为集团文化体系,但事实上集团总校对成员校现有文化的评估应是不可忽略的重要环节,这是集团与成员校文化衔接过程中的必经之路。

(2) 通过关键事件和重要仪式,加强文化互动,促成总校和成员校形成共同愿景与价值观,建立信任关系。

(3) 尊重差异,建立信任、亲密、共享的组织发展规范和游戏规则,形成"和而不同"的文化体系。

集团化表面上挑战的是学校的边界,实质上打破的是学校的封闭与隔离,创造的是学校建立"命运共同体"的可能。是否具有"集团化"的形式并不重要,重要的是集团化是否在一定程度上保证了合作的、相互支持的、可持续的生态体系的构建,这才是集团化办学并不仅仅是"可选路径"而是"必然趋势"的要义所在。进入新时代之后,教育改革发展面临着更多新的环境和新的问题,对于集团化办学而言,如何在系统总结已有的实践经验的基础上,融合新时代教育改革发展的新理念和新特点,在行动中生成更多的实践智慧,创生集团化办学的中国经验和中国思路,这是时代发展赋予基础教育变革的神圣使命。

二、项目建设

《杨浦区集团化办学共享机制建设》经市教委批准立项启动后,建立了项目领导小组和工作小组(课题组),整体推进。项目由区教育局领导领衔,义务教育科负责落实相关工作,教研室、督导室、组织科、计财科、人事科、资产中心等部门配合实施。

（一）精准施策，深化促进项目落实

1. 全面调研，明确方向

工作小组依托专家力量，开展集团化办学的调研，全面总结提炼已有举措与成效。通过全面调研，形成共识和下阶段努力的方向：集团化办学应当是扩展优质教育总量的多元实践，应当是指向真实问题解决的机制体制的改革实践，应当是基于实证研究支持的科学实践。

2. 分项研究，合力共享

项目子项目聚焦管理、教师流动、课程、教科研等机制的探索，分别由 2 个小学教育集团和 2 个初中教育集团承担。其中，三门中学教育集团承担了管理机制共享项目，控二小学教育集团承担了教师流动机制共享项目，上理工附小教育集团承担了课程共建机制共享项目，辽阳中学教育集团承担了教科研机制共享项目。在总项目总体布局框架下，经专家指导，通过一年多的探索，4 个子项目各形成研究成果。

3. 分享交流，品质提升

在项目的建设中，举办不同层面的培训，提升集团化办学的效能；召开专题会议和研讨会，聚焦问题的提出与解决，智慧碰撞与分享；集团对口支援城市讲学，经验共享；外出交流互动，经验辐射。区域通过多元的分享交流形式，促进精髓的汲取，促进经验的提炼，促进区域集团化办学水平品质的提升。

（二）精优机制，有效保障项目运行

基于集团化办学是系统工程，我们建立了由区政府分管领导牵头，规划、人保、财政、教育、督导等相关部门参与的协调机制，定期召开集团化办学工作会议，共同解决集团化办学中跨部门的综合性问题。在此基础上，建立了理事长例会制。理事长例会制由教育局领导、相关业务科室、集团理事长参加，每学期 2~3 次，聚焦重点、难点问题，积极回应集团学校发展需求，寻求突破。各集团层面由核心校组织成员校每月召开工作例会，制定集团发展章程、讨论规划，确定目标与任务，有序推进集团实施。我们先后出台《关于进一步深化集团化办学的实施意见》《推进教育集团内教师流动的若干意见》等文件，探索并不断优化的多项机制，保障集团运行，有序推动集团化办学的实施与改革。

一年多的探索和实践，"杨浦区集团化办学共享机制建设"项目建设目标基本达成。在完善集团章程同时，完善了理事会管理机制、集团内教师流动机制、集团考核激励机制等多项机制，保障集团运行。优化多项管理制度，如集团考核分级评估制、专项经费制、项目驱动制等,有序推动集团化办学的实施。深化集团管理共享、教师流动机制、课程共享、教科研共享等机制,形成模式,可复制与推广的经验,辐射区域。为下阶段我区集团化办学推进奠定了良好的基础。下阶段,还将通过专业力量的支持,基于问题发现与解决,加强实践研究,积极推进紧密型集团的创建。

三、管理机制共享
——以三门中学教育集团为例

三门中学教育集团着力开展集团管理机制经验共享项目。通过建立"1＋1＋5"管理机构("1",集团理事会;"1",集团学术委员会;"5",五大集团事务中心),明晰机构主要职能(集团理事会是决策机构;集团学术委员会是咨询建议机构;五大集团事务中心,实行中心主任负责制,其中集团名师指导中心开展课堂教学研究,集团课程开发中心研发核心课程和推广优质课程,集团课题研究互助中心促进各成员校课题研究,集团教师流动管理中心统一教师流动管理工作,集团交流活动中心促进与市、区内各校交流),架构集团运作模式,形成一系列集团管理制度,由此形成集团管理机制模型。

(一)项目建设目标

2017年9月三门中学教育集团成立,并确定了集团建设目标:努力践行教育公平与教育均衡化发展,积极探索教育集团化办学新模式,在集团运行机构建设、集团文化内涵深化、内部课程开发共享、内部教师交流培养、内部学生交流培养等方面,积累经验,形成制度,使集团内各成员学校的办学水平在原有基础上都有显著提升。努力把三门中学教育集团打造成为区内具有影响力、认可度高的教育品牌。

2018年9月三门中学教育集团参与了市级项目《杨浦区集团化办学共享机制建设》的子课题《三门中学教育集团管理机制共享项目》。项目确定之初就确立了项目目标:进一步落实杨浦区推进教育集团化办学,深化初中教育内涵式均衡发展机制的建设,依据《杨浦区关于进一步深化中小学教育集团发展的实施意见》,"整体规划、分步实施",从推进、保障、监督、服务的行政职能出发,积极回应集团学校发展的需要,对原有的学校评估、资源分配等方面予以突破和创新,建立、完善与创新保障学区化、集团化办学运行的理事会制度、章程管理制度及项目责任制、联体评价制等各项制度,充分调动成员学校和教师参与学区化、集团化办学的积极性、能动性，积极推动集团化办学的发展与深化。

（二）实施情况

回顾一年多的项目建设，三门中学教育集团认真执行项目计划，在集团的管理机构和集团建设制度上大胆实践，不断摸索经验。

1. 成立了集团管理机构

（1）集团"1＋1＋5"管理机构

"1"，即集团理事会；"1"，即设立集团学术委员会；"5"，即建立五大集团事务中心。

（2）"1＋1＋5"机构主要职能

"1"，即集团理事会。主要职能：决策机构，促进成员校管理研究和集团事务安排与落实。建立理事会办公制度。按章程和规划开展集团工作。由集团核心校校长担任理事长，其他成员校校长担任理事，定期研讨集团工作，做好集团的顶层设计，协调各方资源。

"1"，即设立集团学术委员会。主要职能：咨询建议机构。建立学术委员会工作制度，参与集团重大活动，并提供专业服务。集团聘请了控江中学姜明彦校长、区督导室张根洪老师、市教研室韩艳梅博士这三位专家，成立了三门集团学术委员会，并在其指导下制定了《三门中学教育集团发展五年行动方案》、《三门中学教育集团理事会章程》等纲领性文件，为集团发展把握方向。

"5"，即建立五大集团事务中心。"五大集团事务中心"实行中心主任负责制，即由各成员校委派一名副校长担任中心主任，负责中心工作。各"中心"必须建立相关制度，每学期制订计划，并由理事会审议通过，然后由中心按计划和有关制度负责执行。理事会承担对中心的指导和支持义务。

设立集团名师指导中心。主要职能：课堂教学研究。以"思维培育·课堂文化转型"为主题，促进成员校课堂教学和教研活动质量提高。人员组成：集团各校区骨干教师、区学科带头人。建立集团课堂教学研究制度，按计划定期开展集团课堂教学研究活动，发挥优秀教研组作用。组成集团教研联合体，开展联合命题、阅卷、数据分析等活动。目前，集团名师指导中心由新大桥中学负责开展各项工作，推进集团"一日研修"。

设立集团课程开发中心。主要职能：研发核心课程和推广优质课程，促进成员校课程建设。人员组成：各校教导主任。建立集团课程建设制度。按计划开展集团课程研发推广活动，每学期各校推出共享课程与教材，组织好落实工作。目前，集团课程开发中心由同济第二初级中学负责开展集团"走课"，实现优秀课程共享。

设立集团课题研究互助中心。主要职能：承担集团内重要研究项目"学生思维培育策略研究"，促进各成员校课题研究。人员组成：各校科研主任。建立集团科研工作制度。按计划开展集团课题研究活动。目前，集团课题研究互助中心由三门中学负责开展集团核心项目"思维培育"，引导各成员校开展集团管理机制经验共享项目。

设立集团教师流动管理中心。主要职能：统一教师流动管理工作，包括教师轮岗交流、业务培训、探索考评机制等。人员组成：各校人事干部、工会主席。制定教师流动管理制度，按计划开展教师流动、考核评价等工作。目前，集团教师流动管理中心由三门中学负责，确保了集团流动工作每年如期完成任务。

设立集团交流活动中心。主要职能：促进与市、区内名校参观、合作，开阔视野、提高境界，举办集团内共享报纸杂志并发行，集团内交流活动的开展等。人员组成：各校政教主任。制定集团定期参观学习制度、集团学生、教师活动制度等。目前，集团交流活动中心由二十五中学负责，策划集团师生活动，增强了集团的凝聚力。

（3）集团运作模式

三门中学教育集团在集团学术委员会的指导下顶层设计集团各项工作，形成决策后交由集团秘书处细化，制定工作推进的进程、时间表、量化考核方案、问题反馈机制等，随后布置到五大集团事务中心，期初工作布置、期中工作推进、期末工作考核反馈，有效保障了集团的运行。

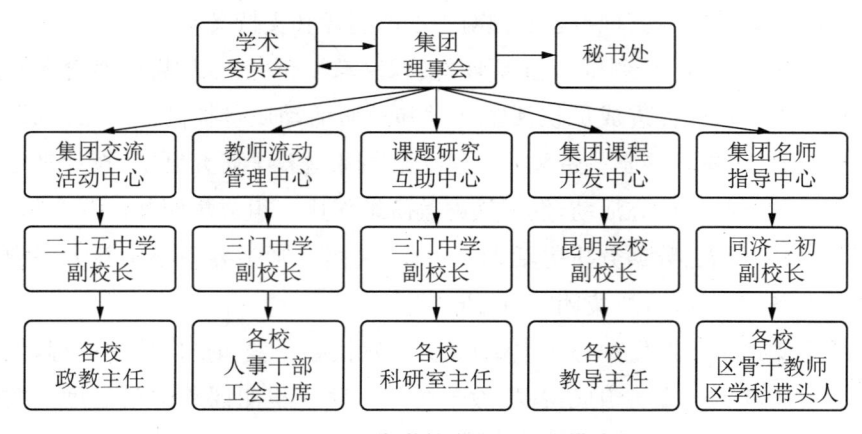

图1　三门中学教育集团运作模式

2. 形成了集团管理制度

表 1　三门中学教育集团管理制度

集团管理制度名称	集团管理制度内容
理事会办公 会议制度	理事会办公会议由理事长、副理事长、秘书长和副秘书长等组成。理事会办公会议原则上每月召开一次,讨论和决定事关三门教育集团全局性、政策性的重大问题,讨论和决定集团内重要工作制度的制定和修改,传达和贯彻上级部门的重要指示和决定,以及需理事会集体决策的其他重大问题
学术委员会 工作制度	集团学术委员会由教育集团聘任从事基础教育各学科、专业领域理论研究的专家、学者和从事教育管理、教学实践且卓有建树的教育工作者组成,负责教育集团的学术科研活动的组织、指导、咨询和监督;教育科学研究成果的鉴定、评审、推广普及工作。学术委员会实行主任负责制,设主任委员1人,委员若干人。以专业、精干、办事为主
交流中心 管理制度	交流中心由各成员校选派指定人员加入交流中心参加相关工作。制定教师考察、学习制度,集团学生、教师活动制度;学期初召开交流中心事务会议,研究制订学期考察学习计划;每学年举行1~2次参观名校活动、集团成员校文体或德育实践活动;每学期编辑一期集团共享报刊,并在一定范围内交流、发行。通过开展学校交流、合作、访问活动,开阔视野、提高境界;举办集团内共享报刊杂志、集团内交流活动等,增进集团成员校之间的融合度和凝聚力,推进集团进一步发展
课程研发中心 管理制度	课程研发中心本着一切为了学生的发展,以兴趣性、拓展性为主,发展学生个性为目标,让课程适应和促进每一位学生的发展,落实课改理念,带动集团师资队伍建设与课程开发、管理、评价、教学资源开发、互补等方面的和谐发展,推进集团可持续发展
课题研究中心 管理制度	集团课题研究中心以"学科思维培育"研究为抓手,进一步彰显各校优秀教师群体整体性学术优势,合作引领提升全体教师研究创新能力。将学生核心素养的培养落实在学科核心素养之中,对基于核心素养的评价要关注思维品质和思维过程,通过创新教育激活学生的潜力和思维活力。通过"学生思维培育策略"课题研究,不断激发教师专业发展的内驱力,促进教师专业成长
名师指导中心 管理制度	集团校名师指导中心是集团名师引领下的基于教育教学实际问题解决的研究团队。通过名师带教、名师展示等活动,为各校各层面教师起到直接的示范引领作用,最大限度地提高人力资源效能。打造一支具有较强创新精神、教育教学实践能力的教师团队,推进教师素质提升和专业化的发展水平,推进集团各成员校的可持续发展
人才流动中心 管理制度	集团校人才交流中心是根据集团各成员校的发展和师资队伍的需要,以个人愿望和单位的需求为基础,通过人才流动的形式,在不同集群成员校之间灵活地交流组合。实现集团内教师资源共享,达到共同提高的目的

（三）项目成效

项目建设的推进过程包括：**成立启动阶段（2018 年 6 月—2018 年 9 月）**：成立集团董事会，确立集团董事会成员。制定理事会章程、五年发展规划，明确责任与分工。组建五大事务中心，制定各事务管理与执行的规章制度。**研究推进阶段（2018 年 9 月—2019 年 6 月）**：各事务中心围绕项目目标建章立制，开展实践，不断完善集团各项工作的制度。集团理事会对项目推进工作进行管理、阶段考核评价、反思与总结。**总结提炼阶段（2019 年 6 月—2019 年 9 月）**：总结集团工作推进的管理经验，反思问题与瓶颈，形成三门教育集团特色管理模式。

经过一年的努力，基本完成项目目标，深化初中教育内涵式均衡发展机制的建设，从推进、保障、监督、服务的行政职能出发，积极回应集团学校发展的需要，对原有的学校评估、资源分配等方面予以突破和创新，建立、完善与创新保障学区化、集团化办学运行的理事会制度、章程管理制度及项目责任制、联体评价制等各项制度，充分调动成员学校和教师参与学区化、集团化办学的积极性、能动性，积极推动集团化办学的发展与深化。具体项目成果情况如下：

1. 产出目标

（1）机构与制度

建立了一套集团良好运作的管理机构，结构合理，制度明确，共建立集团各级各类制度 36 条，将整编成《三门中学集团管理机制各项规章制度》。

（2）运行与成果

各事务中心围绕管理机制的运行，注重积累活动资料，形成了相应的成果集。课题研究互助中心将正式出版《高阶思维教学的核心指向》《高阶思维教学的关键技术》两本书；名师指导中心一年来开展"一日研修"10 次，有 15 名教师参加同课异构或同科同构活动，有 36 人次在研修活动中进行课堂观察，并进行汇报研讨；课程研发中心内部出版了《三门中学教育集团团本特色课程》，并实现了 8 门课程的集团走课；教师流动中心完成 10% 的教师流动，并取得较好流动效益，完成流动教师的管理、评价机制；交流活动中心已形成集团品牌活动项目，如集团教工运动会、集团学生科技节、集团暑期夏令营、集团读书活动、集团师德主题活动等等。

2. 效果目标

（1）区级媒体宣传

集团特色活动在《杨浦教育网》进行新闻报道，在《杨浦教师进修学院院刊》进行专刊报道。

（2）校级媒体宣传

集团特色活动在校园网、学校微信公众号进行专题报道。

（3）家长满意度

对在校学生家长开展满意度调研，家长满意度较高。

3. 影响力目标

（1）市级影响

与上海市新优质学校项目研究、强校工程实验校项目结合，在参与上海市新优质学校项目、强校工程研究中提高了集团工作的知晓度。

（2）区级影响

与区域教研联合体建设、集群发展工作相结合，在2018年度的集团考核中获优秀。

（3）社区影响

开展三区融合活动向周边百姓展示集团教育成果，利用校园开放日向家长介绍集团工作的成效。

（4）学生影响

开展教研联合体、集群、集团学生联谊活动，培育学生思维能力，提高创新实践能力，让学生健康幸福成长。

三门中学教育集团管理机制经验共享项目的研究，在区域集团成员校中取得了丰富的成果，为推动中考改革，实施"强校工程"和杨浦区基础教育创新实验区建设起到积极的促进作用。

（四）问题与思考

对各事务中心的工作成效评价还有待进一步细化落实，通过提高推进集团工作的效益还要作进一步思考。

集团建设将遵照集团发展规划推进，特别在集团管理机制建设上继续大胆实践，形成经验，使集团内各成员学校的办学水平在原有基础上都有显著提升。努力把三门中学教育集团打造成为区内具有影响力、认可度高的教育品牌。

四、教师流动机制
——以控二小学教育集团为例

控江二村小学教育集团（以下简称控二小学教育集团）着力开展集团教师流动机制共享项目。通过完善制度，分级管理形成集团教师资源管理体系；通过文化共融，促进形成教师平等、合作、互动的集团文化；通过优化共享机制，开展共享实践，创新共享模式（行走的教研、跨校半日体验课程），形成集团教师课程共创局面；通过"六教"（课程走教、导师培教、培训跟教、结对带教、跨校联教、专题研教）形成集团教师共建局面。由此形成集团教师交流机制的模式。

（一）项目建设目标

1. 以《章程》为蓝本，优化集团办学理念

在发展方向、思想认识、价值诉求上达到高度一致，提高集团学校的凝聚力，为学校管理、协作、发展、提升提供基础性保障。

2. 聚焦集团教师柔性流动项目，着实开展实践研究

完善教师交流机制，形成集团教育人才资源管理体系，持续推动市区名师工作室发挥辐射作用，提升教师自我教育、优质发展的内驱力，提高学校教师队伍专业化培养和教育高端人才孵化进程。

3. 基于学生核心素养培育，对接教育综合改革要求

集团依托机制创新，进一步盘活优质资源，完善集团共享课程相关制度，促进教师思想交流和专业互动，为每个学生提供丰厚的可选择的教育。

（二）实施情况

1. 机制建设

（1）制度完善

2018年控江二村小学教育集团承担了"区域教师交流共享机制建设"的项目研究。修改完善集团章程，新制定了《控江二村小学教育集团教师交流共享机制实施方案》《控江二村小学教育集团联组教研制度》等集团内部管理机制和运作规程，努力实现核心校与成员校在办学价值、育人实践、校本研修、治理方式等多层面的融合。

（2）分级管理

集团对教师流动实施精准化管理，分级分类架构发展目标；细化流动教师

工作职责,对各阶段的流动教师有不同任务的驱使,让流动教师在不同层面上都能获得持续发展;激发教师个性化发展和自主提升专业素养的动力,从而整体提升集团教师的专业素养。

2. 文化共融

在尊重集团各成员校特色的基础上,资源共享互建,使集团内形成平等、合作、互动的格局,追求文化的深度融合。

诗画现长卷,习养优秀文化——控江二村小学承办区文明办和教育局主办的"敬老孝亲庆重阳,墨香雅韵传家风"活动。集团5个校的老师、学生、家长共同合作完成了一幅名为"心绘重阳"的重阳文化诗配画涂鸦画卷。

赛艇破风浪,培养创新能力——定期举办科技节,根据年级不同,开展学生喜闻乐见的科技活动:空气动力船直航赛、明轮船直航赛、五年级的遥控赛艇追逐赛等。

合作巧锻炼,给养健康体魄——集团体育节中,以"全员参与、全员运动、全员健康"为宗旨,借助于上海市体育学院、区少体校和强化普及足球俱乐部等专业力量,构建体育运动兴趣化、活动内容多样化,体育功能多元化的平台,不断满足大家对体育学习的兴趣和需求。

金剪承匠心,涵养艺术灵性——集团艺术节活动在基础型学科教材中挖掘优秀传统经典技艺,体现"以人为本"的教育思想,撷取优秀文化的精髓,向"非遗"传人拜师学艺。

3. 课程共创

强化特色文化、优质课程建设,完善交流共享机制,为学生提供更加多元的课程选择,促进学生全面成长。

(1) 优化共享机制

梳理集团各校特色课程群,通过内部研修、合作平台和专家指导,形成集团共享课程的范式,深化校际间思想交流和专业互动。

表2 控二小学教育集团共享机制

共享模式	适 用 课 程
送课上门	复制难度高的精品校本课程
课程培训	普适性强,但需要一定的专业技术支持的校本课程
跨校课堂	场地要求高的实践体验性校本课程

(2) 创新共享模式

行走的教研——集团加强校际合作,鼓励特色教师跨 2 个及以上学校任教,使校本化课程在集团内共享。控二学科带头人、市攻关计划后备控江二村小学的操晓臻老师每周赴凤城新村小学、控二分校、翔殷路小学开展"行走的教研",探索其在异校实施的有效策略,形成特色化共享课程实践范式,使师徒结对、联组教研的效度不断增强。

跨校半日体验课程——凤城新村小学通过完善"跨校半日体验课程"实施方案,让集团各校学生在集邮博物馆课程中接受丰厚的邮票文化熏陶,形成集团特色化共享课程的实践范式。

(3) 开展共享实践

集团积极开展文化主题活动类课程共建实践,在强调和尊重集团各成员校特色的基础上,实现资源共享优势互补,使集团内形成平等、合作、互动的格局,追求文化的深度融合。

集团实施课程领导力项目研究以来,各校的课堂理念文化、课堂行动文化、课堂制度文化、课堂环境文化四大方面发生了积极变化。通过课程共享、校际合作,把集团的整体发展与各校的特色发展结合起来,满足学生的不同兴趣和需求,形成集团联动大格局。

4. 队伍共建

集团遵循"总量不变,结构优化,资源盘活,发展均衡,整体提升"的原则,充分发挥各校人才优势,推行"六教"研修模式。

课程走教——集团各成员校坚持依托校情和学生发展的个性需求,通过内部研修、合作平台、专家指导,创设出具有本校特色的校本课程。

导师培教——通过特教教师"名师工作室",以专业智慧引领,带教一批优秀教师,形成"名优领衔,骨干跟进,青年参与"的骨干教师梯队。

培训跟教——集团借助于教师专业发展学校暨见习教师规范化培训平台,开展异校培训与带教。帮助见习教师初步熟悉和把握教材、教学方法、教学程序等,学会做班主任工作的基本方法,将所学知识转化为实际的教育教学能力。

结对带教——由区、校级骨干教师带教青年教师,通过传、帮、带培养,引导青年教师在理论和实践中迅速、稳定成长,促进带教教师不断提高自身专业水平和业务素养,师徒间共同获得提高。

跨校联教——集团各成员校根据各自的教师资源和学科特色自主申报跨校组建团队负责的教研项目，倡导多种模式的教学研究，实行分层教研、需求教研、共同研讨。

专题研教——围绕课程与教学实践中的实际问题，反映课程建设与实施、学科教学与评价的需求，体现问题导向式和目标导向式的教学研究特征，促进教师深度参与，形成"合作共同体"式的教学研究。

5. 完成情况

修改完善集团章程，集团办学理念、发展目标、工作策略已得到进一步优化与创新，制定了《控江二村小学教育集团教师交流共享机制实施方案》《控江二村小学教育集团联组教研制度》等集团内部管理配套制度，实行主学科教师跨校交流2年，其他学科教师交流1年，通过统筹编制、盘活存量等方式，推动集团内教师良性流动，充分发挥集团内优秀教师的示范、引领作用，通过导向激励、合作培养、优势互补，推进教师专业研修共同体建设。

进一步完善"骨干交流、校际互动"的教师柔性流动机制，对跨校流动工作的目标实施过程化管理，在原有"四教"经验（"支教、跟教、带教、走教"）的基础上，进一步优化为"六教"交流模式（培训跟教、结对带教、课程走教、导师培教、跨校联教和专题研教），推进教师专业研修共同体建设，促进集团师资队伍快速、健康、均衡发展。

依托集团中高级教师、区级骨干教师资源，组建12个研修共同体（9个学科、3个项目），借助于区教育学院小学教研室学科专业力量，充分发挥骨干教师的引领和示范作用，为持续推进教师专业成长、促进学生学习及集团各校学科建设提供支持，形成"多元互动，优势互补，合作互融"的集团研修文化。语文、科技、美术、音乐、体育等学科开展了共计12项主题研修活动。

表3 控二小学教育集团教师研修活动

学科（项目）	主持学校	负责人	研修主题
数　　学	控江二村小学	李　玮	积累操作思考经验，发展数学高阶思维
美　　术	控江二村小学	操晓臻	城市文化背景下的美术课堂文化理解
音　　乐	控江二村小学分校	熊晓萍	学习单元教学设计落实教学基本要求
科学与技术	控江二村小学	陆　瑾	核心素养主题下的单元整体设计
英　　语	控江二村小学	杨　柳	目标导向整体设计评价促进

续 表

学科（项目）	主持学校	负责人	研 修 主 题
语　　文	二联小学	姜晓华	小学语文统编教材单元整体教学的实践与思考
道德与法治	翔殷路小学	王　斌	支架式教学法在道德与法治教学中的运用
体　　育	控江二村小学	曹丹凤	融评于教，优化单元教
探　　究	控江二村小学分校	张　怡	自然博物馆馆内学生活动方案研究
家庭教育	二联小学	刘国红	家校共育促成长——家庭教育指导案例共研
生命教育一体化	控江二村小学	徐　芳	小学生体验式生涯教育课程实践研究
集　　邮	凤城新村小学	曹　敏	集邮活动的学科渗透

王律言班主任工作坊已完成第二轮班主任研修团队的招募，工作坊以"班主任个人魅力与班级工作风格"为研究主题，通过"讲座互动、自主研修、实战训练、专题研讨、反思笔耕、分享辐射"六大研训课程，力促"85 后"青年班主任成长，构筑未来班主任队伍的人才高地。

集团有效实施国家和地方课程，合理开发校本课程，整体推进三级课程建设，提升课程领导力和课程育人水平。通过优化共享机制、创新共享模式，坚持顶层设计与各校课程创新相结合，共同基础与个性特色相结合，进一步丰富学校课程内容，为集团内学生提供更加多元的课程选择。

（三）项目成效

——完善集团章程，制定《控江二村小学教育集团教师流动共享机制实施方案》《控江二村小学教育集团联组教研制度》。

——王律言工作室开展 8 个场次主题研修。以《以情优德德行相生》为主题，围绕"行规与情商融合研究"项目，全国教书育人楷模于漪老师对活动给予高度评价，《涵情·育德》一书已出版。

——围绕"走向高效能的专业成长——新时代教育集团校际研修的新追求"主题在区小学课程与教学改革工作会议上进行组合交流，分享"联组教研"中的收获、感悟与经验。

——2018年5月，集团五校在区教研室对集团开展全学科调研中，课堂观测200节，优良率达到82%。

——集团2018年，控江二村小学和二联小学分别作为市、区级教师发展学校开展见习教师规范化培训，共培养集团新教师24名，其中有3名见习教师入围杨浦区见习教师基本功大赛决赛。

——控二小学跨校带教59组，均为集团内带教；二联小学跨校带教49组，其中18组为集团内带教，31组为区域带教，共涉及语文、数学、英语等9个学科，86位老师；3年来，有45位教师在全国、市、区教育教学成果展评上取得好成绩。

表4 控二小学教育集团2018年教师教学评比和课题研究情况

学校	全国 课题立项	全国 公开教学	全国 获奖情况	市级 课题立项	市级 公开教学	市级 获奖情况	区级 课题立项	区级 公开教学	区级 获奖情况
二联		10	6			1	2	19	8
凤新								9	4
翔殷		8			6	3	6	8	
控分		1	4	7		1	3	14	2
控二	2	6	4	4	2	1	3	21	9

——控二特级教师王律言获上海市第四期"普教系统名校长、名师培养工程"攻关计划主持人，有7位教师分获名校长名师攻关计划后备人选。现集团有特级校长、特级教师4人。

表5 控二小学教育集团第四届、第五届高端教师数据对比

控二小学 教育集团	第四届 区学科带头人	第四届 区级骨干教师	第五届 区级名师	第五届 区学科带头人	第五届 区级骨干教师	第五届 区级后备新秀
	7	11	2	10	23	14

——形成了集团文化主题活动共享课程。

表6 控二小学教育集团文化主题活动类共享课程一览表

活动主题	活动内容及参加对象	牵头校
"精彩e乐园,争章小达人"第十一届电脑节	1. "精彩e乐园,争章小达人"第十一届电脑节闭幕式暨第七届集团邀请赛 2. 集团每校10人参加七枚特色电脑争章和电脑小报、电脑打字比赛	控二分校
敬老孝亲庆重阳,墨香雅韵传家风	集团五个成员校的老师、学生、家长共同合作完成了名为"心绘重阳"的重阳文化诗配画涂鸦画卷	控二小学
"趣健身·巧锻炼·乐成长"集团体育节	1. 集团运动会 2. 集团各项特色体育项目展示(翔殷路小学啦啦操;二联小学击剑表演;凤新小学一书体操;控二小学花样跳绳)	控二小学
"家·馨"——2019二联国际儿童美术作品交流双年展	让不同国家、不同地区的孩子们通过绘画描绘自己心中的家,交流与传播精彩纷呈、各具特色的"家"文化	二联小学
70蜕变,上海老嗲额——生活点子创意灵(集团科技节)	1. 征集生活创意点子 2. 用生活的废旧材料变废为宝,选取作品进行展示	控二小学
"彩点墨韵齐翻飞,浓墨重彩话蜕变"(集团艺术节)	探寻上海的历史变迁,通过水墨画表现上海70年蜕变中的历史美、艺术美 挖掘独具上海地方色彩的经典曲艺,感受海派优秀文化	控二小学
"YOYO伴我行邮香润心田"半日体验实践活动	参观邮展,互动体验 集团成员校四年级学生	凤城新村小学
寻访70年足迹,聪敏豆礼敬新时代	电脑节——集团信息技术邀请赛	控二分校
诗意环保嘉年华	1.品古诗谈环保;2.垃圾分类知识技能大比拼;3.微讲座"人与环境"。集团各校教师1名,学生5名	翔殷路小学

(四)项目实施情况

表7 控二小学教育集团项目实施情况

实施内容	达成目标	实施形式
完善集团章程管理运作制度	修改完善了集团章程,拟定了《控江二村小学教育集团教师交流共享机制实施方案》《控江二村小学教育集团联组教研制度》等集团内部管理机制和运作规程,实现核心校与成员校在办学价值、育人实践、校本研修、治理方式等多层面的融合	政府引导、集团主导、专家指导、广泛调研

续　表

实施内容	达　成　目　标	实施形式
创新课程共享模式	开展文化主题活动类课程共建实践，通过行走的教研、跨校半日体验课程，形成集团特色化共享课程的实践范式。实现资源共享优势互补，使集团内形成平等、合作、互动的格局，追求文化的深度融合	集团文化主题活动类共享课程展示
完善教师柔性流动机制，形成"六教"交流模式	进一步对跨校流动工作的目标实施过程化管理，形成"六教"交流模式，推进教师专业研修共同体建设，促进集团师资队伍快速、健康、均衡发展	五校交流教师教育教学活动交流展示
建设教师研修共同体	开展语文、科技、美术、音乐、体育等学科共计12项主题研修活动。形成"多元互动，优势互补，合作互融"的集团研修文化	每学科（项目）每月一次集团联组教研活动：专家指导、课堂展示、论坛研讨等形式
异校培训与跨校带教	开展异校培训与带教，通过全方位、浸润式的规范化培训集团教师专业成长	培训跟教、结对带教、导师培教等形式
名师工作室	以"班主任个人魅力与班级工作风格"为研究主题，通过"讲座互动、自主研修、实战训练、专题研讨、反思笔耕、分享辐射"六大研训课程，构筑未来班主任队伍的人才高地	王律言集团班主任工作坊，每月一次

（五）问题与思考

在教育优质均衡发展的推动下，本集团各校不同程度地共享先进的办学理念、成功的管理模式、有效的课程教学、优秀的教师团队，形成稳定的合作领域和工作程序。在深化集团化办学的过程中，教师队伍专业研培模式还需进一步完善，共享课程机制建设还需进一步优化和创新。

未来发展中，集团将依据办学实际以及未来发展的愿景，对章程中有关文化互动、课程发展、资源共享、教研联动、教师流动等运行机制和考核激励内容进行进一步修订和完善，创新并优化集团理事会、秘书处及学科联合体三层级管理模式；进一步整合特色师资、信息技术、场地设施等资源，推进集团课程群建设向纵深发展，为集团学生提供更为丰富可选择的教育；通过开展跨校联组教研实践，进一步厘清跨校联组教研的内涵要素、组织框架、目标定位、功能导向，并在集团内形成共识；进一步探索从决策、制度、程序、工具、评价等方面构建集团跨校联组教研的有效管理模式，优化本集团现有跨校联组教研管理机能，推进教研管理科学化、精细化、高效化。

五、课程共建机制
——以上理工附小教育集团为例

上海理工大学附属小学教育集团(以下简称**上理工附小教育集团**)着力开展集团课程共建机制经验共享项目。集团基于实践经验出发,经历规划构建—实施优化—评估总结三个阶段。通过及时性调研和转变实施方式等,搭建起了课程建设组织架构(课程共享中心—领导小组、工作小组),优化运作流程(两个层级,申报、审核、选择、培训、评价),形成保障制度(申报制度、审核制度、激励制度、考核制度)。由此形成集团课程共建机制的模式。

(一)研究意义及项目建设目标

1. 研究意义

在课程共建共享的实践过程中,我们发现,要打破壁垒,形成合力,关键在科学合理的机制设计与实践。这一机制应体现以下特征:

(1)能激活内生动力,实现1+1>2的良性互动。即各所学校不仅仅是简单的"拿出一个课程"或是"选用一个课程",而是通过机制运作的流程,持续打磨、自省、合作、探索,由点及面地找到开发、建设课程的可借鉴经验。

(2)校际间的合作,很难依靠"情投意合"或"硬性规定",机制的设计能大大降低管理难度,提升运转效益。课程共享平台的搭建,从前期资源的评估与统整,到实际运作中培训、研讨等支持性条件的创设,到后期的实施效果评价与经验提取,机制设计之初就通过运作流程的梳理,厘清了共享模式的各个关键点。

(3)机制本身具有自我修复与优化功能,通过科学调研与评估,形成一个良性的循环体系。

以集团化办学的发展目标为出发点,由项目驱动,以机制设计为抓手,以课程共享中心为载体,将在集团、学校、教师、学生等各层面,产生积极影响:

(1)在集团层面,能有效整合资源,促进集团整体课程建设与内涵发展。以课程共享机制的研究为切入口,提炼梳理,总结方法,为集团教学共研、队伍共建积累有效经验。

(2)在学校层面,通过项目推进,提升共享课程的品质,并辐射延伸到其他课程的完善,优化学校整体课程架构,完善学校顶层设计,提升课程规划能力。

(3) 在教师层面,加深教师对于课程的理解,提升课程的研发与实施能力,凝练课程建设经验,打造一支具有课程实践力与创新精神的骨干梯队。

(4) 在学生层面,通过课程优化与资源共享,充分满足学生多元需求,激发学习兴趣,提供丰富的学习体验。

2. 项目建设目标

(1) 建章立制:厘清流程,梳理细节,形成规范集团课程共享的申报、审核、选用、培训、考核等关键节点的制度设计流程。

(2) 机制驱动:形成高效的、可持续的运作模型,统整资源,激活各校内生动力,形成校际合作合力,为集团整体课程品质提升提供支撑。

(3) 提炼经验:基于实证,形成可借鉴、可推广、可辐射集团课程共享经验。

(二) 实施情况

本项目于 2018 年初形成初步方案,主要经历了规划构建—实施优化—评估总结 3 个阶段。

1. 规划构建,形成实践模型

我们依据项目,规划实施方案,梳理课程共享各个环节的关键点,初步架构机制。

(1) 搭建组织架构,各司其职

为确保项目研究深入推进,促进集团课程共享的可持续发展,2018 年 3 月,集团成立了"课程共享中心"。课程中心的领导小组由集团理事长、集团理事组成,主要对整个机制进行顶层设计和统筹协调。工作小组则是由各成员校课程负责人组成,共同制定课程申报、审核、选用、培训等制度,以及监督、管理机制的运行。(见图 2 所示)

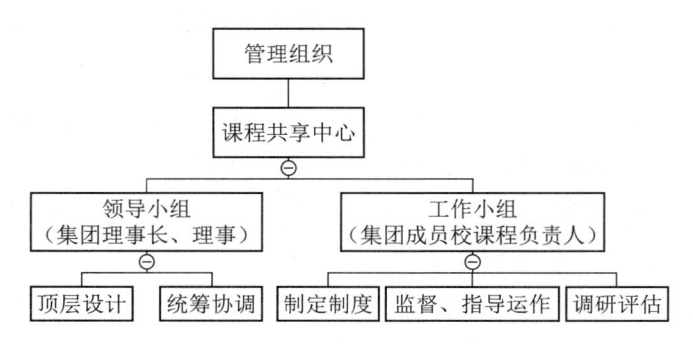

图 2　上理工附小教育集团课程共享管理组织结构图

（2）梳理运作流程，建章立制

借鉴区域课程共享和集团内前期课程共享的经验，梳理课程共享实践操作过程中的关键节点，初步拟定了《上海理工大学附属小学教育集团共享课程申报制度》《上海理工大学附属小学教育集团共享课程审核制度》《上海理工大学附属小学教育集团课程共享培训制度》等制度，初步构建课程共享机制的实施模型。（如图3、图4所示）

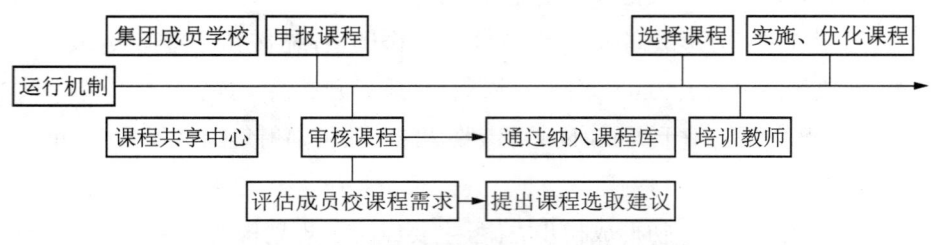

图3　上理工附小教育集团课程共享运行机制

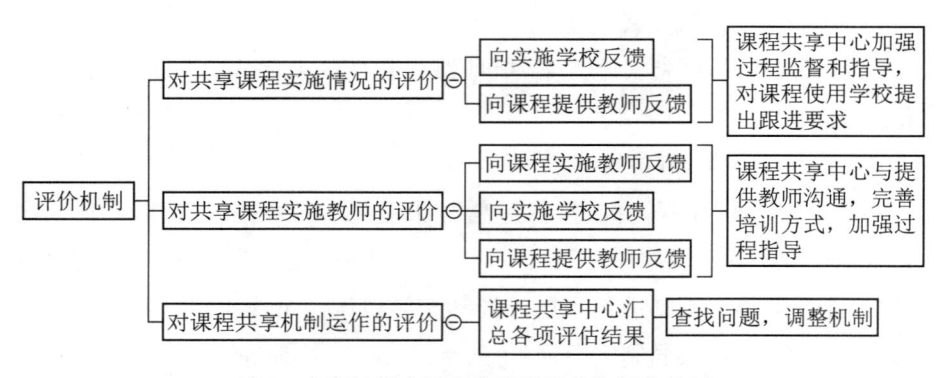

图4　上理工附小教育集团课程共享评价机制

通过细化各个关键点的要求，进一步明确了集团成员校和课程共享中心的工作任务及相关要求。如申报课程环节，要求集团成员学校每学年至少申报1门共享课程；培训教师环节，通过对选用教师开展理论、技能，以及课堂活动设计与组织的培训，共同聚焦课程的应用与优化；在评价上，通过调研、座谈等方式，对共享课程实施、课程共享机制运行等情况进行评估分析，为进一步优化、改进，提供实证依据和支撑。

2. 实施优化，完善机制流程

在初步构建了共享机制的实践模型后，在2017年的第二学期，进行了第

一轮运行。在此过程中,开展了过程管理与评估,梳理了以下问题:

首先,申报环节仍有待完善,各成员校提供的信息不全,对于课程中心和其他学校来说,很难直观、完整地了解课程,对中心审核、学校选用形成了阻碍;基于各校申报的课程品质差异,申报的流程有待进一步梳理简化。

其次,审核制度力度有待提升,须提升共享中心团队的专业眼光,并借助于专家资源,聚焦课程品质、可应用性等维度,在前期把好关。

再次,配套保障制度有待优化,须探索如何有效激励,持续提升学校与教师层面的自主参与性。

最后,实证研究有待加强,须将现有评价方案进一步细化,设计开发评价工具,落实过程的管理与监督,落实循证改进,提炼有益经验。

基于这些问题,从制度和方式两个层面做出了进一步优化,并在2018年第一学期进行第二轮运行。

(1) 优化制度

① 申报制度

为了让成员学校有课程可共享,课程共享中心最初提出每学期各校申报2门共享课程。首先,中心根据各校提交的申报表汇总信息形成列表,供各校选取。但发现信息不全,许多学校较难直观了解课程。为此,调整申报表(如表8所示),增加"首次使用时间""百字介绍""活动材料环境配置""课程资源"等信息的填报要求,便于各校清楚地了解每门课程的成熟度、大致内容、开设的基本要求、资源配备等情况,有助于课程选用工作的落实。

其次,在对机制运行情况进行调研时,有个别学校提出有的课程已经成为区域共享课程,申报过程可否简化。对于大多数学校来说,每学期申报2门新课程着实困难,能否调整课程申报的频率或数量。课程共享中心综合各校建议,从课程品质的提升考虑对课程申报制度进行了调整(表9所示)。

② 审核制度

在实际操作过程中,发现各所学校申报的共享课程品质参差不齐,对课程的审核由课程共享中心负责,为了增强审核力度,引导各校对自主研发课程品质的关注,我们对审核制度(如表10所示)进行调整,邀请第三方专家加入,并增加了对开发教师个人能力的审核。

表8　上理工附小教育集团课程共享申报表1.0(左)和2.0(右)版本

上海理工大学附属小学教育集团校本课程共享申报表

申报学校				
科目(项目)名称				
课程功能	□拓展型课程　□探究型课程			
科目(项目)简介	适用年级	□一年级　□二年级　□三年级 □四年级　□五年级		
	学习人数			
	参考课时			
	类别	科目： □科技　□艺术　□人文 □体育　□其他____ 项目： □实验　□调查　□观察 □文献　□其他____		
	活动材料			
开发教师情况	姓名		年龄	职称
	执教学科		专业背景	
审核意见	学校意见	年　月　日		
	集团课程资源中心评审意见	年　月　日		

上海理工大学附属小学教育集团校本课程共享申报表

申报学校				
科目(项目)名称		首次使用时间		学年第　学期
课程功能	□拓展型课程　□探究型课程			
科目(项目)简介	适用年级	□一年级　□二年级　□三年级 □四年级　□五年级		
	百字介绍			
	学习人数			
	总课时			
	类别	科目：□科技　□艺术　□人文 　　　□体育　□其他____ 项目：□实验　□调查　□观察 　　　□文献　□其他____		
	活动材料环境配置	活动材料： 大致费用： 学习场地：		
	课程资源	□教学媒体　□作品图例　□活动手册　□其他____		
开发教师情况	姓名		年龄	职称
	执教学科		专业背景	
	培训内容	□解读课程　□技能培训　□示范教学　□其他____		
审核意见	学校意见	年　月　日		
	集团课程资源中心评审意见	年　月　日		

表9　上理工附小教育集团课程共享申报制度1.0(左)和3.0(右)版本

(一)申报制度
1.1　每一门课程申报集团共享课程时需要向课程共享中心递交以下资料： (1)　共享课程申报表 (2)　课程纲要(或主题探究方案) (3)　教学活动设计(与课程纲要相匹配、齐全且详尽) (4)　教学配套资源(如媒体、作品图例、微视频、学习工具等) 1.2　共享课程申报时间为每学期开学初； 1.3　凡申报的共享课程至少配备一位可开展课程相关培训的教师

(一)申报制度
1.1　每一门课程申报集团共享课程时需要向课程共享中心递交以下资料： (1)　共享课程申报表 (2)　课程纲要(或主题探究方案) (3)　教学活动设计(与课程纲要相匹配、齐全且详尽) (4)　教学配套资源(如媒体、作品图例、微视频、学习工具等) (5)　如该课程被评为"杨浦区共享课程"请提供相应证明 1.2　共享课程申报时间为每年1月； 1.3　凡申报的共享课程至少配备一位可开展课程相关培训的教师； 1.4　已纳入课程资源库共享课程，如在共享过程中做出调整，需要重新递交相关材料备案

表 10　上理工附小教育集团共享课程审核制度 1.0 版(左)和 3.0 版(右)

（二）审核制度	（二）审核制度
2.1　共享课程不涉及有损国家利益、歧视宗教信仰，没有思想性、科学性、民族性、时代性、系统性、地图准确性等问题； 2.2　共享课程应遵循学生年龄特征和知识能力基础，不拔高课程目标、不下移上位课程内容，符合学生学习兴趣，发展学生个性； 2.3　共享课程便于在集团各所学校实施、推广； 2.4　调研共享课程在原本学校实施情况，学生满意度不少于 85%； 2.5　课程共享中心审核共享课程的相关材料，凡审核通过的课程纳入上海理工大学附属小学教育集团课程共享资源库	2.1　共享的课程不涉及有损国家利益、歧视宗教信仰，没有思想性、科学性、民族性、时代性、系统性、地图准确性等问题； 2.2　共享的课程应遵循学生年龄特征和知识能力基础，不拔高课程目标、不下移上位课程内容，符合学生学习兴趣，发展学生个性； 2.3　共享的课程便于在集团各所学校实施、推广； 2.4　课程共享中心对申报的课程进行调研，该课程的学生满意度不得低于 85%； 2.5　课程共享中心对申报的材料进行汇总和初审，邀请课程专家作为第三方进行评审（评审对象为课程开发教师，评审方式是课程介绍和答辩）； 2.6　凡审核通过的课程纳入上海理工大学附属小学教育集团课程共享资源库； 2.7　凡申报的课程被评为"杨浦区共享课程"直接作为集团共享课程

③ 激励制度

课程共享机制的运行有赖于各校的积极参与，激励制度将有利于课程共享工作的推进。随着工作的深入，有的课程纳入集团课程资源库，有的被共享，有的受欢迎程度高等各种情况的出现，使得对教师的激励制度随之发生变化。（如表 11 所示）

表 11　上理工附小教育集团课程共享教师激励制度 1.0(左)和 3.0(右)版本

（五）共享课程教师激励制度	（五）共享课程教师激励制度
5.1　通过调查，学生对共享课程满意度大于 90%，"提供方"与"选用方"均可获得一次性奖励 200 元； 5.2　"提供方"与"选用方"达成课程优化策略，并通过实践进而完善课程纲要（主题探究方案）、课程配套资源，双方均可获得一次性奖励 500 元； 5.3　集团成员学校可以根据教师参与集团课程共享的实绩，在学期考核或年度考核中优先考虑； 5.4　上述一次性奖励经费由集团成员校各自承担，可根据学校奖励分配制度调整金额	5.1　凡纳入集团课程共享资源库的课程，应对开发建设教师一次性奖励 800 元，如团队合作建设请结合实际情况酌情奖励； 5.2　对于被选用的共享课程，应对开发建设教师一次性奖励 500 元，如团队合作建设请结合实际情况酌情奖励； 5.3　每学年将对共享课程的实施情况进行问卷调查，学生满意度大于 90%，"选用方"可获得 500 元； 5.2　"提供方"与"选用方"达成课程优化策略，并通过实践进而完善课程纲要（主题探究方案）、课程配套资源，双方均可获得一次性奖励 500 元（课程共享中心将根据上交的资源及实施效果进行认定）； 5.3　集团成员学校可以根据教师参与集团课程共享的实绩，在学期考核或年度考核中优先考虑； 5.4　上述奖励经费由集团成员学校各自承担，可根据学校奖励分配制度调整金额

④ 考核制度

随着工作的推进,渐渐发现学校对于课程共享的重视程度决定了该项工作的效度。由此,在原有制度的基础上,增加了成员学校课程共享考核制度,确定考核指标,并采用积分制(如表 12 所示)纳入集团成员学校整体考核中。

表 12　上理工附小教育集团课程共享学校考核制度

(六)课程共享学校考核制度
6.1　集团课程共享工作纳入集团成员学校的考核指标;
6.2　凡依据集团课程共享制度完成相应工作的可获得基本积分: (1) 每年度向集团课程中心申报共享课程,申报新课程可获得 2 分,在原有基础上优化后再行申报可获得 1 分;   (2) 每年度所申报的课程被纳入课程共享资源库,可获得 1 分;   (3) 每年度使用其他成员学校课程可获得 1 分。
6.3　凡共享课程在其他成员学校实施,提供方学校将获得积分,每门课程可获得 2 分

(2) 优化方式

① 开展调研,为选用课程提供服务

课程共享中心始终秉持"不一样的课程,一样的精彩"的课程建设理念,做好每一门课程的监督管理工作。通过巡视、座谈等方式,我们发现"课程共享"仅是学校课程内容的补充,并未与学生的实际需求相关联。为此,中心对集团各校学生需求展开调研,结合学校已有课程内容进行综合分析,对各校提出课程选用的建议(见表 13)。

表 13　上理工附小教育集团课程共享各成员校学生需求与建议

学　　校	学生需求	课程类别分布情况	中　心　建　议
国和路小学	艺术、科技	体育类偏多	可选择艺术类共享课程
水丰路小学	科技、艺术	相对均衡	可选择科技类共享课程
水丰路小学分校	艺术、科技	科技类仅 1 门	可选择科技类共享课程
内江路第二小学	艺术、体育	艺术为主 科技类仅 1 门	可选择科技类共享课程,在艺术类课程上可选择动手实践类
上海理工大学附属小学	科技、艺术	相对均衡	可选择科技类共享课程

② 转变方式,让教师成为课程主人

课程实现共享,师资培训是关键。依据教师培训机制的要求,我们从最初的"分层分科"向"共建沙龙"发生转变。

在最初课程共享时,各校为了丰富课程内容,鼓励教师积极参与,形成了一个近30人的教师团队。为了确保共享课程能够落地,我们开展了"分层分科"培训。分层,将培训对象分为学校课程负责人和共享课程选用教师。课程共享中心针对学校课程负责人开展理论学习和学校课程规划上的指导;对课程选用教师进行课程建设的通识培训,学习课程架构、开展案例分享、尝试模拟课堂等,帮助教师明确课程目标与课程内容、课程实施之间的内在逻辑。分科,由课程开发教师对选择其课程的教师集中进行该课程技能、课堂教学等方面的培训。如上海理工大学附属小学提供的"纸蜻蜓"主题探究项目在内二、水丰、水丰分三所学校共享。提供教师针对"纸蜻蜓"项目的设计、探究活动手册的使用,制作材料的要求等进行一一讲解,并以视频的方式指导选用教师学习"纸蜻蜓"的制作方法,让教师能够有效地指导学生开展探究活动。

在分层分科培训过程中,发现教师参与培训相对被动,且对于提供教师而言在这个过程中课程优化的作用也没完全发挥出来。由此,集团课程中心调整培训方式,采用"共建沙龙"的方式促进教师与课程的共同发展。

为提供课程的教师建立一支团队,并由他担任课程的领衔人,将传统意义上的课程培训转化为课程共建。长白二村小学成瑜老师提供的"创意巧手"课程在最初的共享中学生的满意度较低,但在教师群体中却得到纷纷响应。为此,在课程共享中心的指导下,"创意巧手"共建沙龙成立,这也是集团内第一个共建沙龙。共建沙龙,共研课程目标的设定、课程内容的设置;深究每一个作品中隐藏的制作技巧;打磨每一个内容的教学环节。通过一年的共建沙龙,"创意巧手"课程在集团各校生根发芽,让"你的课程"成为"我们的课程"。

3. 评估总结,提炼有效经验

课程共享中心通过多维度调研,分析集团课程共享的实效、机制运作中仍需改善的问题,给出实施建议,形成可复制的经验。

(1) 共享课程实施情况的评价

每学期,集团课程共享中心前往成员学校进行走访,了解成员学校每学期自主拓展课程开设情况；共享课程实施过程中的需求，便于及时作好调整。如在走访过程中，各所学校反映"围棋"课程专业较强，在共享过程中学校教师无力指导。由此，中心根据学校反映的情况，首先，在课程共享列表中增加"难度"系数，并要求课程提供方加大对教师的培训。

其次，集团课程共享中心针对共享的课程开展满意度调查，了解共享课程的受欢迎程度。经过一年的实施，我们对7个共享课程的满意度进行了调查，涉及6所学校参与该课程学习的学生。根据调查数据（如图5所示），"纸条变变变""袜子娃娃"两门课程受欢迎程度较高，"二十四节气"和"创意巧手"两门课程的受欢迎程度低。对于调查情况较低的课程，中心将对其进行跟踪，调整优化方式，或建立淘汰制度。

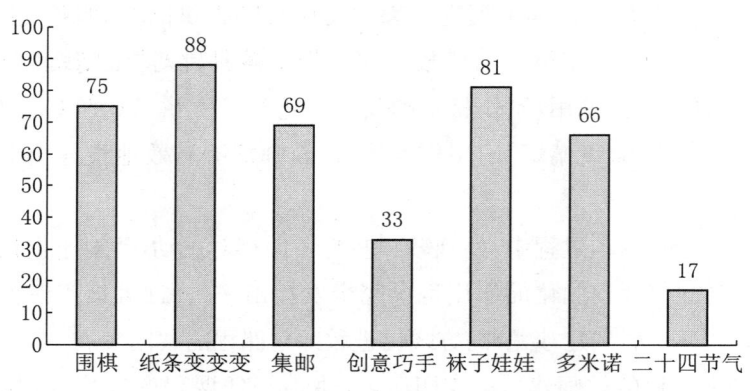

围棋 75；纸条变变变 88；集邮 69；创意巧手 33；袜子娃娃 81；多米诺 66；二十四节气 17

图5　上理工附小教育集团共享课程受欢迎程度调查数据

（2）课程共享机制的评价

课程共享机制的研究从最初的1.0到如今的3.0，是在实践中不断摸索，不断尝试，不断完善的过程。课程共享中心定期召开工作例会解读机制、研读机制。通过对成员学校校长、课程负责人、教师3个层面进行调研，了解机制制定、运行中的问题，调整策略，优化机制。如在成员学校课程共享负责人的座谈上，大家提出了调整建议（见表14）。

表14　上理工附小成员学校课程共享负责人关于共享课程移植座谈内容节选

序号	座谈内容节选
1	共享课程实施过程中没有按照提供方的科目纲要上，是否可以？
2	围棋专业性太强，没办法共享，对于这类课程怎么办？

续　表

序号	座谈内容节选
3	为了上好课,我们的老师需要从网上下载很多的资源,购买一些活动的材料,如何保障实施?
4	能否换种共享方式,学校推出课程,由中心挑选,随后带领老师共同建设,再进行共享?步子小一些,太快了,课程品质很难保证,怎么办?
5	学校推出的课程没有被共享,怎么办?
6	课程共享每学期要推出2门课程,对于我们小学校来说很难
7	共享一个课程,还是共享一个名字?
8	被共享的课程开发老师能否成为课程领衔人,通过联组教研的方式推进课程?
9	对共享出来的课程,如何进行审核?审核要求能否更具体?

从上述表格中,发现共享课程的移植备受关注,需要加强制度建设和实施过程的监督;共享课程的品质成为大家所关注的问题,对于课程审核要求还需要明晰具体化;对于专业性极强且短时间依靠教师可培训无法实施的课程,是否需要调整共享策略。

可见,课程共享机制的架构是基于课程共享各个环节各关键点的梳理。每一个关键点上的要求越具体越细致,越便于此项工作的实际操作。课程共享机制正常运作的前提是所有参与学校对相关制度、实施办法达成共识,才能更有效地推进整体的发展。

（三）项目成效

随着课程共享机制的不断完善,集团、学校、教师和学生均在一定程度上产生了不同的效果。

1. 集团层面

初步形成共享课程库（见表15）,为成员学校提供资源,保障各校校本课程的开设。目前共计29门共享课程,其中25门自主拓展课程,3个主题探究项目,1个专题教育资源。

课程资源库的不断增量为成员学校提供了可用课程。各所学校依据中心提供的建议,结合本校师资情况进行选择。目前,有14门共享课程在集团各校使用,其中10门为自主拓展课程,3个主题探究项目,1个专题教育资源。（见表16）

表 15　上理工附小成员学校课程共享成员学校申报情况

序号	学校	课程名称	课程情况					开发教师
			课程功能	适用年级	学习人数	参考课时	类别	
1	水丰路小学分校	绳结编织	拓展	三	20	14	人文	朱佩君
2		玩转黏土	拓展	一、二	15	8	艺术	赵希倩
3		百变魔法棒	拓展	一、二	16	16	艺术	黄怡闻
4		手　球	拓展	二至五	20	16	体育	徐勇威
5		影视欣赏	拓展	三、四、五	20	16	人文	孙　颖
6		纸桥承重	探究	四	整班	8	设计实验	方　圆
7	上海理工大学附属小学	多米诺	拓展	四年级	15	32	科技	王子宜
8		纸条变变变	拓展	三、四、五	16	32	艺术	叶　维
9		袜子娃娃	拓展	五	16	32	艺术	马妍菲
10		气球变形	拓展	四、五	16	16	艺术	陆可颖
11		携手共进	拓展	四	20	32	综合	薛　蕾
12		电视广告	探究	三	整班	8	实验	马妍菲
13		纸蜻蜓	探究	一	整班	5	实验	薛　蕾
14	内江路第二小学	围　棋	拓展		20	16—18	体育	刘世宏
15		茶香诗韵	拓展	三	20	10—12	人文	喻伟庆
16		趣味美术	拓展	一	27	17	艺术	周依婷
17		神奇密码	拓展	四	20	16	科技	张旖瑾
18		星星论语	拓展	五	30	8	人文	张　瑾
19	水丰路小学	趣味剪纸	拓展	一、二、三	25	30	人文	陈　凌
20		普乐课堂	拓展	三、四、五	28	32	人文	沈佳雯
21		方寸世界	拓展	三、四、五	20	12	人文	周　俊
22	长白二村小学分校	创意巧手	拓展	四	12—15	8	艺术	成　瑜
23		二十四节气	拓展	三、四	15	12	科技	团　队
24		奇妙的拼画	拓展	三、四、五	15	33	艺术	李海琳
25	国和小学	爱上泥巴	拓展	三、四、五	20	16	艺术	周丽莎
26		少儿韵律操	拓展	三、四、五	16	16	体育	徐　蓉
27		魔　方	拓展	三、四、五	20	16	体育	徐伟丰
28		变废为宝我来做	拓展	一、二	20	16	艺术	陆至一

表 16 上理工附小教育集团各成员校共享课程选用情况列表

共享课程名称	提供学校	选用学校 2017学年第二学期	2018学年	2019学年
创意巧手	长白二村小学分校		上海理工大学附属小学	水丰路小学 水丰路小学分校 内江路第二小学 上海理工大学附属小学
二十四节气			水丰路小学 水丰路小学分校 内江路第二小学 上海理工大学附属小学 国和小学	上海理工大学附属小学 开鲁新村第二小学
方寸世界	水丰路小学	内江路第二小学	内江路第二小学	内江路第二小学
百变魔法棒	水丰路小学分校			长白二村小学分校
纸桥承重（探）			上海理工大学附属小学	上海理工大学附属小学
围棋	内江路第二小学	水丰路小学 水丰路小学分校 国和小学	水丰路小学 水丰路小学分校 国和小学	水丰路小学
神奇密码		上海理工大学附属小学	上海理工大学附属小学	上海理工大学附属小学
多米诺	上海理工大学附属小学	水丰路小学分校 长白二村小学分校	水丰路小学分校 长白二村小学分校	水丰路小学 水丰路小学分校
袜子娃娃		长白二村小学分校	水丰路小学	水丰路小学
携手共进		水丰路小学分校	水丰路小学分校	水丰路小学分校 内江路第二小学
纸条变变变		国和小学 水丰路小学 长白二村小学分校	国和小学 水丰路小学 长白二村小学分校	水丰路小学
纸蜻蜓（探）		水丰路小学 水丰路小学分校 内江路第二小学	内江路第二小学	水丰路小学 水丰路小学分校 内江路第二小学
电视广告（探）				内江路第二小学 长白二村小学分校 开鲁新村第二小学
新闻引力波（专题教育资源）			水丰路小学 水丰路小学分校 内江路第二小学 国和小学 长白二村小学分校	开鲁新村第二小学

2. 学校层面

在机制的保障下,课程共享中心做好成员学校课程建设的指导工作。各所学校对学校课程架构进一步优化,不断提升课程品质。尤其是探究型课程目标的研制不断细化,逐步走向可行可检。

以内江路第二小学探究型课程"计划先行"目标的制定为例(如表17所示)。学校计划先行1.0版本的目标远比3.0版本的目标粗略,这对于教师在实施课程时会带来诸多困扰。从新版本的目标中,我们可以看出,学校将计划先行中"想好了做"的要求进行了分解。

表17　上理工附小教育集团内江路第二小学探究型课程"计划先行"目标重构

	学段目标	年级	表现水平标准
1.0版本	做事之前想好目的与步骤,行动之时按照想好的做	低	明确要做的事情,看得懂研究活动计划和学习单,并能按照要求做
		高	尝试围绕目标设计研究活动方案,能对实施过程中出现的问题进行思考,并及时完善方案

	一级目标	二级目标	低年级段		高年级段	
			目标	表现标准	目标	表现标准
3.0版本节选	制定计划	明确任务(问题)	明确主要任务,确定任务内容……	通过课程内容,能根据事物特点进行简单的任务分类……	明确这次任务的类型,确定任务内容……	以小组讨论的形式,确定任务的主旨,把目标进行细化……
		确定步骤	根据要求,与同伴互相配合,一起设计步骤……	学会分享与合作,使学生学会交流和分享设计步骤,学会交流和分享	根据要求,把握内容,确定重点,设计大致框架……	体验亲身参与的过程,在课程的学习中学生通过自主参与制定的框架和步骤,获得亲身体验……

3. 教师层面

通过各类培训及共享课程实践,教师对目标制定、内容架构及其内在逻辑都有了进一步的认识。以国和小学"爱上泥巴"目标为例(如表18所示)。在最初的目标中,存在指向不明确、知识性目标为主等问题。经过调整,科目目标涉及3个维度,且指向明确。

表 18　上理工附小教育集团国和小学"爱上泥巴"课程目标的调整

1. 介绍奥运以及各项体育活动,使学生了解中国体育历史 2. 使学生认识泥塑并练习用揉、搓、压、团、扭等多种泥工技能做出想做的东西 3. 能够运用泥塑技能创作成形,发挥学生的动手能力、提高立体造型能力 4. 通过这项课程,让学生逐步了解泥塑成形的各种方式及技巧,达到二维到三维空间的转变,从中激发学生对自由成形的学习兴趣,同时通过小组共同完成作品培养学生的合作意识,也促进学生在平时的生活中、学习中感受创造美好的事物	1. 了解我国泥塑悠久的历史和辉煌的成就,对泥塑这种创作形式形成更深的了解与认知 2. 掌握团、搓、捏、压等基本的泥塑制作技能 3. 根据要求,运用所学技能创作出富有美感的作品,发现制作中的难点,并尝试解决 4. 在实践中,锻炼思维想象能力和创造动手能力,体验泥塑创作的喜悦与成就感

通过课程培训,使用课程的教师对他人的课程有了进一步的了解,便于自己更好的实施,提供课程的老师对自己的课程有了更明确的优化方向。以下是访谈中,教师层面的反馈:

"集团共享课程的培训让我知道了探究型课程如何规范的从主题探究项目、探究活动、学习工具的设计,到各阶段一步一步的落实。"(水丰路小学分校 牛晓燕)

"在课程共享过程中,我需要去思考怎么把较为专业的制作内容教给其他老师。并且在与老师的互动交流中,帮助我进一步理清了创意与巧手。对自己这门课程的意义,促使我转换角度重新对课程目标和内容进行架构。"(长白二村小学分校　成瑜)

表 19　上理工附小教育集团教师区级公开教学汇总

学　　校	教　师	时　　间	课程类别	开课内容
上海理工大学附属小学	马妍菲	2018年3月	探究型课程	电视广告
长白二村小学分校	成　瑜	2018年11月	拓展型课程	创意巧手——森林一角
上海理工大学附属小学	马妍菲	2018年12月	探究型课程	电视广告
上海理工大学附属小学	王雯婷	2019年5月	拓展型课程	定格动画——破镜重"原"

2019年,集团内有3位教师进行了4次区内拓展、探究型课程的公开教学,3人在区教研活动中进行了专题发言,由集团各校探究型课程教师组成的团队在区内进行了论坛展示。长白二村小学分校的成瑜老师成为集团"创意

巧手"沙龙的领衔人,并被推荐参加了上海市纸艺专项教研组。

表20 上理工附小教育集团教师区级专题发言及论坛汇总

学　　校	教　师	时　　间	专题发言或论坛主题
上海理工大学附属小学	薛　蕾	2018年3月	聚焦目标细化　优化实施过程　提升课程实效
长白二村小学分校	谢　俊	2018年11月	浸润学校要求　建设适宜科目　关注科目落地
上海理工大学附属小学 水丰路小学 水丰路小学分校 内江路第二小学	马妍菲 薛　蕾 寿　甜 方　圆 朱雨倩	2019年5月	基于"计划先行"目标设计主题探究活动
上海理工大学附属小学	薛　蕾	2019年5月	目标逻辑自洽　过程任务引领——以上理工附小"定格动画"科目为例

4. 学生层面

共享课程进一步满足学生需求,激发学生兴趣,提供更多元、更丰富的课程体验。

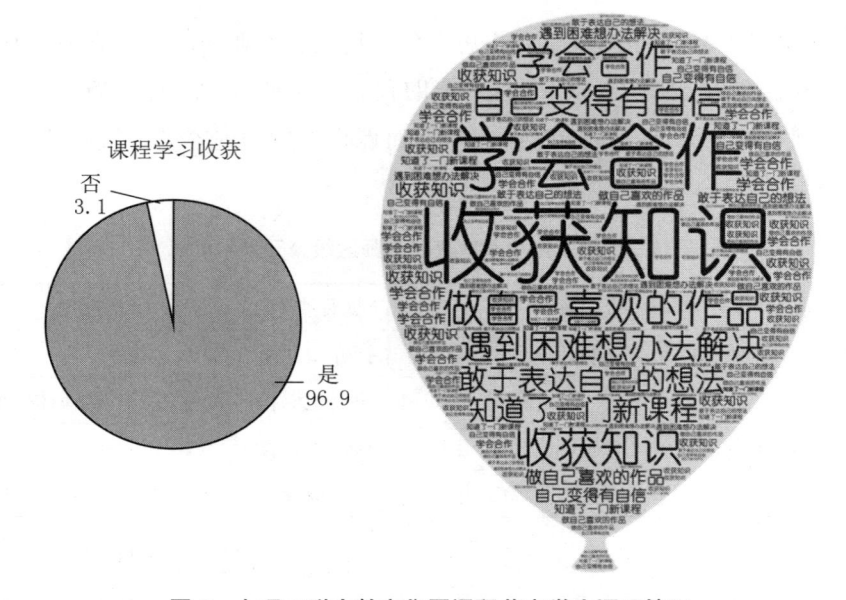

课程学习收获
否 3.1
是 96.9

图6　上理工附小教育集团课程共享学生调研情况

我们通过问卷调查，了解学生在共享课程中的学习效果（如图6所示）。从数据中反映96.9%的学生认为自己的学习是有一定收获的。其中，对于收获具体的体现，我们将学生反馈的关键词进行了梳理，"收获知识""学会合作""做自己喜欢的作品"等是高频出现的理由，涵盖了知识、技能、情感等维度。可见，共享课程进一步满足了学生的多元需求，丰富了学习体验。

（四）问题与思考

1. 加大考核力度，唤醒合作意识

共享课程的发展需要每一所学校的支持，才能实现学生、教师、学校乃至集团层面的目标，而这也是课程共享机制设计的初衷。在实践中发现，即便有组织架构的搭建，有运作流程的细化，而各校的重视程度、合作意识仍存在一定差异。因此，要进一步提升机制运作的实效，当务之急是要优化评价体系，将"考核"与"激励"并举，唤醒学校的合作意识，提升学校对于课程建设的认识水平和领导力。

2. 落实循证改进，促进机制优化

集团课程共享机制旨在构建一个立体的、多维度、可持续的循环体系，这一复杂体系的搭建光凭"经验"显然是不够的，也是不科学的。因此，更应重视"评价"这一维度，思考如何基于课程共享的各个关键流程，设计科学的评价工具，获取真实可靠的数据，已实证为依据，形成持续改进的方案。这才能让整个课程共享机制不断优化提升，提升运作效益。

六、教科研机制
——以辽阳中学教育集团为例

辽阳中学教育集团着力开展集团教科研机制经验共享项目。集团聚焦"共同体＋平台"建设，通过合作、对话、交流、共享等方式共同开展实践研究，以达到提升集团内教师的专业水平以及提高集团教育教学质量的双重目的，扩大教育集团优质资源，做优师资队伍建设。借助于集团内的"共同体"建设（专家指导中心、学科骨干工作坊、教研联合体、课程建设中心），分层次、多角度地开展机制研究，制定各类规章制度，形成系统。助推集团内的"平台"建设（利用好网络交流、研究项目、讲坛"活"教育、评价研究等），分主题、多维度地促进机制的建设，将教研与科研相结合，优化师资、提升集团校办学品质。由此，集团教科研机制模式显现。

(一) 项目建设目标

1. 总体目标

集团围绕教育教学研究任务,重点聚焦"共同体＋平台"建设,通过合作、对话、交流、共享等方式共同开展实践研究,以达到提升辽阳中学教育集团内教师的专业水平以及提高集团教育教学质量的双重目的,扩大教育集团优质资源,做优师资队伍建设。

2. 具体目标

借助于集团内的"共同体"建设——专家指导中心、学科骨干工作坊、教研联合体、课程建设中心,分层次、多角度地开展机制研究,制定各类规章制度,形成系统。

助推集团内的"平台"建设——利用好网络交流、研究项目、讲坛"活"教育、评价研究等,分主题、多维度地促进机制的建设,将教研与科研相结合,优化师资、提升集团校办学品质。

(二) 实施情况

1. 构建学习共同体,创新教研机制

(1) 专家指导中心,设计集团管理机制

以集团章程为依据,组建了集团秘书处及"五个中心"——专家指导中心、教师流动管理中心、课程研究中心、教师研修中心、文化交流中心,定期召开例会,为集团教研与科研机制创新项目做好顶层设计,为集团发展提供理论支撑。专家参与理事会的教研与科研机制等方面的专题研讨,协助集团制定集团教科研章程、制度,切实分管并按条块保障集团教研各项工作的落地,确保管理长效、发展有序,逐步形成集团内管理机制。

(2) 骨干工作坊,促进教师专业成长机制

集团以"活力加油站"工作坊牵头,由辽阳中学德育主任沈俊佳负责各集团校之间的联络、协调、统筹;区骨干班主任谢佩华负责具体工作的落实。联手集团中的各所学校内班龄10年以下(含10年)的青年班主任以及10年以上需突破专业发展瓶颈的成熟班主任,参加班集体建设的沙龙活动和体验式互动。通过在集团内开展形式多样的主题研修和自主研修,逐步形成班主任成长机制。

(3) 学科教研联合体,形成学科教研联合机制

组织集团五校基于共同的学科以及研究主题组成教研共同体。即以辽阳

中学为牵头校的"英语联合教研体",开展基于标准的命题研究;以鞍山初级中学为牵头校的"政史地教研联合体",开展"基于政史地整合教学的作业设计与评价"的实践研究;以存志学校为牵头校的"语文教研联合体",积极开展"初中语文'名著导读'校本课程联合"的实践研究。

集团内的这三所牵头学校都有很强的实力和鲜明的办学特色,教研组建设都已经形成了自己的教研文化。3个学科教研联盟,将处于不同发展阶段的学校通过教研主题联合在一起,共同研讨,共同进步,初步形成集团内学科教研联合机制。

(4)课程建设中心,完善集团课程建设机制

集团"课程研究中心"积极整合集团内校本课程资源,把各成员校的优秀课程向其他学校的学生辐射。辽阳中学的"业余电台"、鞍山初级的"书法"、建设初级的"茶艺"以及存志学校的"古诗文欣赏"等校本课程按计划,已经逐步走进集团学校。

近两年,集团推送了更多特色教师跨校授课。这种走教送课的形式,不仅丰富了集团内学生的课程选择,更进一步提升执教教师的专业素养,在不同学校的课堂中追求教学的"自我更新",同时也带动其他学校的课程建设和发展,并在此基础上逐步完善集团内课程建设机制。

2. 搭建各类平台,改进机制建设

(1)网络教研平台,教学科研有依据

为充分发挥教育信息技术优势,引入"互联网+教研"的思维模式,"集团教研一线牵",搭建网络研修平台,辽阳教育集团的教师研修中心利用QQ群、微信群、飞信群等各种网络平台构建"网络集体备课联盟",组织优秀教师上传自己的教学设计、课件、课堂实录、特色课程等教学资源,供集团内教师优质资源共享;教育集团五校共建录播室、视频会议室,实现跨校同步交流。

集团"教师研修中心"已初步建立集团校学生信息库,并将在近3年中进一步加以完善。集团内统一命题、集中阅卷、分校输分、数据分析,借助于学生学业质量监控和反馈系统,为做好教学教研质量分析与评价提供科学、客观的依据。

网络教研平台可以解决小规模集团校教师的备课、教研等问题,有力促进教师的专业发展,实现跨地域即时性教研互动。在各类教研活动中,应用集团网络信息库数据,对集团教学质量的进一步提升和教师的专业发展都将产生

积极的作用。

(2) 项目研究平台,教研长效有依托

教而不研则浅,研而不教则空。教研应围绕教学中亟待解决的教育教学问题,组成临时性项目组开展短期、专项研究。该机制运用美国管理学家本尼斯的有机适应型组织理论,倡导专家引领、问题导向、结构简单、机动灵活的项目运行规则,与传统的教研机制相比,能够更好地发挥教师的专业特长,调动教师开展教研的积极性。

集团五校根据教育教学工作的热点、难点问题成立集团项目组,如"跨学科小项目研究""基于课程标准的教学设计""基于创新理念的项目学习"等,整合集团内的学科带头人、骨干集体攻坚,充分调动教师开展教研的主动性和创造性。

(3) 教师讲堂平台,骨干引领有辐射

由骨干开设各类专题"教师讲堂",充分利用集团内区级学科带头人、区校各级各类骨干教师的引领示范作用,通过读书交流、教学反思、专题研究、教育叙事等方式,开展教育教学研究活动,带领工作坊成员共同致力于课改、科研和教研。

搭建集团教师讲坛这一平台,旨在帮助更多的青年教师学习身边榜样,塑造自我、提升自我、发展自我,促进其专业发展,最终成为具有终身学习和创新能力的特色教师,在辽阳集团教育教研和科研工作中发挥示范积极重要的作用。

(4) 主题研修平台,专业发展有特色

集团开展"有效教学"研究课活动,组织集团校相关学科教师听课、评课,围绕阶段研修专题进行了深入交流和探讨。活动的开展为集团提供了"有效教学"的范式研究课例,对集团各校教学质量的进一步提升和教师的专业化、特色化发展助力。

此外,开展集团教学基本功大练兵活动,开展包括读、写、作、说、教、评 6 项基本技能的专题培训,聚焦说课、板书、命题、微课制作、TED 讲演等不同层面、不同主题、不同形式的系列活动,本着全员性、针对性、创新性、实效性、系统性、应用性原则,将教研与校本培训、业务学习、常规教学等各个环节有机地结合起来。

(三) 项目成效

回顾近 3 年的实践研究,我们努力将教学研究工作的开展落实到集团内部,逐步形成民主、开放、高效的教研机制;努力发挥专业引领的作用,搭建各类平台,围绕集团教师突出的教学问题开展科学研究,使集团教研与科研有效结合,凸显实践性、针对性和实效性。"共同体＋平台"建设初具规模。

我们将教研与科研机制相结合,逐步形成了集团内八大创新机制,即集团管理机制、教师专业成长机制、学科教研联合机制、集团内课程建设机制以及网络教研、项目研究、骨干辐射、各类评价等相关机制。同时,初步建立了教研科研的各类规章制度,并逐步形成系统。

按照研究计划,我们在修改并优化教研机制及方式创新方案的基础上,分析学校实际,深入开展集团教研与科研机制创新的实践研究以及典型样例展示并推广应用,取得了阶段性成果。

1. 教研管理规范化、制度化

为规范教研管理,每学期我们制定了诸如"盘'活教育'资源,创高品质课堂"等研修主题,各教研组围绕主题制订教研计划,从大小范围的听课到三级公开课的开设、从课题研究到"雁阵模式"的师资培育、从新教材落地到校本化课程的实施,每一项都有相应的制度或规定来科学合理的推进。我们逐步形成了党建、联建保障机制,梳理归纳了基于教研联合体特征的研修模式,集团中联合体建设的考核框架也初步形成。

在此基础上,3支教研联合体取得了较为扎实的阶段性成果。仅2018年,集团内的3支教研联合体组织五校教研联合开展了每月交流,每周互动,线上线下共同研讨,组织活动达22场次,参与教师数达600余人次。3个教研体都进行了区级层面的展示活动,多位教师在市、区级层面进行了经验分享。

2. 科研活动主题化、系列化

集团以问题为导向,直面教育改革,直击教学难点,以团队研究所长来弥补教学研究短板。每学期都拿出专项经费,鼓励教师们积极参与科研活动。"基于标准的命题研究""政史地整合教学的作业设计与评价""初中语文'名著导读'校本课程联合"等科研项目,经过大家共同的努力,目前研究成果都处于实证阶段。其中,存志学校语文教研联合体已完成了统编教材各年级的课外阅读书目梳理、案例样张设计,并通过课例研究的方式进行了修订完善;英语教研联合体完成了六年级的单元命题框架,他们的作业、试卷案例设计荣获了上海市二等奖的殊荣;参与政、史、地联合体研究的许多教师的科研实践能力得到了快速的提升,多项相关课题确立为区级课题。

3. 教师成长专业化、梯队化

教育集团背景下教研与科研机制创新的实践，畅通了教团五校教师的研修渠道，集中优势资源解决教育教学的重点、难点问题，克服一所学校内骨干教师少、教研活动效果不佳、科研实践持续力不足的困境，提高教研与科研的活动实效。在近3年的实践研究中，不同需求的教师在教学交流、研修交融中不断深化认识、达成共识、分享经验，谋求专业的修炼和发展。

在第五届区学科带头人、骨干等评选中，辽阳集团成果丰硕，有30余位教师成为各级各类骨干，在集团内呈现出教师人尽其才、好教师不断涌现的良好局面。

（四）问题与思考

完善的评价制度有利于激发集团办学的活力，促进集团校各项工作全面发展。随着教育集团的不断发展，在深入实践的基础上，亟须建立并完善集团学习共同体和平台的各类评价、考核制度，以进一步激励集团走内涵式、特色化发展之路。今后，我们还将在考核评价体系等方面做进一步的研究。

教研与科研机制在推进课程改革、促进教育教学理论与实践研究、改善教学质量以及教师的专业化发展等方面起到了积极的作用。深入开展教育集团背景下教研与科研机制创新的实践研究，使集团内优质教育资源得以高效利用，优势力量借以充分挖掘，使"共识"和"分享"的集团文化运用而生，以加快集团紧密型建设的进程。

结　语

集团化办学是杨浦区推进义务教育优质均衡发展的"双引擎"之一，是杨浦区教育综合改革十三个核心项目之一，对落实"为每一个学生健康成长奠基"的育人目标至关重要。

杨浦教育始终秉持一个目标：让优质均衡公平惠及每个学生。集团化办学的核心理念在于通过资源、课程、师资、特色的共享，从结构上解决教育优质均衡发展的问题；通过"管、办、评"机制体制的变革实现共治，充分激发每一所成员学校的办学内驱力，最终达成共同发展的愿景。

作为一种新型的学校治理模式和教育改革发展理念，集团化办学在我国基础教育体系中的实践探索已经逐渐铺开。以上海为例，2015年，上海市教委就印发了《关于促进优质均衡发展、推进学区化集团化办学的实施意见》和《上海市新优质学校集群发展三年行动计划》等相关文件,推行学区化集团化办学和新优质学校集群式发展,作为上海义务教育内涵优质均衡发展的"双引擎",全面扩大优质教育资源辐射覆盖范围。依据《关于促进优质均衡发展、推进学区化集团化办学的实施意见》的精神,上海采取了委托管理、多法人组合、九年一贯制、同学段联盟、跨学段联合等联合办学形式,健全开放联动机制,同时将按需集群开展实践,聚焦课程与教学、管理与文化、评价与改进等领域的瓶颈问题,组成不同项目团队加以解决,最终推动区域教育质量的整体提升。然而回顾多年的实践,在充分认可集团化办学实践探索经验和成效的基础上,我们依然感觉到集团化办学的一些共性理论问题需要进一步澄清,只有在认知上明确了集团化办学的内涵、价值、模式和理论基础,才能在实践中更好地坚守集团化办学的理性目标,探索形成更具成效和辐射价值的集团化办学路径。

附录

参考文献

1. 张万朋,程钰琳.区域教育治理视域下集团化办学成效分析[J].清华大学教育研究,2019(4).

2. 钟秉林.关于基础教育集团化办学的若干思考[J].中国教育学刊,2017(12).

3. 武亚娟.基础教育集团化办学研究[D].西安:陕西师范大学,2013.

4. 杨洲,田振华.基础教育集团化办学的内涵意蕴、发展现状及可能进路[J].中国教育学刊,2018(8).

5. 孟繁华,张磊,余勇.试论我国基础教育集团化办学的三种模式[J].教育研究,2016(10).

6. 张爽.集团化办学的阶段性反思与体系重构[J].中小学管理,2019(3).

第三部分

一线报告

夯实集团办学基础　提升优质均衡高度

打虎山路第一小学教育集团

打虎山路第一小学教育集团(以下简称打一小学教育集团)围绕"四个发展"的集团办学目标,依托集团《章程》的修订与完善不断强化教育集团管理,按照"立德树人""五育并举"的相关要求,积极深化教育集团课程与教学工作,通过多种途径持续促进教育集团教师专业发展,根据集团特点积极推进市区相关教育综合改革研究项目,取得了积极的集团办学成效。

一、集团管理

通过有效的管理,不断明确集团工作的常规要求,不断形成集团办学的工作常态,不断建立集团发展的长效机制,是打一小学教育集团的一贯追求。

(一)修订与完善集团《章程》

打一小学教育集团是杨浦区第一个小学教育集团,为了规范集团的发展,教育集团在成立之初就制定了集团《章程》。随着教育集团发展的形势变化与集团办学要求的不断提高,为了进一步加强《章程》建设的时效性,教育集团于2019年对集团《章程》进行了修订与完善。

此次集团《章程》的修订在原来的基础上进一步明确了集团办学长效运行机制:作为集团的管理机构,集团理事会根据集团章程定期召开理事会议,商讨集团的发展、课程建设、师资队伍建设等宏观决策以及集团经费的合理使用;集团理事会根据教育集团每学期工作计划积极推进集团各项工作;集团各成员校教导处、德育室、工会、办公室等部门形成常态工作联络机制,认真落实集团的教学工作、德育工作、文化工作等;集团定期开展干部交流培训活动,不断提高青年干部的管理水平;集团定期开展文化交流活动,丰富教师职业生活,提升教师人文素养和艺术品位;集团定期开展高级教师教研工作坊活动,提高教师专业素养;集团定期开展学生文化艺术交流活动等。

（二）定期召开集团理事会与学校管理工作交流

打一小学教育集团定期召开理事会。2019 年，集团在打一小学召开理事会讨论教育集团工作计划；在许五小学召开理事会落实教育集团督导回访等工作；理事会全体成员参加了集团督导回访。此外，教育集团还通过"集团理事会"微信群，进行日常工作的联系与沟通。

为提高集团理事的文化视野与管理能力，集团定期组织理事参加市级层面的教育论坛，包括上海教育学会小学教育专业委员会年会论坛、上海市金苹果教育论坛等，通过高层次专家的讲座或者参与相关论坛发言等学习手段，集团理事对办学有了更为深入的认识和思考，对学校管理也有了新的思路与方法，为集团的内涵发展奠定了良好的基础。

与此同时，为提升成员校的学校管理效能，集团不定期开展学校管理工作交流活动，2019 年 1 月，集团在打一小学组织开展了学校管理工作交流会。

（三）开展具有特色的集团文化活动

通过丰富的人文艺术活动提升教师的文化修养是打一小学教育集团一贯的传统做法。

集团开展了"人文校园才艺秀"，该活动为有才艺的集团教师搭建了展示的舞台，同时引导集团教师学才艺、秀才艺的积极氛围。开展了"高雅艺术进校园暨打一小学教育集团新年音乐会"活动，让集团教师不出校门也能享受艺术大餐。开展了"春暖花开，我歌我秀"庆祝"三八"妇女节活动，集团教师一展歌喉为伙伴们送上节日祝福，其中还组织了歌名竞猜等趣味活动。

2019 年 5 月，教育集团第十二届戏剧节如约而至，集团教工演剧社的老师们和学生同台演出，师生合作演绎了根据巴金名著改编的话剧《家》片段。集团教工演剧社还重新排演了《霓虹灯下的哨兵》片段，献礼新中国成立 70 周年，将原先排演的《霓虹灯下的哨兵》进行了剧本改编，压缩成 15 分钟的短话剧参加了杨浦区廉洁情景剧展演。

二、课程与教学

"上好课是硬道理"是打一小学教育集团一贯倡导的教学理念，在这一理念的引领下，集团各校不断加强课程计划的研制，细化教学流程管理，将"基于课程标准的教学与评价"内化到每一节课之中；教育集团持续推进集团课程共享；集团通过各个层面的教学交流展示活动，引导教师关注课程标准、关注学生的学习，在分享教学经验的同时不断丰富教师的教学智慧。

2019年，打一小学教育集团各个层面的公开教学情况主要有：

表1　2019年度打一小学教育集团公开教学情况统计

项目名称		打一小学	民办打一小学	曹路打一小学	同济小学	许五小学
区级及以上公开课		42	14	18	4	12
校级公开课	基准评议课	43	15	14	18	86
	基准调研课	392	161	134	2	62
	基准随堂课	239	110	99	76	86

(一) 男教师教学展示与交流活动

打一小学教育集团男教师很多，他们在教育教学工作中发挥了很大作用，充满了男教师魅力，受到学生的喜欢甚至崇拜。为了更好地展示男教师教学风采，集团开展了45周岁以下男教师课堂教学展示活动。活动涵盖5个学科，分别是语文、数学、英语、体育和信息与科技。男教师在课堂上充分展现出的教学风格是大气、阳光、智慧、理性、幽默，他们肩负学校方方面面工作，在业务上积极追求进步与发展，以实际行动展现"上好课是硬道理"。

在杨浦区中小学未成年人思想道德建设工作总结会暨打一小学教育集团"摇篮筑梦人"班主任研修共同体展示活动中，通过男班主任教育故事微演讲、主题教育微课、班主任微论坛3个板块，展示了男班主任的带班风格、班主任兄弟连的活力与梦想。

(二) 基准教学课堂研究活动

集团以"上好课是硬道理"为主题，以集团成员校为单位推进基准教学课堂研究活动。民办打一将基准教学课堂教学研究活动与青年教师"摇篮杯"教学比赛相结合，已有多位青年教师进行了课堂教学展示。许五小学与民办打一外国语小学按照集团课堂教学研究活动的整体部署开展了交流展示活动。2019年11月，曹路打一小学开展了基准教学课堂研究展示活动，教育集团青年教师专业发展团队导师、集团青年教师代表和曹路打一小学全体教师齐聚学校"摇篮"体育馆，开展了听课、评课活动，两位青年教师进行了教学展示交流。

(三) 中英数学教师交流活动

2019年11月18—21日，英国小学数学教师Michelle Cannon、Melanie Squires等一行五人来到打一小学教育集团开展了为期4天的浸润式教学交流,他们在打一小学、民办打一外国语小学、许昌路第五小学和同济小学观摩了不同年级的数学课。活跃的课堂氛围、有效的教学策略、精准的课堂评价都给英国老师留下了极为深刻的印象。此次交流访问给了教育集团一个站在国际教育平台上互动、探索的机会,也让教育集团对今后教育教学的探索增强了信心。

（四）区小学统编教材语文学科实验基地展示活动

打一小学是杨浦区统编教材语文学科实验基地学校。作为实验基地,集团语文学科联组教研活动聚焦统编教材,学科组的老师借助于基准教学的研究理念积极推进统编教材的研究与课堂教学探索,开展了公开教学等展示活动。

（五）集团骨干教师工作交流会

2019年6月,打一小学教育集团在摇篮体育馆召开工作交流会。集团内的骨干教师以"骨干教师在教育教学工作中的作用"为题,与青年教师代表一起交流岗位锻炼中的得失,分享专业成长之路上的收获。骨干教师在发言中,不约而同地提到了作为骨干教师的担当和责任。他们能顾全大局,服从集团的安排,在各自的岗位上发光发热,引领着团队的小伙伴们一起前进。集团理事长卞校长在点评时,希望打一小学教育集团的教师必须夯实自身的专业发展,并不断追求发展和成效。不断凝聚整个团队的智慧,就能汇聚成势不可挡的力量,推动集团的持续发展。

2019年5月,区教育局曾对民办打一小学开展随机式调研,在调研反馈报告中,从18个方面对学校课程与教学工作进行了综合评价,最后的结论是A档。这也从一个侧面展现出打一小学教育集团在课程与教学方面的积极成效。

三、教师发展

师资队伍的水平决定着一所学校的办学水平。正是基于这样的认识,打一小学教育集团历来重视各成员校师资队伍建设,通过专业培训、骨干引领、师徒带教、高级教师工作坊等多种手段与途径,持续提升教师专业素养。

（一）切实推进集团内教师"柔性流动"工作

为切实推进集团内教师"柔性流动"工作,确保教师流动工作顺利进行,集团完善了工作实施方案,要求集团内学校在编在岗教师,凡男55周岁、女50

周岁以下均应参加教师流动，集团内每学年教师流动的比例不低于符合流动条件教师总数的10%左右，其中骨干教师比例不低于流动总数20%。学校的教师流动工作小组要严格按照规程实施全程管理，规范操作，做到公正、公平、公开。

各流动教师派出学校的相关负责老师不定期地与流动教师进行交流与沟通，关心大家的工作状态，及时为有需求的老师排忧解难。学校的关心与支持，让流动教师能够更加安定地在流入学校工作。参加流动的教师，尤其是骨干教师，在顺利地完成教育教学工作的同时，利用自身特长发挥示范作用和模范带头作用，得到流入学校的赞扬。

（二）持续优化重组高级教师合作团队

随着高级教师人数的持续增加，集团持续优化重组高级教师合作团队。集团提出，由各校高级教师自己向教育集团主动申报成立高级教师教研合作团队，现已有特级教师工作室、学科名师工作坊、学科带头人工作坊、高级教师教研合作团队共计10个团队，涉及语文、数学、英语、德育、科技、音乐和美术等学科。在高级教师合作团队的引领下，集团见习教师规范化培训工作也取得了优异的成绩。2018年，打一小学赵梦蝶老师代表杨浦区参加上海市见习教师基本功大赛获得了一等奖。

（三）常态开展优秀教研组展示与集团联组教研活动

借助于集团内部优质的资源促进教师专业素养的提升，是打一小学教育集团的一贯做法。集团开展的特级教师工作室展示活动、区学科名师教研工作坊、区优秀教研组展示活动，已形成常态化机制。这些活动与集团联组教研活动相结合，引导集团教师将更多的精力放在课堂教学研究之中。

张丽特级教师工作室通过专题微讲座、课堂观摩、互动研讨3种形式举行了研讨活动。汪丽清区学科名师工作坊进行了全区展示活动。杨颖晖语文学科名师教研工作坊和周逸倩高级教师教研指导团队联合举行了打一小学教育集团语文教学研究活动，得到了特级教师储竞老师的充分肯定。作为区优秀教研组，打一小学英语组形成了"集团引领、和谐共进、均衡发展、自主特色"的发展目标，每个成员校都在市、区级教学比赛、公开课中表现积极而出色。继2018年民办打一程夏老师在上海市小学英语教学大赛中获得特等奖之后，2019年打一小学张元老师在上海市小学英语教学比赛中又获得了特等奖。

（四）常规开展"打一人文讲坛"

集团邀请国家一级演员、男高音歌唱家、上海歌剧院原合唱团团长王仁亮老师来到"打一人文讲坛"，带老师们体验歌剧的魅力。王团长还在现场进行指导，演绎民族歌剧《江姐》片段——绣红旗。

集团邀请上海市委宣讲团成员施凯为集团全体党员教师、青年团员教师以及入党积极分子等开展专题讲座。施凯主任从"了解人、尊重人、关心人、凝聚人"4个方面分析了新时代党群关系的新变化与新特征，既有理论的高度，又深入浅出地通过大量接地气的事例，让大家体会到新时代党群关系的重要价值与意义。

（五）编写教师专业发展丛书

为了进一步梳理打一小学教育集团办学在课堂教学、德育工作、学校文化、教师培养等方面工作的办学成就，集团提出编写4本书——《上好课是硬道理》《学生最大，老师最好》《不用扬鞭自奋蹄》《好老师这样起步》，以此展现教育集团的教育教学工作思想与实践，展现打一小学几十年传承与发展的办学历程以及教育集团15年来的办学历程。

四、综改项目

集团历来重视通过课题研究与项目研究，不断提升教师素养，不断深化课堂教学研究，不断推进学校文化建设，相关研究成果为集团的办学品质的提升发挥了积极的作用。

（一）依托区域教师教育机制创新的行动研究，推进青年教师专业发展

作为"区教师教育创新"项目的子项目——指向教育机制创新的青年教师"小组式"专业发展的行动研究，打一小学将研究目标定位在：积极探索指向教师教育机制创新的青年教师"小组式"专业发展行动研究的含义、组织机制、运行机制、保障与服务机制等内容，在总项目组的指导下，学校承担的子项目研究取得了积极的研究成果，探索了不同的组织方式与小组活动的运行机制对青年教师专业发展的价值与意义，就保障与服务机制来说，也取得了很多有效经验。在该项目中期考评时，已有研究成果被区项目组评为一等奖。

在前期研究的基础上，打一小学以"基于共性问题的青年教师跨学科'小组式'专业发展的实践研究"为题，参与申报了《上海市中小学（幼儿园）青年教师（2—5年）专业发展实践研究》项目。

（二）依托区提升课程领导力行动研究，深化课程文本案例研究

作为区提升课程领导力项目学校，在区项目组"以课程文本为载体推进课程文化转型"的引领下，打一小学不断深化课程文本设计，深入推进项目，有效提升学校课程领导力。

作为试点学科，学校英语学科本着"以课程文本再设计为抓手，深化课程领导力提升"的原则积极开展课程文本的研究，形成了包括课程文本案例在内的系列研究成果。学校英语学科对课程领导力提升的探索并未止步于课程文本的设计，而是在课程文本设计的基础上，积极推进课堂教学实践。

学校将根据区项目组的要求，将英语学科的探索与研究成果进行梳理，以便能够更好地将试点经验向其他学科进行辐射，深化学校课程与教学工作，不断提升学校办学品质。

（三）依托基于"创智指数"评价结果的教学改进研究，提升学生高层次思维能力

作为区"基于创智指数评价的教学改进研究"项目的试点校，民办打一外国语小学在推进项目研究过程中，围绕练习设计进行了富有成效的探索。作为试点学科，学校数学学科组已经制订了较为完善的学科推进方案，积累了丰富的提升学生高层次思维能力的教学案例与练习设计。为了进一步深化项目研究，围绕学校项目诊断性工具的开发与调研的实施等一系列问题，项目组于2019年12月召开了阶段推进会，邀请了区中小学学业质量检测中心负责人马永鑫、唐洪惠老师及来自上海市教委教研室的专家韩艳梅博士和赵雪晶博士共同参会，指导学校项目的推进工作。

兼收并蓄再出发

杨浦小学教育集团

杨浦小学教育集团的办学目标紧紧围绕"三精四园",即精细的学校管理、精致的课堂教学和精美的校园文化,启智的学园、成长的乐园、温馨的家园和美丽的花园,同时,以"项目化学习"为核心研究项目,依托集团内教师柔性流动、优质课程共享、集团文化引领等举措,发展集团各校之间的深度融合。

2019年的下半年,集团送走了好伙伴二师附小,迎来了3个新成员:回民小学、国和小学、长白二村小学分校。集团各校在原来的基础上不忘初心再出发,集各校之优,展各校之长。在重新融合的过程中,建立多元共生的格局。

一、制度共商——规范下的融合

为了保障各校更好地发挥自身优势、辐射分享,我们不断完善柔性流动、集团考核、共享课程、联组教研、文化交流等各方面的机制。借助于第三方对集团各校开展调查研究,我们听取了各校对集团各项制度的意见和建议,依据调查结果和成员校的反馈等,在教师柔性流动细则方面作出了改进。

集团重新组合后,原集团中4所成员学校和3所新加入的成员校校长重新组建起新的集团理事会,继续依照"制度共商"的原则,共同商定集团各项重大事务、重要决策、重点工作。

在理事会上,集团核心校校长提出了集团的"五共原则",即制度共商、课程共享、科研共探、教师共培与文化共融。希望各校能各展所长,分享协作,发展共赢。为了保障集团新加入的学校能尽快融入,开展好集团下半年的各项工作,我们优化了多项制度。比如,我们在原有的联组教研制度里进一步优化,确定了新的主要负责人,更明确职责;确定了各教研组的教研目标要能基于集团及学校特色,并且综合区里本学期主要研究的点,开展专题研究,使研究的课题紧跟区教研室的步伐。

二、课程共享——互动下的活力

集团着力推进基于课程标准的教学与评价及课程建设和课程共享进程，实行学生走校、教师走教等各种形式的课程共享方式，聚焦学生终身发展的目标，辐射优质课程、扶持特色课程、孵化萌芽课程，更好地促进各校课程教学改革。

（一）辐射优质课程

集团多所学校共同参与，合力开发的"情绪智力"课程，在集团内实现课程的辐射和共享。作为杨浦区"生命一体化"基地核心校，我们带领集团内的其他几所基地校一同开展课堂实践和课程研究，为区心馨家园制作发布"情绪"主题的公众号，并着手设计针对家庭教育的情绪微课，同时也实行情绪课程的走教和走校。

（二）扶持特色课程

每所学校都有自己的特色课程。集团为他们搭建平台，让这些课程有更多的机会到其他学校进行交流分享。我们通过"走教""走校"的形式，让特色的课程"活"了起来。

杨浦小学不仅把学生请进来，还鼓励学校专职的心理老师把"情绪智力"课程带出去。学校的心理教师管老师去集团校走教，让集团校的学生都能有所体验。我们还请上趣味数学折纸的葛老师走教，共享"纸带足球"。内江路小学的淮剧特色课程专家叶老师也多次走教。

集团重新组合后，我们的集团成员增多了，新的成员校也一齐积极加入共享课程中来，我们的共享课程也更丰富了。长白二村小学分校的特色课程二十四节气来到了杨小。回民小学的民族常识知多少课程走教到了长二分校。杨浦小学分校的扇面画课程送教到了民办阳浦，而民办阳浦的纸艺课则送教到了分校。还有国和小学的自制玩具课程走教到内江路小学。新加入的 3 所学校带着他们的特色课程也到各个集团校教学了一番，受到了各校学生的欢迎，也在彼此间的"走动"中得到了交流和提升。

（三）孵化萌芽课程

我们认为共享课程不仅要让每一个学校的学生充分获得集团内的优质课程资源，还应该让更多的老师获益。在课程共享的课堂上，我们组织相关教研组进行听课，课后进行评课，设计听课评价表记录收获、提出建议。我们希望集团各校的特色课程都能在共享、共评、互学中进一步追求课程亮点，挖掘共享课程的新内容、新特色。同时,我们也鼓励各个学校将一些正在研究、更换、深化的新兴萌芽课程在集团内开展交流,或成立联盟,共同为培植更优质的特色课程出谋划策,使这些特色课程也能更快成熟起来。

三、科研共探——引领下的深化

(一)项目化学习

近年来,项目化学习一直是集团的核心项目。集团各校共同着力探索学习空间的变革,通过项目化学习与未来学习空间的相互作用,促进传统课堂由教师主导转向学生主导的体验。

杨浦小学的"语文学科中的项目化学习"在夏雪梅等市级专家的指导下,严格按照年度工作计划,有序推进课题研究。进行了"学科项目设计"案例分享会,展示了语文——"中国美食"、数学——"形象银行"、英语——"昆虫"等学科的项目设计。我们还承办了"学科中的项目化学习"市级研讨活动专场。集团各校也纷纷参与进该课题项目的学习和实践研究中来。民办阳浦作为市的实验校之一和杨浦小学一同交流研讨,参与市级项目的活动,其他各校也在核心校的一次次展示活动中对项目化学习有了更深入的理解。

(二)小班化教育

虽然小班化教育逐渐从人们的视野中淡去,但是杨浦小学依然坚持着以小班的理念进行着学校乃至整个教育集团的内涵深化。我们集团各校也经常接待来自长三角、香港、大连、武汉等各地的小班化教育代表团,和他们共同就学生个性化学习和办学经验展开交流。2019年11月,受全国小班化教育研讨会主办方邀请,集团各校派出2名教师代表赴杭州市富阳区参加了长三角小班化教育论坛活动。

四、教师共培——交融中的提升

集团定期对学生的学业质量进行反馈和分析,结合反馈情况统筹教师共同培训的需求。2019年,集团对杨浦小学、内江路小学和杨浦小学分校三年级语、数、英学科进行质量监控,随后又进行了质量分析会,促进了集团各校教学效率的不断提高。我们还请思来氏公司对各所成员校的课程计划、编制进行评估,重点关注其中的体育课、心理课、活动课是否达到要求,培训各校教师进一步控制好学生的学业负担。

（一）柔性流动

为了贯彻落实上海市教委和杨浦区教育局对促进教育优质均衡发展的集团化办学要求，2019年集团进一步优化了柔性流动制度和细则。对参与教师条件、人数、占比、评价、考核等方面做了更加细致具体的要求。2019年，杨浦小学教育集团参与教师柔性流动的人数共计35人，同比2018年又增加了30%，其中各级各类教师骨干人才占比超20%。而柔性流动的时间根据学校的需要弹性设置，有流动一年的，也有两年的。集团不仅在经费上对教师交流给予鼓励，还组织项目培训，开展联组教研，学生互动活动，多方面支持这项工作的开展。对参与流动的老师，集团还要根据其流动任务的不同，是学习还是带教，来进行评价、考核，使流动工作做得更加细致。

在前几轮柔性流动工作中吸取经验，通过对流动教师实际的工作状况、成效等进行评估，以及听取各成员校的意见和建议，我们还制定了"原班任教""分层共培"等柔性流动的细则。

原班任教，即由流出校继续安排新一轮流动教师到前一轮本校流出教师所执教的班级进行教学，能更好地贯彻学校的教育教学的经验做法。比如，杨浦小学2019年流动到内江路小学的三位语、数、英老师，她们接手的就是杨小前几轮流动的老师们任教了3年的班级。可以说，这个班级就像杨小在内江的研究班、实验班，我们希望通过集团流动，提升学校教师的教学水平。由于不适应那里的学生，这个班级的成绩也曾一度不够理想。本轮三位流动老师通过自身的努力，改变教学策略，终于使得这个班级的学生学习成绩有了明显进步，这也让老师们积累了应对不同学生的教育方法。

分层共培，即将不同特点、不同层次的教师依照带教学校的不同情况、带教老师的不同情况，进行有针对性的流动安排，使得他们的收获和作用能发挥最大化。比如，杨浦小学有两位青年教师已经具有了一定的教学能力，新一轮流动时就去到二师附小，由语文特级教师杨莉俊、学科带头人吴燕蓓老师分别带教，使她们能在教学能力上更进一步。内江路小学把能独立上课的一部分教师流动到杨浦小学分校，使她们接触更多不同学校、相同生源的学生，不断锤炼课堂教学能力，同时，又再将一批职初期的教师流动到杨浦小学来，由杨小的师傅带教，使她们能尽快适应课堂。

（二）联组教研

联组教研语、数、英、音、体、美、科技等学科已形成制度，每个月开展一次常规联组教研活动。此外,长二分校还组织了班主任专题研修活动、道法课程专题研修活动,请宝山区道法教研员毛志峰老师给集团老师做讲座。杨浦小学组织了拓展型、探究型课程的联组专题教研,原上海市教委教研室拓展型、探究型教研员江铭初老师和区教研室教研员张爱嫣老师进行现场指导。这样的联组教研让骨干教师充分发挥引领辐射作用,让各校的优势学科的优秀做法得到推广,也能集思广益,提升更多教师的教育教学水平,同时也为青年教师们拓展学习的平台。

(三)名师工作室

2018年,集团成立了科技、语文、英语、班主任4个名师工作室。工作室的主持人制订了周期性的学习培养计划,来提升学员的教育教学和科研等方面的能力。在集团流动跨校带教、联组教研、名师工作室的合力作用下,教师共培的结果是显著的。在"小荷杯"教学评比中,杨浦小学仰雯玥老师获得一等奖;内江路小学沈捷老师,回民小学姚嘉逸老师,民办阳浦小学吴月老师,原来我们集团校二师附小的王莉君老师、陈佳茵老师获得二等奖;杨浦小学分校的张晟卿老师、仇剑老师获得三等奖。

(四)见习成长

作为区的见习教师规范化培训基地校,为了使这些新老师更快地适应学校教育,为集团校培养能走上讲台、能走进教室的合格老师,我们细化了具体的操作流程,取得了不错的成效。我们以杨浦小学的"青蓝学堂"为依托,打造适合"新上岗教师"的青蓝见习教师校本课程。按"融入杨小"—"走进课堂"—"班级管理"—"反思提升"的进程,让见习教师"进办公室看看""进班级看看""进课堂看看",为这些见习老师能接下来顺利进入我们集团校开展常规工作做好铺垫。

(五)联动托管

除集团的7所学校之外,集团托管的宝山月浦中心校也一直参与集团的各项活动,成为了杨小集团的第8个成员校。集团各校将特色的研究项目给月小共享、邀请月小共同参与集团校的教师讲座、听课评课,参与联组教研,共同备课。每月定期有集团校的联组教研会去月浦开展,把好的经验和做法带到宝山。在集团各校的帮助下,月小提升了办学水平,以优秀的成绩通过了中期评审。

五、文化共融——合作中的精彩

一个集团需要有共同的文化才能形成默契,才能真正融洽。因此我们十分重视集团文化的建设。通过五大途径推动集团文化的形成。通过丰富的文化活动,让各所学校一展所长,彼此交融在一起。

(一)《五彩露》凝聚精彩

这是一本杂志,它集各校之精华,展各校之风采。她更像一声号角,征稿、选编、发行,将7个学校3 000多名师生6 000多位家长的心凝聚在了一起。

(二)艺术节共登舞台

集团艺术节一年一度,以民乐为共同的项目。每年的"丝韵飞扬"集团民乐联合演出把各所成员校的民乐队紧紧地连在一起,合奏曲中,你中有我,我中有你,那和谐的旋律和节奏,最形象生动地体现了集团学校间的文化共融。

(三)科技节创意无限

在多次成功举办科技节的基础上,各校的科技老师们终于找到了集团科技项目的共生点:模型赛车。各校社团都开设赛车模型班,科技节上举办轮机小船直航赛、遥控赛车绕标团体接力赛、船模制作赛等比赛,以此促进各校社团活动的质量,也为市级比赛、区级比赛选拔输送优秀苗子。

(四)运动会增进友谊

2019年,杨浦小学分校承办了集团运动会,主题是:"童趣满校园,童真暖你我"。这是一场趣味运动会,有趣的游戏设计让各校学生之间增强了友谊,教师在活动的筹备中、在活动的组织中增进了交流,促进了融合,各校体育组也在工作上取长补短,共同进步。

(五)支部生活强化意识

集团不但在学校工作各方面加强文化融合,在党务工作上也加强合作。集团开展"最·先锋——忆初心 明职责 当先锋"为主题的集团主题教育支部联合展示活动。活动与"不忘初心,牢记使命"学习教育紧密结合,将支部通过访谈、交流等形式评选出的党员先锋人物、集体的优秀事迹,通过丰富多彩的文艺形式展现出来,与先进人物进行近距离接触,真正让大家感到先进就在我们身边,看得见、摸得着、有血有肉,进一步强化尽职尽责和无私奉献意识。

深化融合　优质共享　提能增效

控江二村小学教育集团

控江二村小学教育集团(以下简称控二小学教育集团)以习近平新时代中国特色社会主义思想为指导,深入贯彻落实《上海市教育委员会关于推进本市紧密型学区和集团建设的实施意见》(沪教委基〔2019〕7号)、《杨浦区推进紧密型集团建设的实施意见》文件精神,遵循"和而不同,和谐共生"办学理念,围绕"交流共赢,教研共建,特色共享,文化共融"的集团工作策略,坚持问题导向、目标导向、效果导向,加强集团内涵建设,努力实现运行机制优质和谐,教师发展优质均衡,教育教学优质融合,整体提高集团办学效益。

一、优化运行机制,促组织发展优质和谐

集团化办学本身是一种体制机制的创新。我们始终坚持集团各校在依法自主办学基础上,积极发挥协同效应,不断优化运行机制,努力形成合理、稳定、职责清晰的组织管理架构,达成集团高效、有序、和谐的运行状态。

(一) 保障制度建设,涵育管理文化

制度建设是集团化办学有效运作的根本保障。2019年,集团理事会再一次修改完善了集团章程,制定了《控江二村小学教育集团教师交流共享机制实

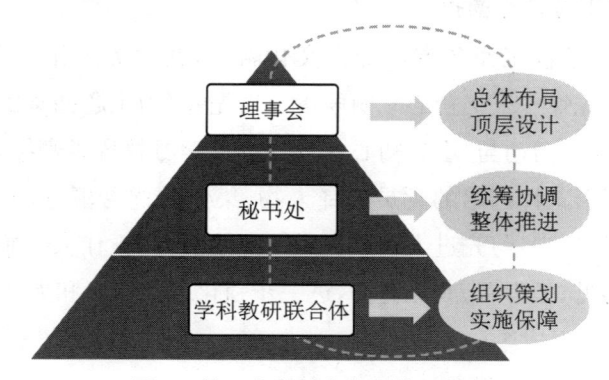

图1　控二小学教育集团管理模式

施方案》《控江二村小学教育集团联组教研制度》等配套方案；依据督导室回访专家的指导和建议，进一步优化集团理事会、秘书处及学科教研联合体三级管理模式。集团理事会主要是对集团发展进行总体布局、顶层设计；秘书处对集团运行统筹协调、整体推进；学科教研联合体对集团活动进行组织策划、实施保障，实现了从宏观协调到实施操作的立体式、全覆盖的组织架构。

（二）营造共融氛围，共享特色文化

集团遵循"体现核心价值，弘扬学校传统，彰显办学特色"的思路，凝练各校办学理念，提炼校本特色元素，坚持纵向推进，横向延展，促进校际文化融合和重塑，使集团发展真正实现同频共振、共生共荣。

传承＋梦想，涵养家国情怀——在新中国成立 70 周年之际，集团强联动、显特色，五校共育家国情。控二小学举行"学礼仪，筑队魂，展风采"红领巾节，激励少先队员心怀祖国，奋发向上。翔殷路小学举行"辉煌 70 载，童心献祖国"主题诵读活动，传承红色基因，领悟时代内涵。凤城新村小学举办"七十年腾飞路，红领巾爱国情集邮展览活动"，通过邮展传递爱国情，传承中国梦。

合作＋创意，培养科创素养——集团定期举办科技节。控二小学的"70 蜕变，上海老嗲额"科创节，通过名字赞、位置嗲、腔调浓、创意灵 4 个方面，让学生感受城市生活味道。翔殷路小学、二联小学围绕"绿色地球、生态校园"，通过垃圾分类校园争霸赛、变废为宝小制作等活动，鼓励学生提高环保意识和能力。控二分校"寻访 70 年足迹，聪敏豆礼敬新时代"电脑节与上海电信博物馆共建携手，了解未来 5G 时代。

欢乐＋健身，习养强健体魄——在"欢乐趣健身，运动大联欢"集团体育节中，以"生命在于运动，幸福源于健康"为宗旨，深化上海市小学体育兴趣化项目建设，倡导健康新理念，培养运动好习惯，为学生具备适应个人发展需求的综合体育素养打下扎实基础。

艺术＋灵性，给养审美趋向——集团艺术节活动是学校与学校之间文化建设的互动交流，2019 年，艺术学科以"彩点墨韵齐翻飞，浓墨重彩画蜕变"为主题，引导学生通过水墨画特有的墨色浓淡变化，富有情感的用笔方式来表现海派文化的古与今，时代变迁的动与静。二联小学举行"国际儿童美术作品交流双年展"，245 幅国内外儿童绘画作品云集一堂，以儿童视角诠释"家"的故事，形成文化融合、包容并济的国际交流舞台。

二、聚焦核心项目,促教育教学优质融合

我们认为,优化教育教学是集团化办学重要内容。集团始终坚持"项目引领、借力发展、特色推进"的发展策略,通过抓项目,强学习,延伸项目内涵;抓管理,强创新,发挥项目效应,实现深度融合,提升育人品质。

(一)合力综改攻坚,扩大项目效应

随着教育改革进入深水区、攻坚期;集团采取理论性与实践性统一,规范化与特色化结合的策略,统筹合力,整体推进,重点突破,助力综改研究走向纵深。

课程领导力项目——集团内共有3所小学通过深入推进课程领导力项目研究,完善课堂文化转型的校本化诠释,开展系列研修活动,推进学校课程文本的转化与实施。控二小学进一步推进"全人"课堂在教师教育专业性与学生学习效能两个维度的课例研究。语文、数学、英语等九大学科就全人要素与本学科核心素养进行学科精细化诠释。凤城新村小学以"方寸"课堂理念,推进"重需求、乐体验、善合作、促成长"的课堂教学,探索"解构—建构—延构"的"体验式"课堂教学模型的实践研究。二联小学通过创建数字环境,打造数字资源,凸显快乐自主的课堂特征。

创新实验室——集团借助于创新实验室项目,以前瞻性的视角,建构并优化科技类主题课程体系。凤城新村小学对接杨浦国家创新型试点城区建设进行星空剧场建设,结合安全体验馆进行"YOYO救援机器人"创新实验室开发。控二小学结合"全人"课堂的十大核心要素下相关学科要素,进一步精细化、分解、诠释各实验室的课程内涵与育人要求,已多次代表集团参加区域创新实验室项目汇报交流,并在区创新实验室课程综合样态试点活动中进行公开教学展示。二联小学将创新实验室项目视为科技育人重要载体,使之成为学生提升种植劳动技能和智慧种植的训练场。

体育兴趣化——集团五校借助于市体育兴趣化项目,合力开展"融评于教,融教于乐,融乐于学"的主题研究,运用"兴趣化""情境化""儿童化"等教学手段,将教材趣味化,激发学生学习的兴趣和热情。体育兴趣化市级项目负责人、上海市教委教研室体育教研员多次莅临指导。

生命一体化——集团积极参与区域生命教育一体化综改项目,在生命教育的机制建设、队伍培养、课程架构、资源整合等方面开展积极探索和实践。

二联小学参与《情绪活动手册》的编写，策划、制作微课"校园欺凌"。控二小学作为市级生命教育生涯发展研训项目校，深入联组开展研修展示活动，参与区域生涯发展课程编写，其成果即将出版。

（二）跨校研修，深化项目内涵

进一步优化研修模式，明确跨校联组教研的目标定位，形成常态教研与主题教研"两线并重"模式，实施规范教研、精准教研、深度教研。

1. 常态教研——规范＋引领

实行"规范＋引领"，严格标准，提升质量。进一步完善教学管理制度，落实"上海市中小学学业质量绿色指标综合评价绿色指标"（2.0版）要求，学期初，基于课标、教材、学情，规范教学5个环节；学期中，探索"减负增效"的校本实践，开展培养问题解决和实践能力为导向的分层作业设计研究；学期末，进一步统一语文、数学学科质量验收内容与形式，并进行集团内教学质量分析，促进集团教育教学质量整体提升。

2. 主题教研——示范＋辐射

实行"示范＋辐射"，以点带面，纵横推进。以数学研修共同体这个品牌辐射延伸至全学科研修共同体建设上，我们汇聚集团内特级教师、区学科带头人、区骨干，使集团学科研修共同体由原来的4个学科扩展至12个学科和项目。2019年共开展了78项主题研修活动，区小学教研室数学、英语、音乐、体育等学科教研员蹲点扶持并邀请市级教研员、专家多次亲临指导，形成了集团学科建设扁平化管理、项目化运作、团队化发展的机制，进一步催生了集团在实现教育内容创新、活动方式创新、组织机制创新上的生机与活力。

数学学科——运用"以形助数"的方法解决实际问题的能力，多位教师融入课堂，现场采集数据，更在课堂中融入了全人课堂要素，促进学生学科能力的发展，上师大教授、区教研室领导专家对此给予了肯定。2019年，集团两次组建团队赴嘉兴海盐县实验小学教育集团进行数学学科的交流研讨活动，两地教师紧密联通，互取经验，共促教研发展。

英语学科——指向学科核心素养的单元整体规划，以单元整体设计为载体实现英语学科核心素养的有效落地。市教研员、市师资培训中心特级教师先后对教学研究的深度及教师理论素养给予了高度肯定。联组教研中多节优秀研讨课形成课堂教学范例，在重庆、杭州跨区域交流活动中进行展示，并获得小学英语精品课堂教学研讨活动一等奖。

科学与技术学科——进行"开放、多元、乐学"小学科学与技术应用数字化实验提升实验效果的探索,核心校将校际联组教研经验深化延展至成员校,核心校联组五校开展区域展示活动,成员校承办市级科学与技术展示活动。

探究学科——进行探究型课程规则意识之科学严谨在各校的探索与实践,形成"一校一目标"的校本化目标体系,达成"一学校一纲要"的探究型课程纲要校本化推进策略。

集邮项目——开展集邮活动的学科渗透研究,坚持"多元化的教育形式、多项目的融会贯通、多层面的培养成长",打造方寸课堂,基于学生发展需求,做实做活集邮活动。2019年,承办了"方寸课堂,邮雅校园"杨浦区集邮展览,全国集邮联副会长、市区相关部门领导莅临活动。

生涯教育——作为市级生命教育生涯发展研训项目校,开展了主题为"生涯发展让未来无限可能"区域生涯教育展示活动。参与区心理健康系列活动,集团五校均获优秀组织奖,100多名学生获等第奖,20多名教师获指导奖。

家庭教育——集团3所学校作为市级家庭教育示范校。2019年,承办"家校协同,让孩子健康成长"上海市家庭教育主题宣传活动,通过专家报告、组合交流、模拟课堂等形式,分享基于生命成长的家庭教育指导有效经验。

三、完善人才管理,促教师交流优质均衡

教师专业、全面发展是教育资源优质均衡的重要保障,教师流动是集团紧密合作的关键表现。2019年,集团进一步深化"区域教师交流共享机制建设"的市级项目研究,优化管理模式,提升教师发展内驱力,努力促进教师的专业发展和资源的均衡分布。

(一)人才交流,共质共量

集团以中高团队、骨干教师为依托,以阶段任务为目标,合理构建专业成长的渠道,通过统筹编制、盘活存量等方式,持续优化教师流动机制。集团又进一步完善"骨干交流、校际互动"的教师柔性流动机制,新一轮的教师流动实行主学科教师跨校交流2年,其他学科教师交流1年。2019年,集团各层级30名教师参与流动,涉及心理、道法、语文等7门学科,各级各类骨干16名,占比53.3%。

集团对教师流动实施精准化管理,分级分类架构发展目标;细化流动教师工作职责,对各阶段的流动教师有不同任务的驱使,让流动教师在不同层面上

都能获得持续发展。通过培训跟教、结对带教、课程走教、导师培教、跨校联教和专题研教"六教"模式,提升教师交流管理效能,促进集团师资队伍快速、健康、均衡发展。2019年9月,集团举行"礼赞新时代,筑梦担使命"教师专业成长主题活动,总结了集团"六教"的实践成果,进一步深化了教师交流共享机制,形成教师发展各个要素的优化组合及其效能最大化的实践范式。

(二)名师引领,共担共享

集团通过名师垂范,扩展优质教育惠及面,形成"名优领衔,骨干跟进,青年参与"的骨干教师梯队。王律言集团班主任工作坊以《特色班集体与班集体特色建设》为研修主题,探寻特色班集体建设中有效策略以及家班合力共育途径、方法、模式,力促"85后"青年班主任成长,构筑未来班主任队伍的人才高地。控江二村小学操晓臻老师继续推进集团共享课程《小小达·芬奇创意俱乐部》的走教任务,探索"课堂实践+即时教研"新研修模式,开展校际特色课程多元整合,帮助青年教师在内化中成长。

(三)跨校研训,共育共赢

借助于教师专业发展学校暨见习教师规范化基地校培训平台,开展见习教师全浸式培训,夯实教师发展的起步点,通过团队式带教、系统化培训、过程性管理,形成了具有集团特色的培训范例。集团深入开展"师德与素养类"专题研训,通过"艺术人文、教育机智、师德师风、专业素养"四大板块,全面提升集团教师教育境界和专业能力。例如,艺术人文类,请来中国台湾地区儿童教育学专家李骥先生用他自己的生命故事诠释对生命的理解,让教师在职业生涯中思考如何面对压力,规划职业发展方向。教育机智类,请来华东师范大学心理健康教育与咨询中心特聘专家陈默教授,从软实力、觉察力、沟通技巧等角度阐述了教师应具备的基本素养。

集团目前有特级校长、特级教师3位;特级教师王律言获上海市第四期"普教系统名校长、名师培养工程"攻关计划主持人,有7名教师分获名校长、名师后备人选;有2名教师分获区、局拔尖人才,区各类教学骨干(区学科带头人、区骨干教师、区骨干后备、区教学新秀)49名。

四、再发展重突破,促持续精准共发力

我们将进一步完善联动机制,聚焦教育改革中心工作,加强思想引领、问题导向、实践探索,不断优化组织互联、资源互通、功能互补、工作互动的共享

机制;进一步聚合人才优势,优化人才培训培养体系,可持续推动市区名师工作室的作用,激发教师自我教育优质发展的内驱力;进一步盘活优质资源,完善集团共享课程建设相关制度,整体推进集团课程群建设,为每个学生提供丰厚的可选择的教育,以共生、共育、共成推进教育优质均衡发展。

持续优化机制　驱动长效发展

上海理工大学附属小学教育集团

2019年,上海理工大学附属小学教育集团(以下简称上理工附小教育集团)刚好迈入集团化办学的第10个年头。2019年9月,因区域集团成员校调整,原集团成员校长白二村分校、国和小学归属杨浦小学教育集团,开鲁新村第二小学划入上理工附小教育集团。调整后的附小教育集团,继续围绕"不一样的学校,一样的精彩"的集团发展目标,着力加强紧密型集团创建,通过优化机制,探索"组织更紧密、师资安排更紧密、教科研更紧密、评价更紧密、学生培养方式更紧密"的实践路径,实现管理、师资、课程、文化等互融互通,驱动集团长效发展。

一、集团管理

(一)明确目标导向,完善配套制度

2019年年初,集团召集成员校共同拟定年度工作计划,基于集团发展现状和亟待改进的问题,将年度集团发展目标确定为:基于集团各校的办学基础,不断完善机制建设,聚焦教师柔性流动项目与核心研究项目,开展实践研究,改善教学管理水平,提升学生学业质量,实现高端教师增量,深化集团各校内涵发展,逐步实现优质均衡的发展目标。

(二)培育凝聚文化,激发内生动力

成员校共同参与"办学理念引领下的课堂教学变革"的论坛,聚焦"课堂转型",不断厘清及回应学校办学理念与课堂文化转型之间一脉相承的关系,为课堂转型指明方向;以"精彩孩子王"工作坊牵头,定期聘请市、区德育先进工作者来为集团班主任开展专题培训与讲座;举行"凝心铸师魂,携手再前行"庆祝中华人民共和国成立70周年暨上理工附小教育集团成立10周年大会,表彰集团内各校师德先进的优秀团队,宣传他们的育人事迹,发挥示范作用,展现了集团各校凝聚向心、合作进取的积极风貌；举行了"快乐运动，乒出精彩"运动会，各校派出选手，组成团队在一场场比赛中，展示了凝心、合作、聚力的朝气和风采；开展集团见习教师的基本功大练兵、青年教师展示沙龙，为青年教师搭建展示自我的舞台；组织"垃圾分类，你我同行"集团教工亲子活动，展现了集团大家庭温馨的人际氛围，科学环保的生活态度。

（三）优化评价机制，驱动个性生长

基于成员校考核过程中的问题与思考，启动了针对集团评价机制的调研，进一步诊断评价机制的合理性。通过调研，甄别到检测点的设置与界定、考核结果的呈现方式、申报流程等方面的问题，听取各校建议，提出了改进思路，聚焦集团教师柔性流动项目与核心研究项目，优化年度的评价机制。比如，在"课程建设与教学管理"的指标下，细化的检测关键点为："每年每校推出一门合格的共享课程，并提供配套教学资源、项目培训等。"考核中，以"推出一门合格的共享课程"及"提供配套教学资源、项目培训"为两项量分依据。两项量分依据兼顾"质"与"量"，促使各成员校因校制宜研发特色课程，并积极在集团内共建共享。再如，在"学生学业负担和质量"指标下，设置"学业质量"和"进步程度"为检测点，将"平均分"与"偏差率差值"为量分依据。既以"质量提升"为目标导向，促使各校跟进教学管理，力争突破学业质量这一集团发展短板，又以"分层对比"为激励策略，鼓励基础薄弱的学校甄别问题，寻找突破口。又如，在"干部队伍与教师发展"指标下设置每学期开展两次流动教师分享会（流入、流出），一学年开展一次集团范围的流动教师主题分享会，既有成员校之间流动教师的互访互学，更有在集团层面上的主持分享，修改后的指标更趋向"紧密"，引领流动教师在专业道路上持续前行。

二、课程教学

（一）实施优化总结，完善机制流程

集团作为杨浦区集团化办学经验共享机制子项目，于 2018 年初正式立项，并形成初步方案论证。通过"规划—实施—优化—总结"4 个阶段的项目运作，积极探索如何用机制保障集团课程共享工作的有效途径与措施。由机制驱动，进一步盘活资源，推进集团各校的课程共建共享，提升课程领导力和执行力，提升课程数量与品质，从而满足学生的实际需求，促进学生发展。

在制度优化上，优化申报制度，增加了"首次使用时间""百字介绍""活动材料环境配置""课程资源"等信息的填报要求,便于各校清楚的了解每门课程的成熟度、大致内容、开设的基本要求、资源配备等情况,有助于课程选用工作的落实。优化审核制度,邀请第三方专家加入,并增加了对开发教师个人能力的审核。优化激励机制,对于学生满意度调研、共享课程品质评价等途径,对积极参与项目的教师给予奖励,激发其参与热情。优化考核制度,将积分制、考核制度纳入集团整体考核中,提升各校对于课程共享的重视程度。

在方式优化上,开展调研,为选用课程提供服务,即中心对集团各校学生需求展开调研,结合学校已有课程内容进行综合分析,对各校提出课程选用的建议。转变方式,让教师成为课程主人,即依据教师培训机制的要求,从最初的"分层分科"向"共建沙龙"发生转变。为提供课程的教师建立一支团队,并由其担任课程的领衔人,将传统意义上的课程培训转化为课程共建。

在评估总结上,课程共享中心通过多维度调研,分析集团课程共享的实效、机制运作中仍需改善的问题,给出实施建议,形成可复制的经验。

每个学期,集团课程共享中心都要前往成员学校进行走访,了解成员学校每学期自主拓展课程开设情况、共享课程实施过程中的需求,便于及时做好调整。如在走访过程中,各所学校反映"围棋"课程专业较强,在共享过程中学校教师无力指导。由此,中心根据学校反映的情况,在课程共享列表中增加"难度"系数,并要求课程提供方加大对教师的培训。同时,集团课程共享中心还针对共享的课程开展满意度调查,了解共享课程的受欢迎程度,迄今为止,已对7个共享课程的满意度进行了调查,涉及6所学校参与该课程学习的学生。根据调查数据(如图1所示),"纸条变变变""袜子娃娃"两门课程受欢迎程度

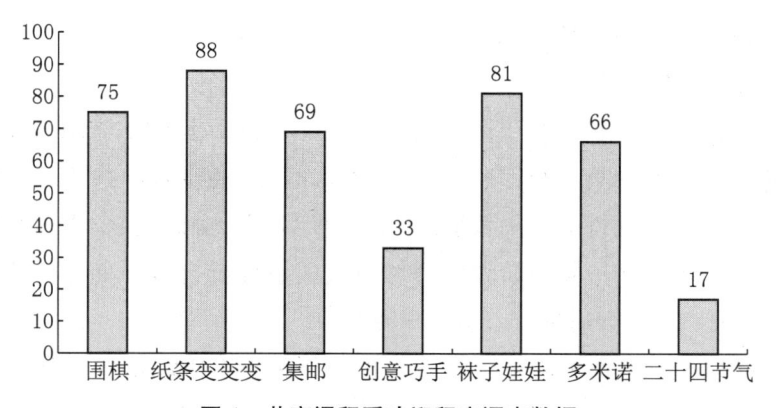

图1 共享课程受欢迎程度调查数据

课程	围棋	纸条变变变	集邮	创意巧手	袜子娃娃	多米诺	二十四节气
满意度	75	88	69	33	81	66	17

较高,"二十四节气"和"创意巧手"两门课程的受欢迎程度低。对于调查情况较低的课程,中心对其进行跟踪,调整优化方式,或建立淘汰制度。

课程共享机制的研究从最初的1.0到如今的3.0是在实践中不断摸索、不断尝试、不断完善的过程。课程共享中心定期召开工作例会,通过对成员学校校长、课程负责人、教师3个层面进行调研,了解机制制定、运行中的问题,及时调整优化。如在成员学校课程共享负责人的座谈会上,大家提出了调整建议(见表1)。

表1 关于共享课程座谈会内容节选

序号	座谈内容节选
1	共享课程实施过程中没有按照提供方的科目纲要上,是否可以?
2	围棋专业性太强,没办法共享,对于这类课程怎么办?
3	为了上好课,我们的老师需要从网上下载很多的资源,购买一些活动的材料,如何保障实施?
4	能否换种共享方式,学校推出课程,由中心挑选,随后带领老师共同建设,再进行共享? 步子小一些,太快了,课程品质很难保证,怎么办?
5	学校推出的课程没有被共享,怎么办?
6	课程共享每学期要推出2门课程,对于我们小学校来说很难。
7	共享一个课程,还是共享一个名字?
8	被共享的课程开发老师能否成为课程领衔人,通过联组教研的方式推进课程?
9	对共享出来的课程,如何进行审核? 审核要求能否更具体?

(二)注重教学管理,提升学业质量

1. 定期分析研究

集团联组教研,作为介于区与校之间的教研平台,起到了联结和支撑的作用。借力联组教研平台,集团整合资源,聚力合作,通过教学共研、质量分析、专题等途径,有针对性的解决教学中面临的实际问题,跟进教学管理与教学方法。集团定期进行"五年级阶段综合练习及质量分析会",分享各校教学管理经验与得失。分析会通过2个层面开展。

(1)教师层面,由核心校学科教导带领集团内五年级学科教师开展联组教研活动。就共同命题与检测内容,通过对各部分得分率的数据分析,反思教学问题,研讨如何改进日常课堂教学。

(2)管理层面,由五校校长、学科教导参与,各校结合历届区域五年级学业质量评价调研的一校一报告,用数据对比的方式,分析本届五年级学生的总体学业质量、学科学业表现,反思学校在教学管理中存在的关键问题。针对问题,校长教导分别在教学流程管理和学校师资配置等方面作出分析和跟进举措,提升教学管理能力。水丰路小学提出"提升内涵,实践快乐课堂",开鲁二小提出"亲信课堂的研究",水丰分校提出"智慧教学策略研究"……在2019年五年级质量监控中,水丰路小学语文,国和小学数学,长二分校、水丰分校英语偏差率都大于5分,取得了显著的进步。

2. 随访听课到位

质量分析会后,各成员校校长依据薄弱学科,制订下一阶段措施,核心校关注跟进,共同寻找解决路径。如水丰分校在学困生的指导中,发现自闭症学生行为问题严重,教师难以应对,核心校派出心理专职教师3次前往协助筛查,指导教师与家长科学应对。再如内二小学五年级质量不尽如人意,校长寻求核心校帮助指导,核心校派出三位学科教导及带领的团队,到内二小学跟踪听课,共同诊断问题,并对课后作业、练习命题予以指导。

三、教师发展

(一)循证优化改进,完善流动机制

教师流动为各校的教师队伍不断输入了新鲜血液,促进集团内的师资资源的均衡分布和整体教育质量的提升。对于教师个人来说,流动也打破了终生固守一校的传统格局,通过交流与学习,取长补短,促进了个人专业发展。

经历三轮流动,开始反思影响流动成效的关键问题:如何提升柔性流动实施的质量。集团在2018年末对流动教师进行问卷调研,以调查分析为方式,以解决问题为导向,以循证改进为落脚点,分析流动教师的需求,诊断机制改进的关键突破口。

例如,您认为,您校老师在流动期间,可以通过哪些路径,提升他的专业发展(单选)

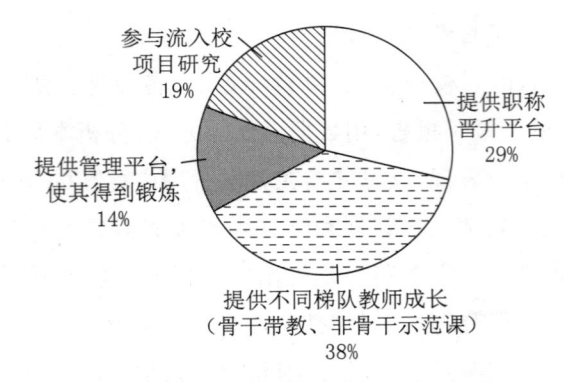

图 2　流动期间的专业发展路径(校级中层)

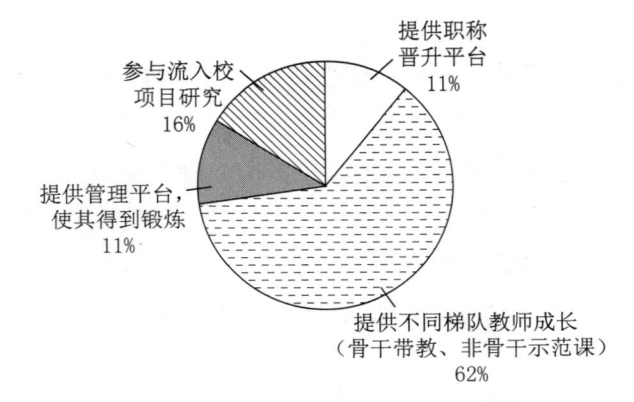

- 参与流入校项目研究 19%
- 提供职称晋升平台 29%
- 提供管理平台，使其得到锻炼 14%
- 提供不同梯队教师成长（骨干带教、非骨干示范课）38%

图 3　流动期间的专业发展路径(流动教师)

- 提供职称晋升平台 11%
- 参与流入校项目研究 16%
- 提供管理平台，使其得到锻炼 11%
- 提供不同梯队教师成长（骨干带教、非骨干示范课）62%

数据显示，两组层面的调查者都首选"提供不同梯队教师成长"。

再如，教师流动过程中，还有哪些工作需要改进（多选）

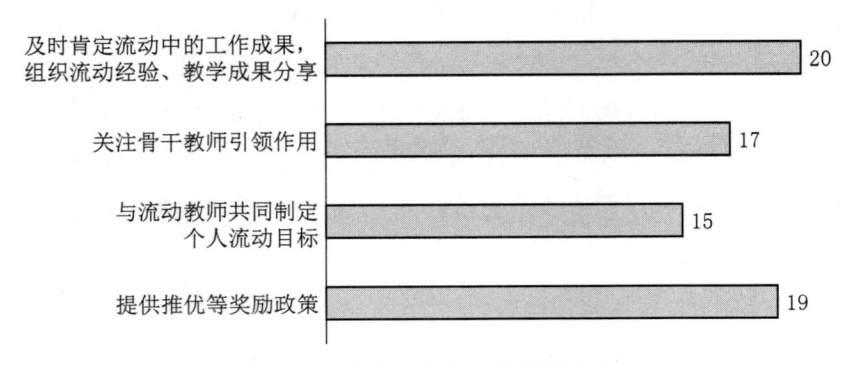

- 及时肯定流动中的工作成果，组织流动经验、教学成果分享　20
- 关注骨干教师引领作用　17
- 与流动教师共同制定个人流动目标　15
- 提供推优等奖励政策　19

图 4　教师流动可改进之处(校级中层)

```
及时肯定流动中的工作成果,          |████████████████████ 11
组织流动经验、教学成果分享
关注骨干教师引领作用              |████ 2
与流动教师共同制定                |███████ 4
个人流动目标
提供推优等奖励政策               |██████████████████████████ 14
```

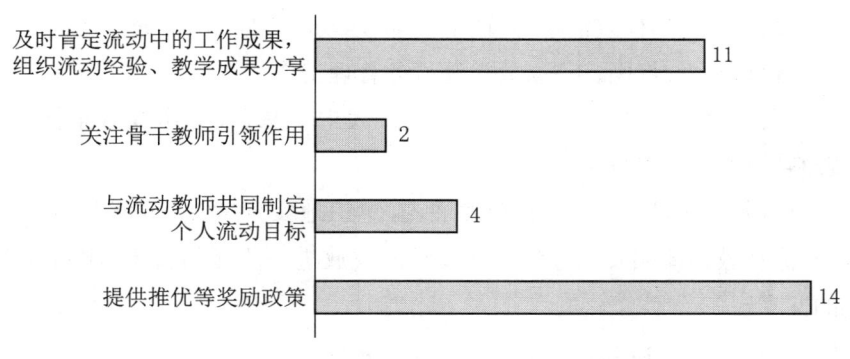

图 5　教师流动可改进之处(流动教师)

从数据统计看,中层、流动教师选择"及时肯定流动中的工作成果,组织流动经验、教学成果分享"数据较高。

通过调研,锁定了"持续完善机制建设""如何及时肯定流动中的工作成果,组织流动经验、教学成果分享"等问题,厘清了关键节点和具体调整举措,优化形成教师流动机制实践模型。

1. 细化标准奖励,完善制度建设

当教师建立起目标感,个体的内在动机与个体行为取决于对特定情景会发生什么,以及对将要发生事情的结果的价值和重要性认识。当教师建立起目标感,对流动的认识与预期清晰勾勒,个体的内在动机才会被充分激发。调研显示,教师对流动意义认识不一致,对流动经历并没有具体的规划,部分教师认为"流动和自己学校没有差别""感觉就是换个地方上班""给流入学校带来了什么也说不清楚"。而现有的评价方式针对性不强,未建立目标导向,也难以达到激励作用。

针对调研中发现的教师对流动性质、任务还不清晰等问题,着眼于集团核心项目,集团修订、完善了《流动教师工作手册》《流动教师工作职责和管理条例》和《流动教师评价表》,按"基础要求"和"特色加分"分层设计,以目标为导向,以过程为依据,围绕日常工作、课堂教学、课程建设、辐射引领等内容,再次细化指标,如将"能承担流入校一门自主拓展课程,或探究型课程的教学工作"纳入基础指标,而将"自主开发拓展型(探究型)课程,开发一门拓展课程向课程共享中心提出共享意向"纳入特色指标。再如将原基础指标"能主动参与流入校各项活动,积极配合学校完成各类任务"细化为 3 项具体要求:

(1) 积极参加学校政治学习、读书活动、运动会、教工社团等活动。

(2) 做好晨检、带操、午餐、放学等班务管理工作。

(3) 认真参加升旗仪式、午会、班队会、大中小队、社会实践等集体活动，做好资料整理、收集工作。

促进教师既关注日常，又创新发展，有意识地实现"流动价值"。同时，继续实施《流动教师津贴发放办法》，使津贴的发放进一步倾斜骨干、倾斜课程和文化的共享。

2. 建设管理平台，确保机制落实

深入推进教育部重点课题《教育均衡视角下的教师流动机制研究》，探索与提炼教师流动的有益经验。建立集团管理信息平台，基于真实数据，分析学校各学科专业成熟度。结合年度教师流动的指标要求，按照"均衡算法"，进行智能匹配，以教师流动为契机，整合资源，补齐短板，形成干部、教师有序流动的工作制度，最大程度上实现师资的优化配置，健全骨干教师流动机制研究。集团每年教师交流轮岗人数达到符合条件教师总数的10%，其中骨干教师比例均不低于交流轮岗教师总数的20%。

3. 关注活动质量，提升内在动机

针对活动组织实效性的问题，在集团和学校层面都作出相应调整。

(1) 集团层面：分步推进，避免活动同质化。初期以教师适应为主，疏导压力；之后开展问卷调查，了解教师需求，组成研究型团队，以教学方法迁移、课堂文化等主题开展研究活动。

(2) 学校层面：适性匹配，提升活动实效性。成员校自主承办专题讨论会，解决实际问题。根据不同层面教师的专业发展阶段与需求，匹配相应的活动，促使流动教师适得其所，更好更快地成长起来。

表2 2019年度流动教师专题讨论会

3月份	水 丰	交流个人教育教学计划
5月份	水丰分校	不同生源下的教学策略研究——案例分享（一）
9月份	内二小学	课堂（课程）文化的融入——案例分享（二）
11月份	开二小学	流动工作总结

4. 树立典型案例，及时宣传表彰

教师流动意愿与流动成效呈显著正相关。也就是说，老师愿意流动才能够流动起来,流动得有效果。同时,教师在流动过程中,是否表现良好,是否有足够动力积极参与到流动中,很大程度上取决于对流动的认识与预期。基于调研中出现的教师对于流动持"不愿意""无所谓"的现象,锁定流动效果最关键的决定因素——提升教师的流动的自主性。

新一轮流动启动前,召开流动动员大会,通过"过来人"的现身说法、流动政策宣传等方式,将"集团人"的概念渗透强化,打消教师顾虑,提升自豪感。过程中,每月及时表彰先进,增设微信公众号《爱在流动》栏目,宣传流动教师事迹。学期结束,通过集团总结大会,对考核优秀流动教师进行表彰。

(二)依托联组教研,发挥辐射引领

联组教研是介于区与校之间的教研共同体,在经验分享、问题响应、资源整合等方面有其独特优势。依托各学科联组教研,形成常态化的教研机制,促使集团教师进一步基于各自的研究主题和学生情况,探索适切的教学方式。同时,为进一步厘清各校的办学理念与课堂教学理念的内在关联,促使其在真实的教学场景中得到转化和体现,集团开展了浸润式研修。10 所学校 10 节课,呈现了不同的学校理念与课堂文化。交流环节,分教师、中层、校长 3 个层面展开。

1. 校长层面,作为学校理念文化的顶层设计者,如何构建学校顶层设计,形成清晰的办学理念,不断厘清及回应学校办学理念与课堂文化转型之间一脉相承的关系,为课堂转型指明方向。

2. 学校中层管理者层面,在领会学校办学理念及课堂文化构建的内在联系的基础上,组织教师基于校情,聚焦课堂研究主题改进学习方式,设计相应评价,促进学校课堂教学的整体变革。

3. 教师层面,结合学情,对照课标,对目标设置、教学与评价策略、生成性问题等方面进行阐述,并针对学校的教学研究主题,办学理念解析具体教学环节的设计意图和实施成效。

浸润式课堂共研,是集团课堂研究创新之举。10 校共话变革中的发展,体现自我审视、自我研究的态度,更是火花碰撞、寻求突破的契机。2019 年,以"变革学与教,探索课堂转型"为主题,集团各学科开展了一系列联组教研和专题培训。

(三) 发挥专业引领,促进教师发展

1. 见习教师

从"教学、德育、制度"三方面入手,全面落实四大方面 18 个要点的培训,为见习教师配备由骨干教师所组成的导师团队,针对见习教师的实际情况和带教需求,分阶段由教学处、行政处、德育处各部门相互配合落实规范化培训内容。并通过争得"礼仪章""诚信章""两操章""两笔章""阅读章""班务章""五环章"和"神笔章"8 枚章,帮助见习教师坚定自己的职业梦想,完成规范化培训内容,修正自己的专业表现,尽快适应岗位要求。

围绕"不一样的生命,一样的精彩"的理念,为见习教师设计相应的浸润式培训活动,如"绿色评价体系"的解读、"男女生差异"系列培训、"依据核心素养 细化育人目标"校本培训、"看见 读懂 陪伴"系列心理培训等,持续加深其对教育的理解,不断追求自己的教育理想。

针对青年(见习)教师在建班育人环节出现的"不知如何家访""不知道如何召开家长会"等问题,组织集团内骨干班主任参与《精彩孩子王》编写。整个课程分为 11 篇,通过聆听讲座、现场观摩、自学教材等途径帮助见习教师提升班级德育和班集体建设与管理的能力和技巧,全面有效地履行班主任职责。"精彩孩子王班主任基本功培训课程"也已被入选为教师培训市、区级共享课程,入选 2018 年度内涵项目"中小学教师专业(专项)能力提升的教师培训课程体系研究与实践"孵化课程。

通过规范化培训、浸润式培训、个性化培训,集团见习教师逐步掌握班主任工作的理论知识,提升班级德育和班集体建设与管理的能力和技巧,全面有效地履行班主任职责。

2. 名师工作坊

结合集团化办学背景,整合资源,集团建立了"班主任研修共同体"。通过班主任培训校本课程"精彩孩子王"的编写、共享,共同承担集团班主任队伍均衡优质发展的责任和义务,从而初步构建具有鲜明集团特色的班主任队伍管理,探索适合不同层次班主任特点的培训模式。2019 年 10 月,15 位来自上理工附小教育集团的班主任走进了上理工附小会议室,参加了"生命因你而精彩"——上理工附小教育集团第二届"精彩孩子王"工作坊开班仪式,工作坊围绕"生命教育"这个主题,贴近不同的班情,开展特色班集体建设。

工作坊推进过程中,坚持"六个结合":将理念创新与继承传统相结合、将

自主研修与专业指导相结合、将集中研修与分散研修相结合、将知识积累与综合素质提高相结合、将理论研修与实践探索相结合。

四、实践成效

（一）教师流动

新一轮教师流动聚焦"提高流动质量"，已呈现较好态势：半数以上流动教师在2019年流动教师专业发展情况调研中表示希望在专业上发展；流动教师自主申报专业发展研究方向，专家介入，根据研究内容，指导分组开展研究；聚焦"不同生源下的教学策略研究"、"课堂（课程）文化的融入"等主题开展实践研究，通过专家指导、合作共研，形成多篇高质量的案例研究，并在集团以上层面交流。

（二）课程共享

随着课程共享机制的不断完善，集团、学校、教师和学生均在一定程度上产生了不同的效果：

1. 集团层面，已初步形成较为完备的共享课程库，为成员学校提供资源，保障各校校本课程的开设。计有29门共享课程，其中25门自主拓展课程，3个主题探究项目，1个专题教育资源。有14门共享课程在集团各校使用，其中10门为自主拓展课程，3个主题探究项目，1个专题教育资源。

2. 学校层面，在机制的保障下，课程共享中心做好成员学校课程建设的指导工作。各所学校对学校课程架构进一步优化，不断提升课程品质。尤其是探究型课程目标的研制不断细化，逐步走向可行可检。

3. 教师层面，通过各类培训及共享课程实践，教师对目标制定、内容架构及其内在逻辑都有了进一步的认识。通过课程培训，使用课程的教师对他人的课程有了进一步的了解，便于自己更好的实施，提供课程的老师对自己的课程有了更明确的优化方向。

4. 学生层面，共享课程进一步满足学生需求，激发学生兴趣，提供更多元、更丰富的课程体验。我们通过问卷调查，了解学生在共享课程中的学习效果。从数据中反映96.9%的学生认为自己的学习是有一定收获的。其中，对于收获具体的体现，我们将学生反馈的关键词进行了梳理，"收获知识""学会合作""做自己喜欢的作品"等是高频出现的理由，涵盖了知识、技能、情感等维度。可见，共享课程进一步满足了学生的多元需求，丰富了学习体验。

（三）教师发展

集团为教师发展搭建了平台，促进了高端教师的增长。2018年，集团内研究生硕士增加了5名，总数达到30名。教师在全国、市、区级核心刊物上发表数达14项，教学展示达67节，市、区级教学评比获奖（含课题）达14项。

各校在内涵发展中，找准努力方向和撬动支点，各自找到了特色发展的生长点，师生在市、区、校级各类评比中，获奖达624余项。

（四）经验辐射

在集团层面，我们及时反思，梳理经验，"教育均衡视角下的教师流动机制研究"作为教育部重点课题立项，"集团化办学背景下的教师流动问题及对策的实践研究"作为杨浦区重点课题立项，上理工附小教育集团作为杨浦区集团化办学经验共享机制子项目，于2018年初正式立项，通过规划—实施—优化—总结4个阶段的项目运作，并形成结题报告。"优化教师流动机制促进优质均衡发展"在上海市中小学幼儿园运用调查研究方法优秀成果评选中获二等奖。《循证改进，优化教师流动机制》发表于《上海教育科研》2019年第6期。2019年，理事长在济南、杭州等地进行了集团办学经验推广。（见表3）

表3　2019年集团化办学经验交流情况

	日　期	参会、走访与接待	理事长交流发言
1	12月15日	中国教育会第32次学会年会（济南）	集团化办学育人模式的实践探索
2	11月21日	南湖区余新镇中心小学	不一样的学校，一样的精彩
3	11月16日	上海市教科所智力所举办的"集团化办学监测与评估"	循证改进，优化流动教师机制
4	11月11日	昆山市西山区书林路二小	创新流动机制，优化师资配置
5	7月21日	全国集团校长精习系列研修班（成都）	持续优化机制，引领集团发展
6	5月29日	大连市西岗区推进集团化办学访学团	集团核心项目的研究与实践
7	4月15日	重庆市江北区推进集团化办学访学团	集团文化的孕育与发展
8	4月15日	香港沪江小学访学团	集团管理和理念实践
9	4月11日	第二届全国中小学管理理论与实践融合研讨会（杭州）	集团办学再出发
10	3月28日	丽江市永胜县教育局局长，宁蒗县教育局局长	集团管理和理念实践
11	2月28日	谢小双德育实训基地接待	集团文化的孕育与发展

营建富有生命力的集团共同体

平凉路第三小学教育集团

平凉路第三小学教育集团(以下简称平三小学教育集团)在办学实践过程中,坚持以习近平新时代中国特色社会主义思想为指导,全面贯彻落实党的教育方针,坚持五育并举,强化立德树人,注重党建引领,围绕集团的办学追求,积极探索高效有序的集团内部治理体系,扎实推动课程建设、教学改革和教师队伍建设的资源共享与优势互补,努力建设富有特色的集团文化,不断满足区域百姓对公平而有质量的学校教育的美好追求,让集团的办学使命与办学价值在更高层面得以实现。

一、集团管理:以优质管理为依托,共享集团核心价值

(一)立足集团实际,凝练共同愿景

共同的愿景是集团实现发展的思想基础。具体包括:建设区域新优质学校群的发展定位,"融合·创新·优质:为促进每一位学生健康快乐成长而努力"的发展理念,"建设适应新时代教育发展需求的滨江畔新优质学校群"的发展目标,"成员学校有新发展,集团办学有新突破,协同创新有新成果"的总体要求。基于上述共同愿景,通过实地调研、集体协商、专家指导的方式,明确集团办学在管理、师资、课程、教学和人才培养等领域的核心任务。

集团管理——注重培育和形成集团各校普遍认同的共同价值和文化。

师资建设——注重实现教师校际间的合理流动;构建集团层面的教师联合培养、校本教研、见习教师培训等教师专业发展机制。

课程建设——注重挖掘和培育各校精品课程、特色课程并实现集团层面的共享。

教学改革——注重开展基于标准教学与评价的教学改进,攻坚基于学生表现的教学改进项目,充分利用现代信息技术推进教学改革。

（二）立足发展需求，创新运行机制

不同学校集聚一起要共同实现集团整体的发展目标，组织、制度、规则、程序的落实是保障。从 4 个方面入手，建构完善科学的集团组织运行机制。

1. 组织架构建设

采用集团理事长负责下的理事会集体领导制。集团着力构建"1＋X"双环管理机制。"1"是内核，是集团的共同目标，其目的是更好的发挥集团的统筹引领价值；"X"指外环，是围绕集团目标成员校"办学各有特色，教学各有特点，学生各有特长"，其目的是充分发挥成员校的办学积极性。理事会下设四大中心，通过集团章程的制定，明确理事会的运行机制，界定各部门的权限和职责。

2. 议事规则建设

坚持民主集中制原则，每月召开一次教育集团理事会议，建设集团理事与联络组微信群及日常沟通机制。注重发挥集团理事会监管作用和各校党组织的政治核心作用，注重党务和业务融合，强化党的政治、思想、组织、作风、纪律和制度建设。

3. 管理制度建设

以成员校协商的方式制定《集团理事会理会制度》《集团教师流动制度》《集团教研共建制度》等，从制度上保障集团各项工作的顺利开展。

4. 评价机制建设

指向共同目标又充分激发成员学校办学活力的整体原则，建构涵盖集团自评机制、成员校年度考核机制、教师发展工作评价考核机制在内的完善的评价体系。集团自评机制——每年对集团办学进行自评反思，并提出改进意见；成员校年度考核机制建设——依据新优质办学目标设计共性评估指标与学校办学个性评估指标，开展成员校绩效考评与反思改进工作；教师发展工作评价考核机制——促进集团流动教师工作有效开展；集团条块工作反馈改进机制建设——每年召开教学和师资工作会议，反馈成员校质量监控、师资成长、学生发展等工作，开展指向目标的评估及改进。

（三）立足多元载体，促进文化融合

集团文化是集团成员校和全体师生共同创造和经营的文明、和谐、美好的教育生活方式，对于集团化办学而言，最为基础和最为重要的就是文化融合。集团以培训、活动为载体，依托多元路径，着力提升集团师生的文化共有意识。

1. 开展新优质专题培训活动

整体设计新优质文化建设、新优质学校教师发展、新优质规划路径、新优质课堂建设四大模块,促进各校干部教师从理念到实践的同步提升。

2. 开展新优质团队榜样评选活动

集团组织开展家门口的好学校系列评选活动,评选出"优质管理奖、爱心教师奖、共享课程奖、创智课程奖"等优秀教师 40 名,"家门口的好教师"10 名,努力建构互学互助的教师共同成长文化。

3. 开展集团新优质文化共享活动

通过共享专家学者文化讲坛讲座,共享成员校的公开展示活动,共享集团共同打造的教育教学活动等,促进集团内文化凝聚。2019 年,聘请新优质专家讲座 30 多次,成员校教育教学共享活动共享展示 24 次。

4. 建设新优质宣传平台

通过信息化宣传平台的建设传递集团理念,宣传集团工作,讲好师生故事,使集团对外发出更多新优质的声音。

二、课程教学:以立德树人为核心,提升集团办学品质

(一)统整课程资源,构建共享机制

集团从共享与共育两个层面让更多孩子浸润在优秀课程的滋养中,让课程满足每个学生的成长需求,将"立德树人、五育并举"落到实处,不断提升课程品质,发挥课程育人效能。

1. 梳理优质课程,探索共享方式

集团定期开展课程计划编制与实施研讨活动,重点从 4 个方面探索优质课程共享的机制。

(1)构建优势互补,资源共享的理念。

(2)运用"焦点校领衔,成员校协作"的策略,共享多门课程。

(3)探索共享的路径:梳理优质课程资源—发布优质课程资源—开展课程共享活动—积累特色课程资源。

(4)探索优质课程共享方式。

建构不同的课程共享方式,如特色教师流动、特色课程教师培训、学生跨校学习、线上课程共享等。持续开展三季特色课程共享活动"滨江课程快乐行",各校推出特色品牌课程参与展示。成员校努力寻找课程共享突破点,为

学生搭建品德滋养与能力培养、展示自我与激发兴趣的平台。2019年,学生参与各类课程共享7 000余人次。

依据新优质办学目标,成员校的课程计划均体现"为促进每一位学生健康快乐成长而努力"的理念。建设小学以"儿童的发现"为重点,完善"阿波罗课程"体系,特色课程"阿拉上海"成为上海市共享课程;平四小学依托"以球育人——为学生健康快乐成长奠基"理念,积极研究三类课程有质量推进;开一小学建设"阳光课程"行动项目,构建多彩课程,提高学生的综合素养;平三小学以"生动"的课程文化,建构"青苹果生活乐园"课程,实施基于实证的课程改进与完善。

2. 共生共育课程,体悟文化特质

集团地处杨浦滨江沿线,杨浦滨江既承载百年工业文明,凝固红色记忆,更延续城市文脉,跃动城市创新的脚步。集团集合成员校的共同力量,开发滨江课程,从"红色人文滨江"与"美好生态滨江"两大模块着力,让儿童通过感知、体验、分享、交流、体认等文化浸润过程,了解上海的过去、现在和未来,从课程层面融合滨江畔新优质学校建设的个性特质。

(1)依托滨江文化,开展"红色"系列教育活动。通过寻访红色人物,演讲红色故事等形式,让学生感悟厚重历史。

(2)依托滨江文化,开展"寻访改革新成就、点赞杨浦新发展、奋进美好新时代"系列社会实践活动。开发社会实践课程校本"别样滨江行",开展城市寻访等社会实践活动。

(3)依托滨江文化,开展各类生态探究活动。集团科技教师团队联合开展生态净化、滨江生物观察等探究活动,2019年,教育集团以"生态滨江"为课程主题,共同参与上海市教委教育装备中心举办的上海市教育装备国际博览会学校案例区活动,成为人气展位,让更多的学生感受到滨江发展的魅力。

(二)优化教学管理,构建共研氛围

1. 完善管理制度,促进质量提升

集团着重建立基于目标的教学规章与要求,以保障集团教学质量基于标准,底线达标。着重以下工作:

(1)建立工作制度。如《集团教研管理制度》《集团减负增效制度》和《集团统一质量监测要求》等,在此基础上各校均有控制学生学业负担的行动方案,落实教学流程管理。

（2）形成反馈机制。通过连续三年的跟踪，搜集学生学习证据，形成"一二年级基于标准的教学与评价集团质量报告"，促进成员校落实改进。

（3）落实改进措施。结合五年级绿色学业质量调研活动，召开集团教学质量分析会，从学习习惯、学习兴趣、学业成果、学生思维等方面全面分析集团学生的学习状况及校际差异，提出针对性措施。

2. 完善教研机制，促成有效联动

集团建设明确指向课程与教学改进的联组教研机制。通过清晰完善的组织架构和创造性的实施方式，充分发挥联组教研机制对于集团各校教师教学改进的积极价值。4个学科教研校际中心及数字教材工作坊与创慧空间工作坊，继续开展切实有效的联组教研活动。通过针对性的工作让集团各校的老师在联组教研过程中明确"为什么研、研什么、怎么研、谁来研"的核心问题。从思想认识和行为改变两个维度明确联组教研的目标、内容、方式和参与人员等问题，确保教师真正有获得感，有成长体验。

集团教研的内容体现3个"紧"：紧跟市、区上位要求，紧贴集团教师需求，紧抓教学问题改进。校际教研的活动内容积极落实市教委"基于课程标准的教学与评价"精神，结合区域"以过程性评价改进教学"要求，以单元教学设计与实践为主要研究内容，聚焦教研主题，开展集团教研活动。如数学联组教研活动针对"统计与概率"学习领域中的"平均数"单元教学进行了改进教学实践的探索，尝试遵循以学段目标为指导—分解目标单元—续写课时目标—设计评价活动—开展教学实施—搜集评价实证—开展教学改进的路径，将教学活动与教学评价紧密联系起来，帮助教师教学重点突破"教学评"一致的瓶颈，集团形成8篇课堂案例以及16份评价数据及分析，为区域提供了研究课例和案例。通过4项落地形成教研流程与规则。

（1）任务落地。围绕"基于标准的教学与评价要求"协商出学期联组教研主题。

（2）责任落地。教研中心领衔，成员校主动参与，确保活动参与率。

（3）要求落地。聚焦主题和问题，开展教研活动。

（4）成果落地。

教研活动要有成果意识，提供相关的成果资料，集团已形成各类课件资源、教学设计资源、教学研究成果资源。如一二年级语、数、英学科"基于标准的单元评价样例及数字化成果""探索与实践——基于课程标准的教学与评价"工作手册及案例集。

校际差异本身就是集团教研重要的差异资源,吸引着教师参与。集团重点引入了专家资源,邀请市、区专家莅临联组教研活动现场,进行高位引领,为集团内教学实践引领方向。2019年,集团共开展17余次联组教研活动,承办市、区公开教研活动6次。集团内教研氛围浓郁,活动切实有效,大大提升了学科教研水平。

三、队伍共建:以教师成长为突破,厚实集团发展基础

(一)厘清集团教师队伍建设思路

1. 开展教师队伍建设基础情况调研

形成对集团教师队伍建设的整体性的科学认识,为整体规划和设计教师队伍建设策略提供实证支撑。

2. 做好教师队伍建设的整体规划和顶层设计

明确集团教师队伍建设的发展要求,提炼生成集团优质教师标准。从制度建设、柔性流动、集团培训、联组教研、分层培养五大方面做好集团教师培养的顶层设计。

3. 做好教师队伍建设的制度设计工作

从集团整体发展的角度,制定集团层面的完善的集团教师聘任制度、教师专业发展制度、教师柔性流动管理制度、教师培训制度、教师激励制度等,完善集团优化教师管理和促进教师发展的制度体系。

(二)实施促进专业成长有效举措

1. 坚决强化教师职业道德建设

集团以立德树人为宗旨,以两代楷模为标杆,积极推动师德建设常态化、长效化。要求全体老师遵循集团"家门口的好教师"的要求,爱心、慧教、善学、创新与服务,2019年,有近十名老师获得"家门口的好老师"称号。越来越多的教师也加入"好老师"的行列当中。集团始终认为,加强师德建设是落实立德树人根本任务的关键,也是促进教师队伍专业成长的基石。

2. 积极探索有效的教师流动机制

教师流动是教师人才资源保值增值,实现教师、学校、区域教育事业三方共赢的过程。集团在促进各校教师专业发展水平整体提升的基础上,着力构建有效的教师队伍合理流动机制,进一步提升集团内部教师队伍的均衡情况,

促进优质文化的交流与互学。

（1）注重教师流动制度层面的顶层设计。集团设计教师流动的工作目标,明确了教师流动的4个维度的价值功能,对于骨干教师、青年教师、职初教师等不同发展阶段教师在流动过程中的核心任务进行了明确,包括示范引领,发挥辐射力;结对带教,传递专业力;岗位锻炼,获得发展力;跟岗学习,获得成长力。2019年,3位教师在流入学校内承担了骨干带教任务,5位教师在教研组长层面挂职锻炼,2位教师担任项目领衔任务,2位教师将自己学校的特色课程引入了流动单位。

（2）注重有效的教师流动路径探索。为了保障教师流动的合理性和规范性,集团设计涵盖沟通措施、监督措施、推进措施、考核措施4个层面的教师流动具体举措。

（3）从组织、人员、时间等维度建构教师流动的保障机制。其中,组织保障:集团成立工作领导小组,合力为流动教师工作生活保驾护航。人员保障:集团内各校在编在岗教师,凡男55周岁、女50周岁以下均应参加教师流动。时间保障:由各校根据实际情况,将流动时间逐渐调整为1—2年,并确定流动工作的关键时间节点,即每年6月启动新一轮集团流动工作,9月新学期开学进行集团流动教师慰问,次年1月开展流动教师年度考核,5月组织流动教师工作调研。

（4）注重发挥集团统筹调配机制。按需选择机制:在人员流动去向上,实施薄弱学校先行选择、按需选择、按任务选择的原则,合理均衡分配资源;日常关怀机制:在初期、中期和关键期,与流动教师进行交流互通,通过慰问、调研、座谈会,了解流动教师的工作情况。校际协调机制:定期召开管理会议,沟通管理要求,协调活动安排。考核激励机制:通过个人自评、流入学校评定、集团评定对流动教师进行考核,并在年终考评中专设流动教师优秀名额。为教师流动提供支持和服务。调查显示,愿意参加集团内柔性流动的教师数量逐年增加。

3. 开展扎实有效的教师培训

集团整合成员校校本培训的资源和优势,架构集团整体性的教师专业培训策略。

（1）精心组织见习教师规范化培训活动。将新教师的成长分解为稚嫩期、成长期、巩固期,分层采取对应不同策略,通过文化浸润、团队带教、案例学习、教学实践、成长设计等方式，积极设计培训微课程，用心为见习教师打造"关键成长日"，为集团见习教师迅速适应岗位提供支持。

（2）精心落实集团全员培训与分层培训。全员全学科集团培训以"基于标准的评价与改进"为主题连续3年开展4次全学科培训活动。全体集团教师通过专家指导、现场观摩、教学观察、现场讨论等参与方式，成为专业发展在场者。分层针对性培训，针对不同层面教师需求，开展不同类型的培训。此外，集团还开展新优质文化共识培训，集团教研组长命题能力提升培训，未来教师培训，基于单元设计的教学英语教师培训等。成员校个性化培训，建设集团—学校双环管理的组织架构，成员校设置校本教研主题和课程，精心设计从"集团—学校—教研组—备课组—个人"层面的"教、研、训"一体化的培训研修活动，有过程性要求，有培训成效。今年，集团内青年教师在小荷杯教学比赛当中荣获一、二、三等奖的好成绩。

（三）充分发挥骨干群体的带教作用

集团充分发挥集团优秀教研组优秀教师的作用。

1. 实行优秀教研组所在成员校承担校际教研中心的任务。

2. 充分发挥优秀教师的榜样示范作用。开展跨校带教活动，成立工作坊2个，开展"智慧传递—骨干教师巡礼"活动，传递经验。开展骨干引领的项目指导活动，带领集团团队研究数字教材，"融评于教"项目，英语阅读教学研究等任务。

3. 加大市级、区级骨干教师队伍建设力度。聘请专家资源支持集团教师在学历、职称等方面的提升，整合集团力量让骨干教师在投入教育综合改革的过程中压担子、明责任、获成长。在骨干教师示范引领之下，一大批优秀的青年教师正在崭露头角。

四、综改研究：以综改试验为契机，推动教育教学改革

集团积极对接区教育综合改革和基础教育创新试验区建设要求，以整体发展的视角，从课程、教学、队伍建设的整合角度投入综改项目的研究，形成"聚焦重点，合力研究"与"基于校情，特色发展"两条研究之路。集团共同合作承担市区重大课题，如上海市数字教材研究，区基于学生表现的教学改进研究，融评于教的研究等，在综改项目的研究中实现共同成长。在上海市数字教材研究过程中，积极探索数字化课程环境下小学生学习方式带来的变革，制定

相应的管理措施,构建三级管理网络。主管信息化工作的校级领导作为数字项目负责人,工作坊主作为数字教材的项目联系人,集团核心成员作为数字教材项目组长,在集团语文、数学、英语等学科利用数字教材进行专题探究,将信息技术与学科进行有机整合,积极参与市教委组织的数字教材交流研讨活动。每月一次组织集团数字教材联组教研活动,开展5次数字教材集团交流公开展示活动。在"办家门口的好学校"共同信念下,各校基于校情积极投入综改项目的研究,既取得了丰硕的研究成果,也推动集团整体层面的教学探索,积累可辐射的教改经验。

关注"集团生态"建设　构建教育共赢环境

六一小学教育集团

"集团生态"是我们集团根据目前集团化办学实践而提出的名词。它是以教育集团为中心，反映集团硬件与软件建设情况，包括内部各校的教育教学发展情况以及集团各校相互之间的关联、共处的环境体系。六一小学教育集团以核心项目的研究为依托，以课程教学研究为手段，以促进教师发展为契机，充分关注"集团生态"建设，各校之间已逐步形成紧密的共赢关系，推动集团化办学实践走向纵深。

一、关注"力量"建设，提升集团实力

教师队伍建设是一项基础性工作。集团关注"力量"建设，将教师队伍建设不断做新、做实、做深，促使青年教师年年有进，成熟型教师层层攀高。

（一）教师培训工程谋在新处

项目化学习是当前全球教育中的热点话题。高质量的项目化学习，被认为是素养时代最为重要的一种学习方式，它指向学习的本质。为了让集团各校教师更好地了解项目化学习，集团邀请了上海市教科院普教所夏雪梅博士，为集团教师进行了"素养视角下的项目化学习"的培训。教师们对于跨学科学习有了更进一步的认识。

"儿童哲学＋STEAM"项目/课程是集团的重大研究课题，目标之一就是培养具有跨学科整合教学能力的种子教师。2019年3月，我们集团与上海市史坦默国际科学教育研究中心合作，进行了以"启迪哲思，赋能探究"为主题的"儿童哲学＋STEAM"进阶版绿勋章课程培训，为集团各校具有儿童哲学＋STEAM教学潜力的老师搭建平台，提供专业发展培训。此外，集团邀请了北京师范大学智慧学习研究院信息化教学研究中心的姚利刚老师，以直播的形式，为集团各校教师提供了基于项目化学习的"信息化教学应用创新与实践"

的讲座。邀请上海交通大学客座教授孙鱼洋教授和助教刘碰碰,开展戏剧表演培训。

六一小学既是集团核心校,又是见习教师规范化培训基地。集团充分发挥核心校的引领、示范作用,选择区学科带头人、区骨干教师、校级骨干教师共同承担见习教师的带教任务。带教体现几个新的特点:

1. 常规带教夯实基础,把见习教师作为学校的一员,浸润在整个学校的教育教学工作中,真切学习作为一名合格教师所需要掌握的各项教育、教学行为。

2. 项目驱动浸润培训,"数字教材,智能课堂"、"创智云课堂"项目、"课程领导力——低年级儿童哲学课程开发"项目、"区域教师教育方式、机制创新的行动研究"项目、"集团教研训一体化"平台项目和"十三五"区级教师培训课程——儿童哲学",除了以上项目外,我校拥有 10 多个校级项目团队,在"人人都行动"的策略驱动下,见习教师根据自身实际情况参与学习项目化学习,助推见习教师的专业成长。

3. 深入课堂团队带教,各教研组在教研组长和备课组长的带领下,选择不同的课型,精心备课,课程表公开,开放课堂,让见习教师感受到不同年段、不同执教教师的课堂风采。

4. 跟踪回访协同带教:见习教师成长不是一蹴而就的,它是一个较长的循序渐进的过程。在见习教师回到各自的聘任校后,我们的带教教师就对其进行"每月一课"的跟踪听课,及时评课,并与见习教师在聘任校的带教教师良好沟通,形成合力,帮助见习教师在岗位上快速成长。

(二)教师流动工作落到实处

集团内的教师流动,为各校的教师队伍不断输入了新鲜血液,促进集团内的师资资源的均衡分布和整体教育质量的提升。对于教师个人来说,流动也打破了终生固守一校的传统格局,通过交流与学习,取长补短,促进了教师个人专业发展。

教师通过流动来到新的环境中,会遇到许多问题。我们集团各校领导、联络员给予了教师充分的人文关怀,让流动教师心生温暖。集团还将他们撰写的流动过程中的感人小故事,汇编成集,留下工作痕迹。

2019 年 6 月,集团第二轮教师流动工作结束。在流动教师总结大会上,流动教师把流动过程中的酸甜苦辣以及满满收获,通过诗歌朗诵、小品表演等形式演绎出来。8 月,我们启动了第三轮的教师流动工作。从协商讨论、甄选教师,到确定流动名单、对接流入学校、召开启动会,各项工作的开展有条不紊。2019年的集团教师柔性流动人数为25位,超过了区教育局规定的10%;其中集团区、校级骨干教师8人,比例达到了32%,超出了不低于20%的规定。这些骨干教师中,五角场小学的侯静老师作为区骨干,流动到六一小学,同时又挂职六一小学副校长,不仅充实了六一小学的骨干队伍,又在六一小学浸润体验到了学校管理方面的工作。

我们发现,集团内的师资流动为每个学校促进了流入校的学生发展和教师发展,如何让流动教师最大程度发挥辐射引领作用,优化集团师资配置,是我们集团今后工作的一个重点。

(三)教学研究过程做在深处

教育界有识之士认为:开展教育科研不仅是提高教育质量的良策,而且是培养学者型教师的明智之举。集团十分重视教育教学研究,希望它能成为加强集团教师队伍建设,提升教师专业素养的新的支撑点。集团已经形成共识,"一校一主场"定位于集团骨干教师的深度教学研究。骨干教师上研究课,带动学科组成员对学科教学作深度探讨。"骨干教师工作室"定位于集团有意愿、有潜力的青年教师的培养。同时肩负整个集团学生学业质量水平评估标准制定的重任。"联组教研"定位于集团学科教师命题能力培养的任务。参加联组教研的老师每个人都要进行命题研究。我们的做法如下:

1."一校一主场"重研究

2018学年以"课堂文化转型之校本化实践与研究"为主题,2019学年以"'基标'视域下学科综合素养本位的教学变革"为主题的"一校一主场"教学研讨活动,试图带动集团骨干老师的深度教学研究。六一小学的英语课运用了云技术,全面评价学生英语阅读理解能力的提升,这个研究激发并调动了英语教师对校本教研活动的思考;世界小学的英语课,围绕"以课标为依据,以课堂为载体,激发学生的思维能力"主题,落实对学生思维能力的培养;市一小学的语文课,从单元整体设计出发,抓住了语文要素,在课堂活动中培养学生的想象能力、批判性思维能力;五角场小学的数学课通过游戏的方式让孩子们自主探究,发现问题、解决问题,调动了学生学习的积极性、主动性,让他们真正成为了课堂学习的主人。

由集团各校轮流承办的教学研讨活动,都紧密围绕了"课堂文化转型"这一中心,带给教师的是不一样的思维碰撞,使教师感受到了不一样的教学智慧。

2. 骨干工作室重引领

六一小学教育集团共有区学科带头人4人,区骨干教师20人。为了充分发挥这些教师的辐射、引领作用,2018年年底,在集团各校校长的推动下,我们一共成立了7个骨干工作室,分别为:语文、数学、英语、体育、德育与班主任、心理、跨学科工作室。2019年,这些工作室中的骨干教师带领青年后备骨干、新秀一起展开了教育教学研究。他们将日常研究、专题研究、教学反思结合起来,注重课堂磨炼,注重现场指导研究,促进了集团一大批青年教师的专业成长。

集团7个骨干工作室的建立,充分发挥了示范、辐射和指导作用,实现资源共享、智慧生成的目的。表1为2019年骨干工作室的带教成果。

表1 2019年骨干工作室带教成果

骨干工作室	级别	论文获奖、发表、交流	出版书籍	教学案例	公开课展示（包括云课堂）	讲座或交流	实践活动获奖	荣誉称号
跨学科工作室	全国			1		1	1	
	市					2	2	
	区	4		6	11	1	2	
体育工作室	全国	6						
	市	13		4				
	区				2	2		
英语工作室	市							
	区				8			
语文工作室	市				1	1		
	区				21			
数学工作室	市	2			2			
	区	1			6			
心理学科工作室	全国		1					
	市	1						
	区				1	6		
德育与班主任工作室	市	5			1			1
	区	8			5			9

3. 联组教研重实效

集团各校有各自的教学优势,将这些优势组合起来,共同教研,有针对性的分析教学中产生的问题,这样的教研形式使各校获益匪浅。

2019年,集团一年级语文学科,五年级语文、数学、外语学科开展联组教研活动。一年级以"统编教材的研究与实践"为主题;五年级则以"关注课堂实效,提升命题能力"为主题,共同研究五年级教材中呈现出的许多知识点,并将这些知识点纳入命题设计中。首先由各校教师自行设计单元命题,再由备课组长汇总成一份命题,然后在联组教研中讨论,针对不同的学情,分析单元命题的准度和精度,然后再作修改和补充,最后由骨干工作室整理成一份命题,

表2 评价表(一校一表)

集团各校五年级联组教研工作评价表					
被评价学校、学科:						
联组教研时间:						
联组教研地点:						
联组教研内容:						
评价标准指向	内容	是	否	备注(对于优劣的典型案例简述)
	本次联组教研学校是否按计划来落实			
	本次联组教研学校教师是否全员参与			
	本次联组教研学校教师是否人人命题			
	本次联组教研学校是否都有学校命题			
	本次联组教研学校教师是否人人发言			
	本次联组教研学校是否按时上传资料			
一票否决	有教师拒绝参与联组教研活动			
	有教师拒绝进行命题工作			
	有教师随意敷衍无视命题质量			
	有违教师形象的言行举止过于激烈			
综合评价结果:优秀( )、良好( )、合格( )、需努力( )						
评价人签字(校名、人名):(注:本校回避)						
集团抽查复核:						

供集团各校用于教学检查。在这样的研究环境下,集团五年级教师的命题能力逐步提升,对于课堂中要教些什么更明确了,课堂的实效性也有了一定的提高。在今年的五年级学业质量抽查中,集团整体水平有了很大的提高,这与教师们联组教研的智慧是分不开的。

对于集团各校五年级教师联组教研工作的开展是否做到认真参与、积极研究,集团还制订了专门的评价表进行考核。(见表2)

二、关注课程共享,推动均衡发展

(一)集团特色课程走教

从2018年起,我们集团持续推动各校特色课程共享进程。集团各校承担的课程主要有,六一小学的"儿童哲学"课程、世界小学的《皮影》课程、市一小学的《创意纸模工坊》和五角场小学的《足球》课程等。

六一小学的"儿童哲学"课程现阶段的研究方向是以低年级哲学绘本教学为抓手,探索"问学课堂",让学生在开放的学习过程中发现问题、激发兴趣,运用思辨、多元的方法思考问题、解决问题,让学生带着问题走进教室,带着更多的问题走出教室。世界小学的《皮影》课程探索"五育融合"的育人模式,开发了"爱上皮影"戏剧课程,以德育为内核,着力研究跨学科整合。学校创建了"爱上皮影""非遗"体验创新实验室,设计皮影小小博物馆、皮影制作工作坊、皮影表演小舞台、皮影作品展示廊等功能区域,实现集展、做、演一体的创新实验室。市一小学的《创意纸模工坊》课程充分挖掘传统纸模工艺制作资源,基于学习、模仿、创造的纸模制作活动中,开发了"创意纸模工坊"校本课程,学校同时创建了创意纸模工坊创新实验室,开发了创意纸模工坊的校本教材,配备了教材和相关制作材料。五角场小学的《足球》课程是五角场小学的一大特色所在,有着深厚的历史积淀。学校开展各种校园足球运动,完成了从足球理念到足球课程的整体建设,圆学生在绿茵场上驰骋的小小足球梦。

每个学校派出教师团队,到其他学校进行走教,使各校的特色课程资源得以共享,这样的形式既给了教师一个交流、学习的机会,又使学生体会到各校课程蕴含的智慧。

(二)"儿童哲学+STEAM项目/课程"共研

"儿童哲学+STEAM项目/课程"这一课题的研究,促使"集团生态"建设处于良性循环中。2019年3月,集团开展了进阶版绿勋章的培训;4月,聘请

"双名"工程导师余安敏教授指导《制作简易净水器》一课的展示；6月，"儿童哲学＋STEAM"项目作品展示活动；8月，请来北京师范大学智慧学习研究院信息化教学研究中心姚利刚老师做报告；10月，四校聚力参与"STEAM＋天宫X号"展示活动，这一次次的共培、共研、共用中，六一小学教育集团的"儿童哲学＋STEAM项目/课程"研究促进了各校师生的共同成长。

三、关注平台建设，促进资源共享

2019年，集团的教、研、训一体化平台试点运行起来了。各校将市、区、集团、校优质课以及重要活动录像传入平台，各校每一位教师都能上平台观摩、学习。课后，教师可以将评课发表在平台中，相互交流听课心得。教、研、训一体化平台可以呈现教师日常工作中有关"教学、研究、培训"的足迹；可以提供教师随时随地相互学习、相互分享的"混合式教学管理"环境。这个平台是区域内教育集团的首创，它的建立既体现了六一小学教育信息化特色的集团主题，同时更实现了成员校的教研训一体的未来发展创新模式。

云盘是云端的网络存储U盘。集团新开发的"六一云盘"投入使用后，在集团里分享，除了具备网盘的功能外，更注重资源的同步和分享，以及跨平台的运用，比如电脑和手机的同步等，功能更加强大便捷。"云盘"一人一账号，既提供了集团各校教师个人存储资料的私人空间，又提供了各校共享资料的公共空间。

以上这些平台的建设、使用，使集团各校的关联性更紧密，认同度更高。"云盘"也逐渐成为教师从"学校人"到"集团人"意识转变与认同的载台。

四、关注德育建设，培育文化认同

2019年5月，为庆祝"六一"国际儿童节暨建国70周年，展现六一小学教育集团各校艺术教育风采，展示学生艺术特长，陶冶学生艺术情操，六一小学教育集团首届学生艺术节文艺汇演在沪东工人文化宫隆重召开。集团各校在编排节目、反复彩排、现场走台、道具借取等各个环节中，齐动脑、互帮忙，创设出一种合作、共享、融合的良好氛围。活动现场，杨浦区教育局朱萍副局长给孩子们带来了儿童节的祝福。朱副局长指出，艺术节是学校文化的集中体现，是学校办学特色的呈现，是师生精彩纷呈的表现。她希望六一小学教育集团的师生们在这美好的日子里化为欢快的音符，演绎完美诗篇。

2019年9月,六一小学教育集团教职员工齐聚一堂,隆重召开"七十春秋谱华章,立德树人扬风尚""两代楷模激励我成长"师德主题教育专场活动。集团授予了8位工作认真、成绩斐然的教师集团园丁奖荣誉证书。各校师生同台演出,体现了他们对教育理想的追寻,彰显了各校教师们倾心育人的教育成果。

集团各校还组建了自己的足球队,组织举办集团足球小联赛,开展主客场制的比赛。对于通过比赛产生冠亚军的学校,集团予以表彰。"足球小联赛"应和了集团的足球特色。

"集团生态"的建设离不开集团各校的理解、支持、认同,集团各项培训、教学研讨、课程展示、艺术活动等激发了各校的主动性、创造性、积极性以及合作性,集团内部逐步形成了各校教师共同的价值取向和行动准则。集团化办学的优势正逐步展现出来。

同创共享　合力发展

齐齐哈尔路第一小学教育集团

2017年9月,齐齐哈尔路第一小学教育集团(以下简称齐一小学教育集团)正式成立,成员学校分别为齐齐哈尔路第一小学、齐齐哈尔路第一小学分校、开鲁新村第二小学、民星路小学、怀德路第一小学。集团自成立以来,就将课程领导力提升作为集团发展的核心元素,促进集团学校健全课程管理机制,整合课程资源优势,开发符合特色的校本课程,凝练成齐一集团自觉、深刻而持久的课程文化。2019年6月,集团成员校发生变更,开鲁二小离开本集团,杭州路第一小学成为集团的新成员。集团的格局虽发生了变化,但集团发展的目标始终坚持不变,即以课程建设作为集团五校优质发展的重要途径,以集团师生的共同发展作为集团办学的共同愿景。

集团现共有102个班级,3 387名学生,314名教师,其中高级教师14名,区学科带头人7名,区骨干教师13名,区后备骨干2名,区教学新秀3名。

一、集团管理:文化共融促齐心

集团办学要成为理念共同体、精神共同体、愿景共同体,关键在于形成文化共同体,即以文化共融凸显价值追求的一致,将每一个"学校人"融合为"集团人",使集团内人人都有存在感、归属感,以集团为荣,与集团共生。

集团注重确立共同的价值观,追求一致的文化理念,集结每一所学校的智慧与力量,聚焦顶层设计,强调过程管理,共同实现集团化办学目标。

(一)凝练集团文化理念

集团通过顶层设计,形成集团共识,集团与所有成员学校一起将课程教学、师资队伍、管理文化等核心要素围绕"人文文化"这个核心,朝着集团"大文化"方向迈进。我们明确了集团文化理念:同创共享齐发展。这一文化理念强调创新创造,强调共建共享合作共赢,强调共通共融,一齐发展进步。这短短 7 个字中更凸显了"齐"字,既是文化的核心,更是齐一集团的特征。

在理念的引领下,我们制定了集团文化目标,即文化共融、课程共享、教师共研、价值共赢。这一目标引领着集团工作开展的核心,通过集团师生的交流互动实现文化认同,依托特色课程交流推动集团课程共享,搭建教师互研互访平台,开展深度交流,实现专业提升,从而成就集团五所学校提升办学品质。

(二)调适集团运行机制

在 2018 年的探索基础上,集团综合考量五校办学的情况与差异,同时考虑到地域差异的现实问题,对"核心校"的概念进行了个性化思考,扩大了"核心校"的内涵,将 1 所"核心校"增至 2 所"核心校",使齐一小学与开鲁二小形成核心团队,基本形成了"2+3"集团特色架构。在这一架构下,齐一小学与开鲁二小凸显了核心作用,不仅作为区课程领导力项目实验校而走在区域研究的前列,更在集团课程建设和集团教师队伍建设中承担了引领辐射作用,效果显著。

2019 年 6 月,集团成员结构发生了变化,开鲁二小离开集团,杭一小学新晋加入。我们立足集团新的格局与优势,重新盘整与调适,继续发挥集团内中心校的力量,形成"双中心"格局,即充分发挥核心校齐一小学和中心校杭一小学在课程建设和师资建设中的引领作用,并凸显各自的优势,形成互补,共同带动集团五校发展。齐一小学深入推动集团课程领导力项目研究,杭一小学重点聚焦特色课程(诗歌课程)的共建共享。

在集团工作运行过程中,继续深化"1+2+4"管理机制。"1"指的是最顶层,是由集团理事长负责的理事会,"2"指的是中观层,分别为秘书处和专家委员会,"4"指的是具体执行层,分别设立四大部门:课程研发部、教学研究部、教师发展部、文化联动部。各个层级、各大部门不断深化与优化,形成了层级管理制度和部门年度计划。

(三)完善集团管理制度

以集团章程为引领,在集团办学推进中,以问题解决为导向,不断建章立制,完善集团各项管理制度。2019 年,集团逐步修改、调整了《齐一小学教育集团理事会工作职责》《齐一小学教育集团理事会例会制度》《齐一小学教育集团课程共享制度》《齐一小学教育集团联合教研制度》,新制定了《齐一小学教育集团流动教师管理制度》《齐一小学教育集团作业管理制度》《齐一小学教育集团内部考核方案》等,从制度上保障集团各项工作的顺利开展,并以制度规范行为,以制度保障文化。

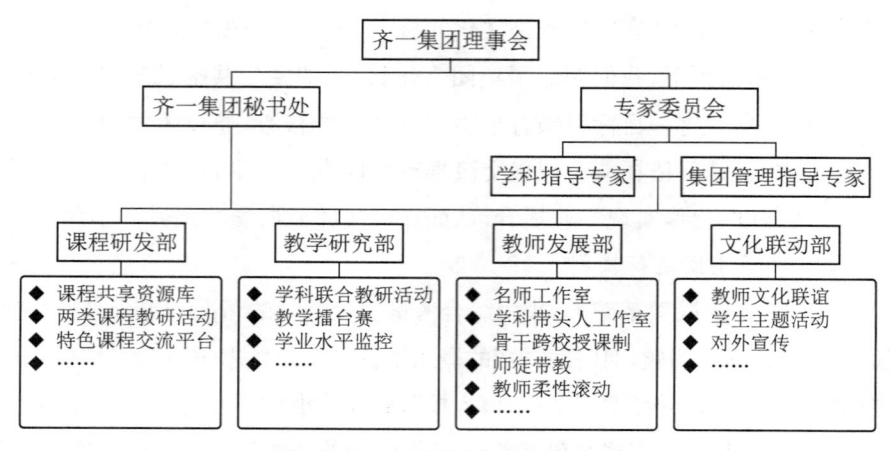

图 1　齐一小学教育集团组织架构

（四）促进集团文化活动

齐一集团十分关注集团文化的培育,充分发挥师生文化引领作用,以凝聚具有共识的集团文化。

1. 主题活动引领教师文化

集团通过不同形式的主题活动,以不断凝聚集团教师的精神追求与文化认同,在活动中提升师德修养,在活动中形成集团文化,在活动中不断凝聚人心。2019年上半年,集团开展"同创共享齐发展"集团总结大会暨集团迎新活动,大会不仅展现了集团学科共同体的成长风采,更呈现了集团五校的文化风貌,还为集团教学大赛获奖者、集团见习教师考核优秀者进行了颁奖。2019年下半年,集团五校党支部精心组织集团党员及积极分子共赴红色革命圣地嘉兴南湖,开展"传承红船精神·争当教改先锋"主题教育活动,党员教师瞻红船、悟精神、担使命、增自信,立志传承并践行好"红船精神",提升党性修养,立足岗位作奉献,争当教改先锋。2019年年底,集团进一步推动品牌文化活动的浸润与影响,集结五校党支部,联合开展了"不忘初心学榜样,立德树人做先锋"师德主题教育活动,以集团第二届"微光人物"评选、讲述集团流动故事为载体,唱响集团师德好声音,树立集团优秀好榜样,表彰集团各类奖项,携手集团教师团结拼搏、砥砺前行,再创辉煌。

2. 多样体验厚实德育活动

集团文化追求的过程中,学生文化活动亦是重要组成部分。集团不断搭建平台,挖掘资源,拓宽渠道,为集团五校学生提供丰富多样的活动体验,努力追求"五育并举"的教育目标,共同关注学生的全面成长。齐一小学作为核心校,引领成员校共同开展了"英语朗读者"活动,哈哈少儿频道的主持人走进了校园,将上海市青少年校园英语互动朗读活动搬上了集团的舞台。集团开展了"为领巾添光彩,做时代好少年"集团二年级入队仪式,610名新队员在集团的舞台上庄严宣誓,响亮呼号,并接受了来自五校辅导员的亲切祝福。2019年的母亲节,对于集团而言,也是个难忘的日子。齐一集团承办了杨浦区中小学心理健康教育活动月系列主题活动,集团五校老师一起现场设点,五校家庭共同参与亲子活动,在集团的平台上,亲子家庭教育又开启了新篇章。集团还为学生引进高雅艺术,开展中华梨园经典"赏戏团"进校园活动,近距离感受评弹艺术,传承中华文化。

二、课程教学:课程共研促齐升

"提升课程领导力"是齐一集团课程与教学研究的重要抓手和研究核心,不仅因为集团形成高度共识——与课程共成长,还具有一定的优势,即齐一小学与开鲁二小系区域课程领导力项目校,在区域推进的过程中,先行先试,寻求路径,找到关键,提供方法,以带动集团所有学校共同开展课程建设之路。

(一)深度推进课程引擎计划,以点带面,逐步加入

在区域"提升中小学(幼儿园)课程领导力行动研究"项目研究中,集团形成"2+3"课程领导力集团研究模式,以2所区项目实验校(齐一小学、开鲁二小)作为集团先行校,聚焦学校课程建设与课堂教学中的真实问题,以问题为导向,寻求办学理念、育人目标、课程理念、课堂文化一致性的愿景传导路径和行动实践路径,将课程建设作为引擎计划,以带动学校整体课程改革行动,实现"牵一发而立全校"的目标。

齐一小学与开鲁二小分别以科技学科、数学学科为例,开展了从课程理念到课程行动的深度探索,成为引擎先行校,并取得了成效。齐一小学基于问题,明确提炼了"课堂文化",即"趣动"课堂,强调趣味性、活动性、探究性、创造性的课堂教学。趣,指向"趣问、趣思、趣味";动,不仅指向"主动、活动、互动",还关注学生的实践体验、合作表达与思维发展。开鲁二小关注到学习过程中"相亲和相信"等非智力因素,对智力的积极影响作用,将"亲·信"课堂作为学校理想课堂追求,推动课堂从"以教为中心"到"以学为中心"的课堂文化转型。同时,两校通过课程文本编制、课例实践研究等方法,分别归纳、提炼出学校开

展课堂文化转型的校本化实施路径,并通过展示、交流与培训,为集团成员校提供经验。齐一小学与开鲁二小以集团组合的方式,在区域课程领导力小学研讨会中进行了展示。齐一小学作为课程领导力项目校,在区小学教学工作会议上进行了专题交流。在区域课程领导力课例评选中,齐一小学获得一等奖,开鲁二小获得二等奖。

在先行校的基础上,成员校也不断加入。齐一小学分校沿着先行校的研究历程,深入思考学校课程建设的顶层设计与实施路径,在集团的平台上开展专题交流,以数学学科为例,展现学校的理性思考。学校在"让每个生命都充满自信获得成功"办学理念的引领下,建设"自信发展、体验快乐"课程体系,开展"自信课堂"顶层设计,研究并落实体现"自信"元素的课程实施策略。前置教学评价,以课堂教学评价作为支点来撬动学校自信课堂实践,撬动教与学方式的变革,促进学生"学习自信"情感、能力、品质的同步发展。

(二)深度探索课程共享机制,成熟一门,推送一门

作为不断积累课程共享经验的年轻集团,我们在集团专家团队的指导下,在2018年课程共享试点的基础上,明确提出了"成熟一门,推送一门"的课程共享机制。2019年,齐一小学作为核心校,完成了"七彩成长季"3.0版本优化与推送,"硅谷小学院"课程走教;开鲁二小、杭一小学、齐一分校分别完成了"未·神农"课程群、《小橘灯》诗歌课程、"自信伴我行"课程的推送过程。

在课程共享过程中,集团开展了两个层面的探索:

1. 全面共享,校本实践

针对集团内比较完善的特色课程,进行集团全面推送与共享,并引领成员校根据校情、生情,进行校本化实施。齐一小学心理品牌课程"七彩成长季"在原有基础上,完成了3.0版本的更新。集团印发"七彩成长季"活页手册,分发给集团一年级所有学生,并开展课程实施培训,指导成员校结合班级主题教育和心理课内容,开展校本化课程实施。杭一小学"儿童诗歌教育"课程和齐一分校的"自信伴我行"课程亦是成熟的特色课程,两所学校的课程发布后,不仅为集团成员校下发了课程内容集,还依托集团课程联合教研活动和工作室机制,开展了课程共享专题教研活动,成员校结合班会课和午会课,进行校本化实践探索。

2. 课程走教,社团试点

针对集团内兴趣化特色课程板块,采用以点带面,社团试点的课程走教方式进行共享。齐一小学"硅谷小学院"《豌豆乐》课程,运用迷你电子传感器,开展实验探究学习活动,依托集团名师工作室平台,开展教师培训,将课程带入各校进行社团试点。开鲁二小"明目功"护眼体验课程,结合 STEAM 课程理念,依托校外资源,开发课程内容,也进行了集团发布与推送,通过录制光盘进行课程培训与教学案例分享,进入成员校进行社团活动。

(三)深度夯实课程实施品质,基于标准,关注质量

集团十分重视以"基于课程标准的教学与评价"为导向,依托学科研究共同体平台,以联组教研为抓手,深度开展课程研磨专题活动,以切实提升集团各校基础型课程的实施品质。

1. 完善集团教学管理,深度把控学业质量

集团共同制定质量管理制度,建立统一的教学规章与要求,规范教学流程管理,以保障集团教学质量。教学研究部共同研讨,组织教研组研究命题,开展基于标准的质量监控,以促进成员校的共同提升。同时,引领各校制订控制学生学业负担的行动方案,研制集团质量改进方案,监控学生的学业水平。语数英学科研究共同体定期开展五年级质量跟踪和反馈,通过学科研究共同体平台,进行质量分析,并提出整改方案。集团理事会定期开展专题会议,以关注、分析集团各校的学业质量,并提出进一步解决方案。

2. 依托集团联组教研,深度聚焦基于标准

集团将"基于课程标准的教学与评价"作为提升课堂实效、学业质量的一条主线,引领各校在校本化实践的基础上,在集团学科研究共同体的平台上,开展联组教研,有聚焦、有侧重、有突破的进行专题化研修与实践,使基于标准的落实有抓手、能落地。语文学科从集团教师的困惑与需求出发,立足统编教材的实施开展研究,以"单元整体设计"为要求,重点突破统编教材中难点板块的设计与教学。齐一小学教育集团被命名为"杨浦区小学'统编'教材语文学科实验基地",基地成员由集团成员校语文教师所组成,区语文教研员进行蹲点指导。该基地率先在区域层面亮相,以"聚焦习作单元,落实语文要素"为主题,通过课堂呈现习作单元目标落实的路径。同时,充分发挥杭一小学开展的"深度学习的表现性评价研究与实践"前期经验与成果,融入集团语文学科的基础标准实践工作中,以点带面,进行推广与试点。数学学科开展集团课例研究,以深度剖析的方式探索基于标准的教学。通过联组教研的方式,以齐一小学打造"趣动"课堂为例,以"问题设计"作为研究核心,以"选课题、定目标、想

问题、进课堂"作为研究主线,开展课例研讨活动。通过联组研修,带领成员校在基于课程标准的教学中,明确课例研究主题,深度探讨课堂实效。英语学科以区域研究项目为契机,带领集团英语教师开展"教学评一致性"的联组研修,聚焦单元整体设计,聚焦课时目标分解,聚焦指向目标的作业设计,聚焦依据评价改进教学,并尝试通过提供备课模板,引导教师落实"教学评"一致。2019年,三大学科教研组各有侧重,聚焦重点,切实开展"基于课程标准的教学与评价"的研究,共开展联组教研活动 24 次。

三、教师发展:队伍共建促齐成

集团十分重视教师队伍的建设,并充分依靠集团优秀教师的资源,发挥"蓄水池"功能,从不同层面提升集团教师的专业水平,全力打造高端教师培养计划。

(一)专业引领集团研修

集团顶层设计全体研修的专业活动,定期邀请专家组走进集团,鼓励集团高端教师开设论坛,开展专业培训活动,促进集团教师专业能力的提升。我们邀请戴耀红主任开展生命教育专题讲座,引领集团教师充分关注学生生命个体的全面成长,并从教育学、心理学角度出发,科学分析学生年龄特点和心理需求,引导教师懂得"师爱"不仅要有热情,更需要专业。我们邀请张根洪主任解读了《新时代中小学教师职业行为十项准则》,深刻领悟教师的"可为"与"不可为",从信仰、理念、规范层面,带领集团教师开展了深刻的思考。同时,我们还充分发挥集团名师的专业引领作用,开设"名师讲坛",邀请开鲁二小徐晶校长进行专题讲座《家庭成就孩子》,指导集团教师有效开展家校教育。此外,集团还依托专业机构,开展关于命题设计的系统研训,共计四讲。为了让优质的培训资源得以辐射,我们还将培训内容进行录制,为成员校提供视频资源,以便成员校开展校本培训。

(二)分层助推教师成长

1. 关注见习教师规范培训

集团确立了基于"精微"理念的课程文化、课程内涵和运作模式,为见习教师配备 2 名导师,并带领他们全面参与学校工作与活动。集团精心设计了具有特色的培训微课程"今天,我们这样做老师"。在集团导师精心带教下,集团内的见习教师成长迅速,在聘任学校不仅胜任岗位,更获得了许多成绩。集团带教的杨雪芹老师,在开鲁二小成为了一名优秀的年轻班主任,在杨浦区教育工会第三届"师者匠心"微视频征集活动中,她的爱心故事入选并在杨浦教工微信公众号展播。

2. 搭建青年教师成长平台

集团充分关注青年教师的持续成长,不仅跟踪、反馈在见习期满后的成长情况,更注重从不同层面为教龄2~5年的青年教师搭建集团成长的平台,以不断助推其迅速发展,确立更高的专业目标。如集团英语学科研究共同体就为青年教师搭建了多样的成长舞台。2019年5月,集团7位青年教师组成团队,代表杨浦区参加"上海市小学英语教师教学才艺展评",从初次创设剧本到舞台倾情演绎,她们融团队精神为魂,集个人魅力为本,展杨浦教师风采,取得上海市一等奖的好成绩。集团开展了青年教师英语教学比赛,大赛分为3个环节,包括单元整体设计说明、单课设计说明及单课授课,关注从单元整体设计到单课有效实施的推进,引领青年教师在团队中经历了一次完整的课堂教学研究过程。集团的青年英语教师成立项目组,申报区域项目研究课题《小学低年级英语教学中目标、评价和作业一致性的探索与研究》,由齐一小学青年教师担任项目主持人。从低年级英语教学入手,以齐一英语教研组"目标与作业一致性的探索研究"为基础,结合区"融评于教的评价任务实践"项目为抓手,开展研究。

(三) 发挥骨干引领作用

集团充分发挥骨干教师群体的引领、辐射作用,充分调动骨干教师的专业自信和指导使命,依靠集团名师、学科带头人、骨干教师的力量,依托集团工作室和研究共同体发挥带教作用。四大工作室和四个学科研究共同体,分别招募五校教师形成团队,每学期初制订计划,每月开展1次研修活动,在课程建设、项目研究、联组教研中带动集团更多的教师投入专业发展的进程中。如阴亮名师工作室,带领五校科技教师团队开展学校科技课程建设,并以齐一小学"硅谷小学院"课程建设为例,提供共享课程,探索建设路径。同时,还吸纳工作室成员共同参与市教委研究项目——理科实验室课程建设。在工作室的带教下,许多成员都获得了成长。杭一小学纪建明老师获得"全国中小学实验教学能手"称号,并获第34届上海市青少年科技创新大赛科技辅导员科教制作一等奖。齐一小学科技团队被评为杨浦区2019最美教师学于漪先进集体。学科带头人施琴老师工作室,更是注重内外兼修,带领工作室成员走出学校,参加各类市、区级培训与交流，如《上海市中小学体育健身学科的德育教学指导意见》实践与教学研讨活动、基于核心素养的"小学体育兴趣化"教学研讨活动（名师基地活动）等。同时，还不断搭建平台，开展不同层面的公开教学展示活动，让工作室成员在课堂中磨炼，在实践中成长。如潘沁露老师获得了上海市课程改革优秀教学设计二等奖。

（四）探索集团柔性流动

集团本着"高度重视，统筹思考，合理设计，稳步推进"的原则，深入明确意义，充分提高认识，将教师流动机制视作是打通集团之间教师专业发展的通道与途径。在2018年的基础上，集团不断完善、优化教师流动方案，做好"规定动作"，设计"自选动作"，即进一步明确程序，进一步提炼流动内涵。首先，明确流动程序。集团流动教师25名，占集团教师总数10%，其中骨干教师占比20%。每年5月根据本集团的实际情况，确定教师流动方案，在集团内公布教师流动的岗位需求。每年6月采取个人申报与学校推荐相结合的方式，确定流动教师名单，并在集团内进行公示。每年8月底，由集团安排教师流动人员到相应岗位任职。在流动过程中，由集团教师发展部承担日常各类管理工作，并做好学期考核和学年考核工作，优秀比例为30%。其次，提炼流动内涵。针对不同层面的流动教师，明确提出流动任务，以充分发挥流动工作的意义。对应骨干教师，实行"1＋X"任务模式，即要求骨干教师进入流动校，全面开启指导、带教的任务。"1"指1名骨干教师，"X"指带教对象，既可以是一名教师，也可以是一个教研组，还可以是一个研究项目，要求骨干教师根据流动学校的需要，发挥指导、引领作用。对应青年教师，实行"1＋1"任务模式，即青年教师进入流动校后，学校须安排一名带教老师，要求青年教师立足课堂教学，进行跟岗学习，深度浸润，不断成长，将来作为"种子教师"返回到自己学校生根发芽、开花结果。对应同层级的成熟教师，实行"360"任务模式，即全面参与流动校的所有教育教学工作，以适应、胜任为目标，充分感受学校文化，领略不同风景，以促进集团文化共融。

四、成效与思考

（一）集团办学成效

1. 教师有成长

集团教师在各类平台和多元保障的基础上，专业成长明显呈现。集团新增 2 名高级教师,在骨干中期评估中,集团新增 4 名教师申报增补骨干。教师个人获得全国、市、区级各类奖项百余项。如齐一小学陈晓颖老师获上海市中小学健康教育示范课三等奖、齐一分校陈善恩老师获杨浦区"小荷杯"教学评比一等奖、齐一小学王洛实老师和怀一小学王晓雯老师分别获杨浦区"小荷杯"教学评比二等奖等。

2. 学生有发展

集团不断优化课程资源,不断丰富德育活动,以切实减轻学生学业负担为宗旨,以"五育并举"为教育目标,多方位、多角度地全面促进学生健康成长。集团内涌现了上海市优秀少先队员、上海市少先队队员代表、上海市青少年科技创新大赛青少年科技创意二、三等奖、杨浦区各类艺术专场比赛团体与个人一等奖等。五校学生在各级各类比赛中获奖人次达 300 余人。

3. 学校有提升

在集团的共同奋斗中,集团五校都在坚守学校特色的基础上,不断通过资源共享、智慧共享、成果共享的平台,走出一条发展之路。民星路小学被评为上海市"十佳"野生动植物保护特色教育学校,怀一小学被评为上海市安全文明校园、上海市红十字工作先进集体,齐一分校获上海头脑奥林匹克创新大赛二等奖、杨浦区"班班有书声"中华经典诵读一等奖,杭一小学课题成果获得上海市创造教育研究成果一、二等奖,齐一小学被评为首届上海市文明校园,成为上海市低年级主题综合实践活动研究项目校、上海市理科实验课程研究项目校、上海市小学体育兴趣化项目试点校、上海市"食育"项目示范校、杨浦区提升中小幼课程领导力实践研究项目校、杨浦区新时期中小学课程与教学创新实践项目校等。

(二)未来发展思考

集团将进一步加强运行机制建设。在集团发展过程中,不仅要有意识的针对问题形成制度,更要进行集团运行机制的顶层设计,形成集团管理制度体系,成为集团文化的重要保障。

集团将进一步探索课程共享模式。当集团各校均能形成成熟课程进行发布与推广后,需要进一步深度思考集团课程共享模式的实践,如何保障时间、空间和人员,如何更有效地开展课程培训,如何开展课程评价以促进课程建设等。

集团将进一步深化高端教师培养计划。集团将通过"育德能力提升计划"

"教研训一体化计划""教师成果发布、推广计划"等平台,提升教师专业能力,激活教师发展内需,形成集团"高端教师群体"。

集团将不断聚焦课程建设,不断提升课程领导力,不断深化集团的文化内涵,全面培养学生的综合素养,全面促进教师的专业成长,让集团成为五校师生携手同行、共同发展的梦想舞台。

从"新兵"到后起之秀

上海市第二师范学校附属小学教育集团

2019年4月,接到要拍摄集团宣传片的任务,意味着杨浦版图上相距较远的五所姐妹校要成为一家人了——上海市第二师范学校附属小学教育集团(以下简称二师附小教育集团)。我们珍惜这样的缘分,在附小开始了第一次美丽的"遇见",大家畅谈、共叙,智慧碰撞,在短短的两个星期里,完成了从编写、拍摄到剪辑、成品,五所姐妹校的校长、书记就是在这样的一次次线上线下的讨论,一次次亲密接触中,从相识到相熟。

8月底,区教育工作大会上宣布了二师附小教育集团成立,有了前期的相知,五校凝成集团的工作提速就更快。当然,我们是区集团化办学的"新兵",一切都是新的,一切都是未知的。于是我们用心而作:边学边思,边访边研,边理边做。

我们始终坚信:只要遵循区域集团化办学的要求,联各校特色办学资源,合各校优秀文化精神,定能实现协同发展、均衡发展、跨越发展。

一、实地调研——共通

前期的五校接触仅限于校级领导层面,那么要进一步的相知,必须实地走访,走到各校师生之中。2019年9月,一开学,作为集团核心校,二师附小的三位校级领导就实地走访了4所姐妹校——中原路小学、中原路分校、政立路小学、政立路第二小学。我们看到了浓郁的校园文化环境;观摩了精彩的课堂教学展示;倾听了校长、中层、普通教师的心声,了解了各校办学目标、特色课程、师资队伍;感受到了这几年,各位领导和教师为办好人民满意的教育,深耕细作,奋斗不止,努力守好一方教育之地。

二、文化认同——共融

量子力学有个著名的共识:万物皆振动。我们的想法也是一种振动,因此也会产生共振、共鸣、相吸并相互影响。当一群人同时发出同样的想法,其产生的想法共振将会带动许多人。

集团成立,意味着 5 所学校开始了物理学意义上的"紧密联合",那如何走向化学意义上的"深度共融",并最终走向生物学意义上的"积极创生"呢?

首要的就是立足集团实际,凝炼、确立共同愿景,精准定位,形成合力,从而对集团内部每一所学校的改变与发展产生实质的影响,也让集团化办学的目标得到更好的实现。

因此,集团成立后,我们首先要从思想层面努力达成共识,这样集团内的教师才能同频共振,向着一个目标前进。我们通过召开集团理事会,共同厘清集团发展的目标与定位,提炼了"让每一个学生健康、快乐、智慧地成长,让每一位教师享有职业的价值感和幸福感"的集团发展理念;"在集团办学理念的指导下,形成统一认知,发挥各校资源,促进有效联动,实现人才流动、队伍提升、课堂智慧、课题优质、课程共享,使二师附小教育集团成为具有高度凝聚力和区域知名度的教育集团"的集团发展目标;"建设学习共同体、发展共同体"的集团发展定位;"均衡发展有实效、协同发展有创新、差异发展有特色"的总体要求。

基于上述共同愿景,我们通过实地调研、集体协商、专家指导的方式,明确了未来几年集团办学在管理、师资、课程、教学和人才培养等领域的核心任务;并通过开展"携手教育路,共圆教育梦""谱写新时代师说""新时代教师专业专项能力"等专题培训活动,举办集团班主任论坛"抹亮孩子幸福人生的底色",承办杨浦区创智季活动等,促进各校干部、教师从理念到实践的同步提升。

图 1　二师附小教育集团 LOGO

我们设计了集团LOGO

其主题：传师道，向未来

其诠释："橙、黄、蓝、绿、紫"五色代表着二师附小、中原路小学、中原分校、政立路小学、政立二小五所学校。五色交辉，相得益彰；五帆并驱，蓄势待发；五花灿烂，爱满校园。智慧之手之树之舵，寓意着二师附小教育集团乘着时代东风，扬起帆、传师道、育新苗，师生彼此成就，共同成长，拥抱未来！

我们还合五校之力，创编了集团刊物《智慧树》，传递集团理念，宣传集团工作，讲好课程育人故事，扩大集团化办学的集聚共振效应。

三、建章立制——共商

教育集团的成立是一种教育体制的改革和创新，使原来分散的几个学校，组成一个教育集团，而要想使各成员校团结起来，除了有共同的发展愿景作为凝聚力，还需有共同的规章制度作为保障力和约束力。

我们从3个方面入手，建构完善科学的集团组织运行机制。

（一）组织架构

成立集团理事会，由集团成员校的正副职校长、书记组成，任期3年；设理事长1名，由发起成立教育集团的学校校长担任。成立理事会专家组，为集团高级咨询顾问，由教育局领导及相关专家组成。理事会下设秘书处，为集团管理常设执行机构，由集团各成员校委派中层管理人员并由理事会审核后组成，设7人；设秘书处总负责人1名，由发起成立教育集团的秘书处成员担任。

（二）共商共议

每月至少开展一次教育集团理事会议，着力在调研、理顺、规划上下功夫，注重发挥集团理事会监管作用和党组织的政治核心作用。

（三）制度建立

集团各成员校紧紧围绕集团办学理念、发展定位和总体要求，共商、制订工作计划，以及各项相关制度。目前集团已制定了一系列比较完备的制度，包括集团章程、集团理事会制度、集团学科质量调研制度、集团内学生减负增效行动方案、集团名师工作室制度、集团联合教研制度、集团内教师柔性流动机制、集团内课程共享机制、集团刊物创编机制等，从制度上保障集团各项工作的顺利开展。

四、教师队伍——共培

集团的成立给予了我们更多的思考,思考"如何培养人、培养怎样的人、为谁培养人"的深刻内涵,同时也激发我们更深入地去探寻"靠谁培养人"的深层问题。靠谁？靠的就是每一位教师！

二师附小是第二师范学校的附属小学,有着师范文化的厚重积淀,有着于漪精神的传承引领,所以"点亮师道风范、弘扬于漪精神",成为了二师附小集团建设的主旋律,"促进教师成长"成为了集团发展的主抓手,"谱写新时代的师说"成为了集团前进的新靶标。

我们既要"重师德、强师能、优师构",也要"解师忧、暖师心、筑师梦",搭平台,给机会,尊重、依靠、发展每一位教师,触动教师内心深度觉醒和精神成长,让优质的教师队伍成为集团可持续发展、均衡发展的"蓄水池"。

要储备好这样的"蓄水池",我们要建构"分目标、阶梯式、多路径"的培养"生态链"。建立以教师需求为导向、以骨干为引领、以专家为指导的分类提升、协同发展运行机制,助推不同基础的教师同频共振、差异发展；形成管理上互通、人才上流通、研训中联通、质量层相通的"四通"机制,引导教师主动对标自身发展基础与水平,找到专业发展增长点,促进教师们成长、成才。

迄今为止,集团已成立了5个名师工作室:语文(二师附小　钟婕)、数学(二师附小　郑钟雯)、科学与技术(二师附小　倪友晟)、音乐(中原小学　葛民莉)、美术(中原小学　陆伟莉),目前,共计10名教师参加了集团名师工作室,每个工作室的主持人都制定了各自的计划和制度,从骨干教师称号提升、课题研究、论文发表、教学竞赛、公开课、做好带教等方面制订周期性的学习培养计划,来提升工作室学员的教育教学和科研等方面的能力,希望通过发挥"领雁"作用,能涌现更多区名师、区学科带头人、区骨干。

另一方面,我们坚持抓牢"建课程、研课堂、做课题"的教师培养"主阵地"。建课程,即共同攻坚,构建体现办学思想,兼具规范与适切,富有校本智慧的课程体系,实现优质特色课程的跨校共享,从而惠及每一位师生。研课堂,即立足各校优势学科,构建联合教研团队,改善教学行为,优化教学手段,"上好每堂课,练好真本事",对学生生命成长负责。做课题,即基于问题,组成合作共同体,真做、真研各类课题与项目,发现问题、研究问题、解决问题,提升教师的专业素养。希望在这样的"主阵地"上能涌现越来越多的"乐教、会教、教好"的智慧教师。

作为核心校，也作为上海市教师专业发展学校暨见习教师规范化培训学校、上海师范大学实习基地，二师附小发挥高端人才（区名师、区学科带头人、区骨干、区后备骨干等）的辐射作用，加强带教。2019年，我们又和上师大小学教育专业签约，成为"上海师范大学小学教育专业教育实践基地"，目前，在我校实习的上师大学生有4人，小教专业的见习教师有6人。同时，集团内其他成员校也有教师在我校见习或实习。

"造血"的同时，还需源源不断地"输血"，才能让各校活泉涌动。集团制定了柔性流动制度和细则。目前，参与教师柔性流动的人数共计8人，其中区骨干2名，区后备骨干1名。而柔性流动的时间根据学校的需要弹性设置，有流动1年的，也有2年的。集团不仅在经费上对教师交流给予鼓励，还组织项目培训，开展联组教研，学生互动活动，多方面支持这项工作的开展。

五、课堂教学——共研

集团根据市教委提出的积极推进基于课程标准的教学与评价的要求，2018学年度上海市中小学课程计划，根据新下发的《本市落实义务教育阶段学生减负增效工作实施意见》《上海市教育委员会关于印发加强本市义务教育学校作业管理相关措施的通知》，提升教师课程领导力，走一条"基于课标，立德树人，减负增效"的课程教学管理之路。

二师附小带头制订了"减负增效十做到"、"减负增效"措施，紧紧围绕智慧课堂倡导的"愉悦、自主、互动、高效"的要求，认真上好每一堂课，公开如平时，平时如公开；制订了教材管理、作业管理方案，规范教师的行为，提升学生的质量；举行了语文、数学、英语、道德与法治、探究等学科的集团联组教研活动，进一步优化、丰富校本教研形式，全面提高集团教师的业务水平，促进集团教育均衡优质发展；四、五年级语文、数学、英语学科进行了集团质量调研活动，由二师附小牵头命题，统一答卷时间，集中一起阅卷，每位老师、备课组进行质量分析，召开集团质量分析会，促进各校学生学业质量水平在原有的基础上提高；细化了教学流程管理制度，对教师的备课、上课、作业、辅导、评价等教学环节进行过程性的检查（听课评价表）、反馈，紧紧抓住教学五环节，务实创新地开展实践，把"立德树人"融入课堂，关注生命，关注个性，关注发展，就能"增效"；不依赖加课、补课，提高每课35分钟的质量，就能"减负"……

六、课程研究——共探

2019年秋,在二师附小教育集团成立之际,附小再一次加入上海市课程领导力项目,参与第三轮课改行动研究,与此同时,附小也成为杨浦区统编教材的研究基地。

作为集团核心校,借着这一股股东风,以二师附小教育集团学生成长的需求为出发点,我们开展了指向应用技术的《利用数据分析,优化学习活动设计——以"某+"综合实践活动课程为例》,基于学校课程实施现状、学校信息化应用基础、学校品牌课程建设,以信息技术为纽带,以课程活动设计为抓手,探索课程实践全过程记录的新尝试,建构凸显学生个性培养的新模式,探索数据支持课程实施的新路径。同期,还开展了指向课程设计与实施的《统编小学语文一年级课文单元绘本阅读活动设计》,立足课程标准,基于小学低段统编教材课文单元的"人文主题"和"语文要素",编制与实施"乐乐绘本阅读"课程,开展"线下教师导学+线上学生自学"的混合式学习,实现线下有指导,线上有资源,过程有评估,由此培养、提升小学低段学生的语文阅读素养。

七、问题与思考

二师附小教育集团是区域集团化办学的"新兵",起步晚,但我们相信有区教育党工委和教育局的给力,有五校的合力,有上大教育学院、市师资培训中心等专业机构的助力,有社会资源的借力,未来之路上,五所姊妹校定会阔步美好教育新时代,成为共生共长的学习共同体、发展共同体,最终惠及集团内310名教师,3 883名学生,给予每个人创造人生出彩、圆梦的良机!

我们也在思考——

未来发展中,集团将以《章程》为蓝本,进一步推动教师流动共享机制建设,进一步盘活优质资源,完善集团共享课程相关制度,为每个学生提供丰厚的可选择的教育。

五所学校校长、书记都有提升办学质量的强烈愿望,但也有教师有顾虑,担心集团成立会带来很多变革,会不会使工作量又有增加等。比如在2019年第二学期四、五年级语文、数学、英语质量调研中,就有一些教师觉得还不适应。因此,下阶段,如何提升教师的集团归属感,是我们必须重视并着力建设的。

协力同行　推进义务教育优质均衡发展

上海音乐学院实验学校教育集团

2019年9月是上海音乐学院实验学校教育集团(以下简称上音实验学校教育集团)一个变化点,工农新村小学加入,原成员校中原路小学调离。一进一出虽是同样的小学学段,但带来的变化是深刻而富有挑战的。集团迅速做出有效而务实的行动,在"九年一贯制,全程视野"的目标上,更是高标准、全覆盖的在集团各项事务中凸显"义务教育优质均衡发展"的美好目标。在推进集团发展上始终秉承"机制上有创新,项目上有突破,办学上有成效"的核心价值追求,继续在"党建共享、人才共育、队伍共造、教学共研、课程共建、文化共生"的"六共"合作上积极作为,加强校际交流与合作,促进资源的集成与共享,实现教育集团各成员校协力共进的良好局面。

上音实验学校教育集团由2所九年一贯制学校(上海音乐学院实验学校、上海市市光学校),2所小学(上海市复旦科技园小学、上海市杨浦区工农新村小学)4所学校组成。集团内共有教学班137个,学生5 000多人。调整后的集团呈现跨年段、大体量,办学多元化等特点。

一、明确目标,集团管理有序

（一）制订行事历,工作有目标

年初制订集团年度工作计划、集团经费预算,并制订行事历,确定集团每月工作重点,便于成员校把集团工作纳入学校计划和工作中。每月召开理事会议,使成员校对集团工作的内容和要求清晰明了,形成你中有我,我中有你,彼此融合,共同进步的愿景。

（二）增强凝聚力,建设集团人

核心校和成员校在本质上是平等和独立的,之所以融合发展,大家是基于信任和共同的教育追求。因此,上音实验学校教育集团以"六共"来聚合民心,在丰富多样的集团文化交流展示中,增强凝聚力,提高认同感,把学校人建设成集团人,形成合作互动的团队。

集团文化建设活动有:集团新年音乐会、集团教师节庆祝大会、集团青年教师教学比赛、集团教研联组活动、集团校本培训活动、集团经典诵读大会、集团趣味运动会、集团一年级新生开笔典礼、集团人文行走之豫沪合作项目等,集团活动贯穿全年,覆盖师生以及家长群体,也从校内延拓到校外更广阔的领域。

（三）个性化评价,形成竞争力

基于每所学校不同的办学历程和办学特点,集团制订"个性化"的发展性评价方案,以"公转＋自转"、"基础＋特色"的评价指标,激励成员校在教育教学实践中,有个性、有发展、有创新。

二、项目引领,课程教学共研

（一）课程同分享,研究有动力

集团每月开展课程教研活动,从课程编制到实施,以及教学流程的学校管理等环节开展深入的探讨与交流。2019年确定的年度研究重点项目是"基于标准的单元教学设计与评价"。适时开展集团优质课程走教活动,充分共享优质资源。小学数学、小学英语、小学美术、中学语文、中学物理、中学地理等课程都以集团的形式在区域以及市级活动中交流展示。

（二）把控生命线,质量稳进步

学业质量是检验集团建设成效的重要数据。根据成员校的学段分布,集团有分有合的开展教学质量监控。具体操作中做到六同步：学科同进度、考试同时段、阅卷同流水、评价同标准、分析同展开,反思促进步。集团理事会专题学习教育部《关于印发中小学生减负措施的通知》,强烈意识到减负是基础教育的一场革命,集团要求各理事亲自抓,组织全体教职员工认真学习减负30条,并贯彻落实。

三、机制保障,助推教师发展

（一）落实蓄水池,教师多流动

以集团为单位进行教师统一招聘,使核心校成为教师培养的"蓄水池"。年初修订集团流动教师工作方案,实施动态管理,完善激励评价机制。5月启动集团教师流动工作。其间,从校内征集到校际对标,学科对应,几上几下,直至全部吻合。2019 年,集团教师流动 28 人,其中骨干教师 8 人。

(二)建立工作室,示范辐射广

"上音实验学校王永德工作室"运作 2 年来,借助于艺术骨干教师的校际流动,带动集团成员校艺术教育的进一步发展和繁荣。上音实验学校作为初中阶段唯一的物理教研联合体向全市进行教学展示。集团还建立跨校联组教研机制,实行项目的"一校领衔三校参与"推进模式。筹备并完成集团"道德与法治"名师工作室、初中教育集团三科教材语文学科研修工作坊以及顾劼亭钢琴教育工作室。通过名师引领,不断增强集团教研活动的深入开发,实现集团核心文化的深度融合。

(三)校本同培训,教师专业化

集团师资培训有年度计划,实行资源共享。本年度聚焦基于标准的单元教学设计项目。从专家讲座、校际研修到交流促进,项目研究成果在小学教学工作会议上作书面交流。集团有教师专业发展机制建设,支持教师学历、职称等方面的发展。目前,集团有高级教师 24 人,区级学科带头人 3 人,区拔尖人才 1 人,名师及后备人选 2 人,区骨干教师 14 人。

四、深思行远,推进综改研究

(一)从教师成长需求出发,建立集团师资共生平台

国运兴衰,系于教育;三尺讲台,关系未来。师资队伍建设水平决定着学校的未来,制约着集团的发展。鉴于此,上音实验学校教育集团抓牢教师共建牛鼻子,从长远发展的角度来规划集团师资队伍建设,精心营造教师成长的人文环境,积极创设和谐的集团文化氛围,坚持不懈地加强师德师能建设,全面提高教师整体素质。

1. 制订集团师资队伍建设规划,确保成员校遵守约定,协力同行

明确师资队伍建设目标,努力建设一支以学科带头人为核心、以中青年学术骨干为中坚,以优秀的职初教师为后备,结构合理、勇于创新、师德高尚、治学严谨的双师型教师队伍。

集团形成新教师统一招聘机制、见习教师统一培训模式、以"慧动课堂"建设促进职初教师成长课题、集团教师柔性流动机制、骨干教师梯队培养方案、学科带头人工作室建设等各阶段教师培养重点。制订集团师资队伍建设规

划,使核心校成为教师培养的"蓄水池",成员校全程参与师资队伍培养的大平台。

2. 开展教师柔性流动,丰富教师实践体验

集团成立了教师流动工作领导小组,制订工作方案,实行动态管理,完善激励评价机制。在实施过程中,我们依据核心校与成员校之间的学科优势差异、师资队伍结构,在集团内不同学校之间选派教师进行流动,每学年调整一次。5月在集团内公布教师流动的岗位需求,采取个人申报与学校推荐相结合的方式,确定流动教师名单,并在集团内进行公示。参与流动的教师享受派出学校工作待遇,教师流动期间的考核评价在个人述职、流入学校汇报的基础上,由集团负责实施,组织专家对其流动工作进行考核评估。学期末,集团举行了"流动丰富人生,机制促进发展"集团流动教师展示、研讨、座谈活动,以互动交流的形式总结成效,完善下阶段流动工作。2019年,上音实验学校小学音乐备课组长惠老师流动到复旦科技园小学,并与复旦科技园小学的青年教师结对,手把手指导,发挥所长,助力青年教师的成长,也促进了流动校音乐学科教研。青年教师小于则在流动校浸润成长,发挥活力,获得好评。

参与流动的教师把各自学校的教风、学风、先进的教育教学理念和文化内涵带到了集团内,实现了优质资源共享,提升了集团教育教学品质,最终使教师由"学校人"变为"集团人",激发了教师工作活力,推动了集团师资队伍的专业发展。

3. 建设教研联动机制,形成常态化校级教研模式,提高教研共建文化

集团成立教研联动工作小组,建立教研联动机制,实行项目的"一校领衔三校参与"推进模式,进行跨校联组教研。希望通过教研联动的"共与合",促使各成员校积极主动参与,在联动教研的共建、互动、交流、碰撞中,不断增强学校教研活动的深入开发。

集团理事研读教育部《深化教育教学改革全面提高义务教育质量的意见》,对接最新课程标准,集智求实,盘活资源,重点突出,全面开展联组教研活动。上音实验学校是杨浦区初中教育集团三科教材语文学科研修基地校,为发挥作用,集团请来一线语文教师王晓燕为集团里所有学科教师作《浅谈初中作文教学》专题讲座。集团邀请上海市初中语文教研员曹刚老师上示范课《月光曲》,课后开设专题讲座。高品质的学习和研修,既有理论的高度,又有生动的实践,开阔了集团教师的视野,也提升了广大教师对学科核心素养在课堂教

学中渗透的认识,带给教师丰富的体验。

此外,2019年集团成员校在"慧聚物理,智享未来——初中物理教研联合体展示""垃圾分类新时尚,领巾环保践行动""气象与生活课程——初中地理学科教学展示""立足艺术审美,丰厚人文底蕴——小学艺术教学展示""目标导向下的计算教学再研究——同课异构联组教研活动暨中英数学教师交流"项目,以及小学英语、数学等学科教学在区域或市级范围做了展示和交流。

4. 开展集团青年教师教学比赛,促进教师团队合力发展

作为上海市教师专业发展学校,上音实验学校肩负集团师资建设的重任,在长期实践中,形成比较规范的教师培养运行机制。既有面上针对不同层面的教师,设计不同的研训内容,开展不同的研训活动,又有点上的特色教师培养方案。我们的突破点是对35岁以下青年教师的培养和使用,这是从职初教师走向成熟教师的关键成长期。我们设计读书交流活动、课堂教学竞赛、基本功(三笔字)比赛、教学设计及课堂教学展示交流等一系列活动,尤其集团青年教师教学大奖赛,通过以赛促学,形成比学赶帮的青年教师成长氛围。集团青年教师教学比赛分为学校预赛,集团决赛两个环节。青年教师的教学比赛中不是一个人在努力,而是整个学科教师团队的齐心协力。教学比赛也不仅仅是一节课的展示,集团从教学基本要求出发,参赛教师要提供完整的教学说明、教材分析、教学设计、教后反思等材料。2019年,在杨浦区教育学院小学教研室的大力支持下,集团青年教师教学大奖赛请来市区教研员和专家作为评委。课后为参赛青年教师把脉点评,使青年教师获益匪浅,脱颖而出的青年教师,成为教学发展的骨干力量,学科教学的主力军。

5. 开展集团评选表彰,发挥榜样引领,鼓舞教师追求进步

每年教师节庆祝大会是教育集团的盛事,集团所有教师相聚在上音实验学校音乐厅,共同庆祝自己的节日。在2019年教师节庆祝大会上,集团以"初心谱华章,师爱耀芳华"为主题,开展了表彰和庆祝汇演。其中以数字故事、视频播放等宣传形式介绍了优秀班主任、师德标兵、优秀党员的先进事迹。10多位受到表彰的优秀教师凝练了教育集团全体教师的精神风貌。一段段身边榜样的感人故事,一句句朴素而真挚的教育感怀,以及完美的呈现效果,感动了在场的每一位成员。

2019年,集团教师精神昂扬,砥砺奋进,1人获区第十批"拔尖人才"称号,2人获上海市第四期普教系统名校长、名教师后备人选;2人获得上海市义务

教育优秀招生工作者；1人获得上海市健康教育示范课三等奖；5篇论文获得上海市各类教学成果等第奖；4人获得区园丁奖；此外，在"小荷杯"教学比赛中，青年教师分别进入中学语文、物理、地理、音乐、小学语文的决赛。

（二）从学生需求出发，优化集团育人文化生态

义务教育优质均衡发展事关国家发展，事关民族未来。集团化办学根本目标就是促进义务教育优质均衡发展，促进每一个孩子的全面发展。集团从学生需求出发，贯彻立德树人的教育宗旨，坚持"五育并举"，以弘扬中华优秀传统文化为载体，持续优化集团育人文化生态。集团以强大的感召力，开展了丰富多样的文化推广活动，凝心聚力，辐射影响，优化集团育人文化生态，提升集团核心竞争力，推进义务教育优质均衡发展。

1. 注重仪式教育，帮助学生扣好人生第一粒扣子

在全媒体影响的新时代，集团紧扣新时代新特点，因时而进、因势而新、与时偕行，从仪式教育入手，引导学生养成集体主义意识，践行社会主义核心价值观，帮助学生扣好人生第一粒扣子。

集团借助于社区资源，于开学第一天，集团成员校共同举行了"开学第一课，人生第一礼"一年级新生开笔礼活动。集团4所学校700多名新生身穿红色汉服，举行了隆重的入学仪式。新华社、人民网等各大媒体进行了宣传报道，肯定教育集团赋予传统文化的新命题，是推进立德树人教育任务，建设集团文化的一项举措。在庆祝新中国成立70周年之际，集团又共同举办了"壮丽七十载，爱国正当时"专题升旗仪式。国庆节当天相关报道在人民网上半天点击量超过10万，产生了积极的社会影响。其中集团领导和师生共同献唱的《不忘初心》完成制作，再次选送学习强国APP。

2. 开展经典诵读大会，形成集团共同的文化气场

上音实验学校教育作为首批上海市中小学古诗文阅读推广基地学校，继续带领集团成员校开展青少年国学实践活动，在各成员学校统一开设国学社团，学习《三字经》《弟子规》《论语》等传统经典作品。每年举办集团经典诵读大会。这既是对区域语言文字工作的重视和响应，也是引导青少年重视诵读经典文学的具体举措。集团结合新中国成立70周年，以"追梦新时代，再踏新征程"为主题开展的经典诵读大会，从形式、内容到舞台表现力，都得到了专家评委的肯定。经典诵读大会，促进了集团文化共生，推动校园文化的互动融合，在高水平的经典诵读比赛中，提高了学生的欣赏水平以及审美情趣，渗透

了爱国主义教育。2019年,集团成员校在区域班班有歌声的决赛中都取得佳绩,包括1个特等奖,2个一等奖,2个三等奖。

3. 打造中小学生社会实践大课堂,形成集团特色育人文化生态

集团制定德育工作体系,完善机制,发挥协同育人作用。在共青团上海市委、共青团杨浦区委以及共青团河南省委、河南省青少年基金会的指导下,集团继续做好"豫沪少年伙伴合作计划"。通过共同举办的"豫沪少年伙伴计划公益项目"慈善义卖公益活动,引导学生从小树立"积小善,成大爱"的思想,所得款项全部用于河南省贫困地区希望小学的建设。其次是组织优秀队员赴河南省开展"淇水文化人文行走夏令营活动"。通过参观殷墟宫殿宗庙遗址、殷墟博物苑、中国文字博物馆、岳飞庙和岳飞纪念馆等优秀爱国主义教育基地,在实践与体验中,同学们进一步领悟中华文化的博大精深,民族自豪感油然而生。研学活动还得到共青团河南省委和鹤壁市教育局的关心与指导,使师生们很受感动。

集团育人文化生态是一个系统工程、民心工程、形象工程,以弘扬中华优秀传统文化为载体的集团育人文化系列活动,帮助学生在活动中自主学习,在实践中自主体验,从而获得精神上的滋养,情感上的内化,形成自我积极成长的良好生态。

传承复旦精神 实现互融共进

复旦大学第二附属学校教育集团

2015年,市教委正式颁发了《上海市教育委员会关于促进优质均衡发展、推进学区化集团化办学的实施意见》文件。此文件主要精神是探索多元化办学体制机制,进一步提高区域优质教育覆盖面,为每个适龄儿童提供公平优质的公共教育服务。

一、组建背景

复旦大学第二附属中学、复旦大学附属小学曾是复旦大学与杨浦区教育局双重领导下的大学子弟学校,生源主体为复旦大学教职工子弟。长期以来,两校得天独厚地置身于百年复旦"博学而笃志、切问而近思"的治学氛围中。为进一步加快基础教育均衡化、优质化进程,实现优质教育平民化、普及化,让更多的学生接受更好的教育,杨浦区教育局于2015年6月成立了3个新教育集团,复旦大学附属学校教育集团为三个试点集团之一。2019年4月,经杨浦区政府批准,同意设立复旦大学第二附属学校为公益类事业单位。学校继续依托百年复旦,依托社区文化,给学生更宽广的教育。同年6月,杨浦区教育局对"复旦大学附属学校教育集团"成员校作了相应的调整,调整后复旦大学第二附属学校教育集团(以下简称复旦二附校教育集团)核心校为:复旦大学第二附属学校;集团成员校除了原有的上海市育鹰学校,还有上海市惠民中学、上海市昆明学校、上海市黄兴学校。

二、集团管理

(一)组织结构

复旦大学第二附属学校教育集团(新)理事会由各成员学校校长、理事会秘书长组成,共6位。其中理事长1位,由核心校校长担任;理事4位,由成员校校长担任；秘书长1位；同时各成员校产生一位联络人，以期有效、高效地开展集团内各项工作。理事长：复旦大学第二附属学校李鸿娟校长。理事：上海市育鹰学校张清校长、上海市惠民中学孙广波校长、上海市昆明学校孙莉莉校长、上海市黄兴学校李津校长。秘书长：复旦大学第二附属学校校办副主任施伟妍。

（二）制度建设

调整后，集团旨在充分发挥优质学校的教育教学优势和品牌效应，进一步优化区域内的教育生态、教育教学资源的共享共创、教师专业发展活动的智慧传递，在区域内增加优质教育资源、缩小校际差距，整体提升区域内教育内涵发展水平。

集团各成员校之间建立集团理事例会制度。积极交流各校师资状况、师生需求、优质资源、优质课程等信息，充分了解本集团发展的共同基础与个性特征，思考集团化后各校新的办学方向，以期最大程度地满足现有优质资源共享，营造宽松、和谐、愉悦的集团人际关系。集团先后制定了《复旦大学第二附属学校教育集团章程》《复旦大学第二附属学校教育集团活动计划表》《复旦大学第二附属学校教育集团文化手册》《复旦大学第二附属学校教育集团学校简介》《复旦大学第二附属学校教育集团班主任工作室条例》《集团化学校教研联合体活动制度》《复旦大学第二附属学校教育集团学科工作室条例》《复旦大学第二附属学校教育集团"行走中的课堂"手册》《复旦大学第二附属学校教育集团"师徒结对"带教协议书》《复旦大学第二附属学校教育集团校本培训方案》《复旦大学第二附属学校教育集团经费使用预算》等。以建章立制构建集团科学民主的运行机制，以"推进素质教育，践行绿色指标，实现科学发展"为集团办学目标，凝聚力量，整合资源，互融共进。

（三）特色课程

集团成员校积极商议、共享、展示集团五校特色课程，充分发挥各成员校的办学特色和教育教学优势项目，资源共享，互融共进。

（四）文化互渗

定期召开集团理事会议，商议并实施集团各成员校分项目组织集团师生开展有效的教育教学活动，充分发挥各成员校的办学特色和教育教学优势项目，实现"互融共进"的愿景。

表1　2019学年第一学期复旦二附校教育集团特色课程

学校类型	学校名称	特色课程、社团、项目
九年一贯制	复旦二附校	中学部:"航模"社团;"武道社"社团;"打击乐"社团;"影视鉴赏"社团;"小复旦人报"社团;"解语文学"社团"立体化阅读"项目;"漫游星空"项目;"研学行走"项目;学生科创项目等 小学部:"校园足球"课程;"英语戏剧"课程;"博物馆"课程;"分享·成长"学生家长大讲堂等
初中	惠民中学	德育"四进"项目;"跟着程乃珊读上海"语文拓展课程;"弄堂游戏"活动拓展课程;"沪语""评弹""独脚戏""相声""快板"等曲艺类社团;"舞蹈""合唱""动漫画""乒乓""羽毛球""篮球"等艺体类社团。
九年一贯制	育鹰学校	"3D创形"课程;"创意陶艺"课程;"合唱"社团;"炫动篮球"社团;"数字美文"社团;"电视节目(微课)制作演播室";"陶艺作坊";"科探室"等
九年一贯制	昆明学校	九年一贯制课程:游泳、软陶、合唱、乒乓、"博之旅"走进博物馆课程;《明德》系列课程;小学:游泳知多少、摩登舞、魔术、排球、绵拳等;中学:中英戏剧、无人机、星空探索、绿色小伙伴、3D梦工厂、戏剧艺术、头脑OM等
九年一贯制	黄兴学校	风景水粉;水彩彩铅;陶艺;瓷刻;麦秆画;国画;足球;篮球;跆拳道;田径;桥牌;乒乓球;啦啦操;考古中国;心理魔方;馆校合作跨学科课程(自博馆);植物地理等

——着力推进"以德育德""以智育德"工程:积极开展集团成员校常态教育教学活动,如联合德育主题活动、联合党建主题活动、联合学科教研、联合团队主题活动、跨校师徒带教、跨校教师走教等活动。

——进一步开展集团成员校特色德育、学科教育教学活动:如集团班主任工作室、集团学科(英语、科学、艺术)工作室、集团道法学科联合教研活动、集团慕课项目分享活动、集团影视课题联合教研活动。

——邀请与集团化办学专项有关的各类专家讲座:开设联合德育、联合教研、校本培训等讲座,开拓师生眼界,聚焦教师素养,提升文化品位。

——集团内部信息化平台建设:成立集团信息领导小组,创建"复旦大学第二附属学校教育集团"网站。集团信息领导小组成员:由集团理事长、各校理事担任;集团信息工作小组成员:由集团秘书长、集团各校联络员、集团各校信息中心负责人担任。借助于网络平台,分享各成员校办学成果,推进教师专业发展、校本课程建设、有效课堂建设等。

——积极开展集团专项课题研究及成果展示活动:集团报纸《小复旦人

报》(月刊)及合刊(年刊);集团学生杂志《解语》刊物(季刊);集团课题《光影新视界》刊物(年刊);集团内教师刊物《集团教育教学研究》(半年刊)等,进行辐射分享。

——着力推进"以美育德""以体育德"工程:充分共享五角场社区文化中心、复旦大学体育场等场地资源,利用多渠道、多手段的教育形式立德树人、培养人才。举办集团艺术教育成果展演活动;集团运动会、体育节、社团节、科技节;集团暑期游泳友谊赛等活动,推进大艺术、大劳技课程及对学生强身健体的有效开发。

——着力推进"以行育德"工程:集团内校际课程的建设及开发共享;开展"行走中的课堂"系列主题实践体验活动,如2019年1月的学生干部云南永平行(学生领袖峰会);4—5月的预备年级浙江义乌行、初一年级山东临沂行、初二年级云南永平及德宏行;6—7月的青岛传统文化夏令营、宁夏西吉行等。

——集团成员校师生跨校交流:开展部分学生跨校一年进班学习;开展教师跨校师徒带教活动;开展教师跨校走教活动;开展校本拓展型课程建设成果展示;开展学生艺体、劳技课程成果展示以及参观、交流活动等。

——组织并开展集团内成员校校长主题论坛活动、教师暑期论坛活动。在核心校复旦二附校的牵手下,集团成员校共同开展对云南永平、德宏的扶贫工作。

——集团核心校复旦二附校每学期定期送书、杂志、《小复旦人报》若干册(份)于集团各成员校及各复旦家族友好学校,共享浓浓的校园文化书香氛围。

(五)专题研讨活动

集团在理事会的有序管理下,成员校轮流主持集团相关专题研讨活动,营造团结协作、互融共进的浓浓校园文化氛围。集团成员校之间积极主动参与集团内各项工作,各方面工作运作通畅,形成合作互动的新型团队,保障集团诸工作有序推进。

三、课程领导力

集团成员校努力做好以教育专项形式探索区域义务教育阶段集团化、学区化项目的试点工作,努力尝试探索九年一贯制试点运行模式,盘活集团内的人力资源,在校园文化、教师专业发展、通识培训和学科建设、党建活动等方面进行有效整合与提升,以复旦基础教育的共同愿景深化合作,切实有序地推进诸项教育教学改革。

（一）联合教研

复旦二附校作为本集团核心校,经常采用座谈交流、课堂听课、教学诊断、组内研讨、学期小结等多种形式,在教研员或学科专家的带领下,共同探索学科教学。如复旦大学第二附属学校小学部和初中部的语文教师以初中部教研组长陆宏亮老师的公开课《江南逢李龟年》为例,进行了中小学语文衔接的探讨。集团成员校相关教师共同观摩并进行了课后研讨,促进了教师专业成长,为未来课堂教学积累了宝贵的教学经验。又如,复旦大学博士生讲师团走进育鹰学校,进行《一带一路——从愿景到行动》的宣讲,五角场幼稚园的老师们也一起参加了此次有意义的活动。

（二）"大体育"课程展示

作为集团核心校,复旦二附校"大体育"课程坚持"以学生为本,健康第一"的可持续发展理念,根据集团发展的需求,学校有效设置和开展集团的各项体育活动。如2019年10月,举行了"复旦大学第二附属学校第三十七届运动会暨第三届集团成员学校运动会",前国家女排队长李国君女士及复旦大学体教部领导、复旦二附校部分家长观摩并参与了部分体育活动。这次集团运动会是对集团"大教育观""大资源观""大人才观"和"大体育观"理念有力践行的结果,是对坚持"以学习为本,健康第一"可持续发展的体育精神的生动呈现,有力地推动了集团各校体育教学改革的进程。

（三）推进"集团班主任工作室"建设

集团的班主任工作室自2016年成立以来,本着"探究、合作、创新、发展"的理念,积极开展教育科研活动,重点做好带队伍、抓项目、做展示、出成果等工作,促进班主任发展的平台。2019年3月,邀请区德研室德研员杨岚老师,为班主任开展专题讲座——《如何开展德育课题研究》。5月,在育鹰学校开展了集团班主任工作室"家庭教育案例撰写"研讨会。8月,又开展"德润心田,智慧建树,专业成长——2019暑期班主任工作研讨"活动。10月,工作室教师在区见习教师规范化培训作了题为"成就学生,发展自己"德育讲座,注重对青年班主任的培养。

（四）推进"集团学科工作室"建设

1. 集团英语工作室建设

2017年9月集团英语工作室成立。工作室围绕《整本阅读活动对于提升初中生英语阅读素养的实践研究》的课题,在预备、初一年级推进读书沙龙活动,形成"阅读报告设计""整本阅读中阅读微技能的指导""拓展性阅读的评价体系"等初步成果。2019年12月,开展了聚焦小学、初中衔接的课堂教学观摩展示活动,探讨阅读过程中的词汇教学在小学和初中不同学段的具体实践,助力青年教师专业成长,践行综合素养的培育和智慧课堂的生成。

2. 集团科学工作室建设

2018年9月集团科学工作室成立。2019年工作室研讨主题重点落实在结合九年一贯制学校的建校背景,与小学科学与技术课程、探究型课程等方面探讨与初中科学学科课程融合的实践操作。2019年9月,与小学联合进行教研活动。10月,集团校科学工作室由复旦二附校的陈虎老师上了一节实验探究公开课"探究泌尿系统在维持人体内环境相对稳定中的作用"。

3. 集团艺术工作室

2019年9月集团艺术工作室成立。在专家和名师的指导引领下,开拓教师视野,以研促教,围绕市级重点课题《大数据、互联网+等新技术支持下的艺术教育教学手段和模式改革研究》、区级课题《提升初中生音乐创编能力的实践与研究》及两位教师的种子骨干团队计划等开展专题类课堂教学、团队指导等研讨活动,以主题学习、案例研究、观摩研讨、论文撰写等方式,有效提高工作室成员的教科研水平。

4. 集团道法研究基地

2019年9月集团道法研究基地成立。本基地积极完善探究性学习的模式建构,寻找课程资源的生发点,让学生的探究形成系列,从而培养提升学生的认知能力、合作能力、辨别能力、思维能力、创新和探索的能力。2019年10月、11月,集团道法研究基地进行了多场公开课的展示:如《延续文化血脉》《我们的情感世界》,研讨如何精心设计实践探究活动来串联情感话题。12月,开展微论坛"基于进度规划的单元学习活动的表现性评价设计研究"活动,研讨如何规划评估工具与使用时间的适宜性,使得表现性评价在学习活动中真正发挥导向、监督、诊断和改进的多重功能。

(五)集团"研学行走"活动

复旦二附校"研学行走"是课程领导力项目,是复旦二附校践行"给学生更宽广的教育"理念的重要组成部分,以期重塑学校文化,逐步实现集团各校教育优质均衡、富有特色。近几年来复旦二附校本着开放发展的态度"走出去",

组织集团内学生到国内外进行研学行走,进一步开阔学生视野。2019年集团成员校师生开展的"行走课堂"活动有：4月,赴浙江义乌望道中学开展研学浸润活动；5月,赴山东临沂实验中学开展文化交流活动；6月,赴宁夏西吉县开展游学浸润活动。通过各地学生之间手拉手,行走中体验、感悟、收获、成长,逐步形成积极、丰富的人生态度与情感经验,树立家国天下责任。

（六）开展课程走教活动

为了更好地实现课程共享,辐射课程资源,集团内教师尝试进行精品课程走教。如复旦二附校航模社团指导老师郑明磊开设的"航模课程",每周一、周五分别向政立路二小、同济初级中学、育鹰学校送教。课程先后开展了"冠军进课堂"、车模比赛、飞机航模、车模表演等丰富多彩的活动。"集团推进,区域辐射"课程,切实为集团在复旦大学的依托下辐射区域基础教育助力添彩。

（七）共建"小复旦人报"课程

《小复旦人报》课程是复旦二附校校报社团性质,兼有学生社团和校报的双重性质,本课程以文字创作、采访编辑为主要形式,以学生自主办报为载体,反映二附中特有的校园风貌、师生风采、人文特色。目前《小复旦人报》扩大为集团核心校报,体现了集团之间互相交流、共促发展的喜人态势。此课程不仅锻炼培养社员的创作、采访、编辑能力,提高综合人文素养,为其社会实践提供优质平台,也作为了核心校联系集团学校的主要渠道之一,搭建起各校学生友谊与交流的平台。

（八）孕育"解语"文学情怀

集团《解语》杂志是一个孕育文学情怀的梦之地。名为《解语》,寓意解码语文、领会文学妙意。集团《解语》杂志涉及中外文学、影视文学以及原创话剧,丰富学生的文学视野,调动多感官的体验和学习,为喜欢写作的同学提供练习文字发表思想,展现个性风采的平台。同时,依托复旦资源社员们零距离接触作家、教授,点燃了社员们的文学热情。社员们笔耕不辍,有大量作品发表在各类文学赛事中屡有斩获,更有同学实现了出书的梦想。

四、教师发展

集团各成员校分项目组织集团师生开展有效的活动,充分发挥好各校的办学特色和教育教学优势项目,促进各校的和谐发展。开展集团成员校常态教育教学互进活动,如学科教学交流、教研组建设、教学流程管理、青年教师大奖赛同课异构；少先队月主题活动的开展等。集团内教师联动发展建设：联合教研、师资共享、师徒带教、寒暑假校本培训；邀请与集团化办学专项有关的各类专家讲座：开设联合德育、联合教研、校本培训等讲座，开拓师生眼界，提高学科素养，提升文化品位；集团化建设专项课题研究：出版集团内学生《解语》杂志、《小复旦人报》、五校教师科研季刊《集团教育教学研究》等刊物。开展集团内学生领袖峰会活动、校长主题论坛活动、教师暑期论坛活动。集团成员校师生跨校交流：部分毕业班学生跨校一年进班学习；教师跨校师徒带教活动。校本培训精彩讲座共享。在暑假的校本培训中，集团成员校教师参加了复旦二附校的部分专场，一起聆听复旦大学专家、教授的报告，资源共享、互融共进。

（一）师徒带教

为深入促进成员校间的合作，复旦二附中曾选派本校素质好、水平高、能力强的优秀教师与同济初级中学青年教师结对师徒，成员校领导见证了此次结对仪式。2019年复旦二附校又选派了有丰富经验的语文教师及影视社团指导教师担任育鹰学校教师的带教任务。集团在理事会的管理下，积极做好集团教师的带教工作，营造团结协作、互融共进的浓浓校园文化氛围。

（二）联合校本培训

集团在校本培训方面进一步拓展系列主题活动，在集团内教师联动发展建设，充分发挥其引领辐射作用，如联合校本培训、师资共享、教研组联合教研、师徒带教；邀请与集团化办学专项有关的各类专家讲座等，积极主动为集团成员教师提供多层面、可选择的学习机会，集团成员校亦积极参加核心校的寒暑假校本培训，"名师讲坛"活动，进一步提升教师的创新精神和实践能力。与此同时，多位区学科带头人、区骨干教师还先后受邀赴集团内学校作有关教师发展、学科建设、教师阅读与学生科创方面的报告，深受好评。

（三）集团开展对云南扶贫工作

1. 接待云南德宏民族初级中学师生来校浸濡交流

2019年10月，云南德宏民族初级中学师生来我校交流一周，其间参加集团相关活动，德宏的领导、教师了解了学校的决策程序、信息反馈、组织协调、督促检查等机制，感受学校决策的民主、科学、规范；通过深入课堂，聆听复旦二附校老师讲课，从语、数、英、政、史、地，到大劳技、大艺术、大体育以及各种探究实践课、漫游星空名师讲坛等，全方位、立体地感受二附校师生的思维方式、情感态度,充分领略课堂教学的无穷艺术魅力;通过聆听专家讲座,拓宽了视野,增长了见识,提高了自身素养和专业发展水平。

2. 校长带教云南永平县挂职锻炼干部

2019年,学校接待了云南永平县来我校挂职锻炼的两位校长,李鸿娟校长带教。在学习期间需完成了学校安排的各项任务,全面熟悉了解复旦二附校的基本情况,包括德育、教学、科研、后勤等工作开展情况,尤其是课程改革、校本德育、特色活动等方面的学习与借鉴,从实践中得到了启发,充分汲取有利于自身及学校发展的营养元素,促进了自身专业成长,提升了自身学校管理水平,增强了个人的综合能力,力求结合自己学校的特点把学到的应用到具体的学校管理工作中去,办好学校。

3. 分批通过邮寄方式向云南永平县教育局捐赠图书

复旦二附校向永平县教育局多次捐赠图书,并由永平县教育局负责分发给基层教学点,复旦二附校联合复旦大学出版社捐赠的图书金额累计达5万余元,为永平基层学校建立图书角,师生可以开展丰富多彩的悦读活动提供资源,有的还成为校长培训的参考资料。近年,复旦二附校在携手集团成员校一起对云南省大理州永平县开展的定点扶贫工作,在以实际行动不断落实贯彻复旦大学对云南大理永平基础教育发展的帮扶,努力为永平的发展做出应有的贡献。

五、实践研究

（一）集团联合科研

本着能更好地交流、展示集团五校教师在教育教学改革中的实践探索经验与科研成果,作为集团核心校,复旦二附校积极召集各成员校理事、科研主任多次商议谋划,搭建平台,组织编撰。科研联动,资源共享,特色共建。《集团教育教学研究》是复旦大学第二附属学校教育集团的教研类核心期刊,目前已出7期,浙江大学教授、书法家俞法鑫题写刊名,由复旦大学第二附属学校教育集团理事长担任主编,复旦二附校科研室、校办联合编辑,集团各成员校供稿并派员担任编委负责各校供稿,复旦家族联盟成员校(初中)各校也积极参与供稿,刊物在集团化发展运作中愈显良好态势。

（二）集团慕课分享项目

随着集团成员校课程改革的实践深入,优质课程很大程度地吸引着众多学生。二附校的慕课学院基于学生的终身发展为目标、践行给学生更宽广的教育理念,解决学生在需求上的差异性,更多的优质课程资源得到大范围的共享而得以提出和创建。

(三)信息化平台共享

为更好发挥集团学校的辐射作用,增强集团活动的透明度,集团成立了信息化小组,于集团成立后不久启动建设了"复旦大学第二附属学校教育集团"网站。网站建设在复旦大学网站集群中,借用复旦大学的网站集群空间和技术支持,在平台安全和硬件设施上得到了大学信息办的保障,确保了网站和信息平台的安全性。网站内容由复旦二附校校办汇总集团学校提供的信息,经审核后发布,确保了网站信息的可信度。

六、集团考核

依据"杨浦区教育局关于进一步深化初中教育集团发展的实施意见"的精神,集团各成员校共同商议,修订完善教育集团内部考核机制,对管理流程、制度和规范等方面做细致的设计和评价,进一步推动成员校在集团建设中发挥的积极作用作用。

七、集团展望

未来,集团将继续积极商议集团工作的有效性,集团经费使用的合理性,以成员校协商的方式,共同推进、落实制度建设,以建章立制构建集团科学民主的运行机制,以"依托百年复旦,依托社区文化,以复旦精神传承与教育内涵发展为核心,整合各校资源,推进素质教育,践行绿色指标,实现科学发展"。同时进一步开展教师驻校流动、推进学科课程联动,通过阅读论证、学生科创、慕课微课、研学行走等特色项目,使学生受惠,逐步实现集团各校教育优质均衡又富有特色,为区域优质教育的均衡发展积极出力。

构建集团教师专业发展支持系统

鞍山实验中学教育集团

在集团化办学过程中,如何利用好集团这个层面的平台,构建教师专业发展支持系统,以凸显集团化办学的叠加效应,是值得探索的新课题。鞍山实验中学教育集团根据上海市教委《关于促进优质均衡发展推进学区化集团化办学的实施意见》和杨浦区教育局《关于进一步深化集团化办学的实施意见》文件精神,依据《鞍山实验中学教育集团章程》,以《构建集团教师专业发展系统》的项目为依托,完善集团项目中心建设,初步形成集团教师专业发展支持系统和运行机制。

一、优化组织架构,完善集团管理

(一)聚焦集团建设目标

集团的建设目标是,要建成"让每一所学校都拥有各自发展动力的'动车组'教育集团"。为此,首先要做的是,完善集团的组织架构。2019年,根据教育局的总体布局,鞍山实验中学教育集团进行了新一轮的调整,东辽阳中学加入成员校。同时,教育局也对包头中学党政班子进行了调整,由特级校长张晓明"一肩挑"。我们借势借力,及时调整集团的理事会、秘书处和5个中心、6个联合教研的组织架构,充分发挥各校和校长的优势特长。其次,在此基础上,进一步厘清由专家团队咨询与指导、集团理事会决策、秘书处执行落实、集团中心项目推进的协同与分工的工作机制,确保"动车组"的强大动力,保障集团工作计划的有效落实。

(二)围绕核心项目

集团的核心项目是"集团化构建教师专业发展系统",项目依托的是5个中心,以达成集团项目管理的最优化。其中,教师研修中心负责联合主题研修,提高整体教研水平,中心成员由各校分管校长组成;课程共享中心负责组织特色课程共享,助力特色教师成长,中心成员由各校教导主任组成;人文实践中心负责组织集团教师人文实践活动,培育师德与人文,中心成员由各校分管书记组成;教师交流中心负责探索集团教师柔性流动,激发教师成长动力,中心成员由相关学校教导主任、科研室主任和人事干部组成;学生活动中心负责开展集团学生联合活动,搭建师生共同成长平台,中心成员由各校德育主任组成。

二、立足中考改革,探索课程教学改进

(一)立足中考改革背景,组团开展课程计划的实施与完善的研究

中考改革向我们提出:如何构建支持育人目标的学校课程体系?综合素质评价要求学校的课程设置与实施为学生提供怎样的学习经历?新增理化操作学习、英语听说学习、道德与法制、历史和跨学科案例分析,对学校的课程与教学提出了哪些新要求?聚焦问题完善学校的课程计划,并在杨浦区德育工作会议上,交流了社会实践课程实施方案。

(二)聚焦基于标准与学生的教学改进,开展集团联组教研

集团教师研修中心根据重新调整成员学校的实际情况,及时调整联合教研的领衔校,发挥集团各成员学校的学科优势。围绕"基于标准与学生的教学改进"大主题,集团各教研联合体确定学科研修主题,如语文"单元作文指导的教学设计"、英语"基于标准与学生的单元教学设计研究"、理化"实验教学的设计与实践"。通过主题研修实践,完善有利于集体教研、集体备课研讨的行动研究机制,促进集团内教师的专业成长。借助联合教研平台自发派生出优质课程资源的共建共享,如科学共同研发预备年级的教学设计,历史、道法共同研发学科日常评价方案等。

(三)探索集团学校学生学业质量管理监控

在没有了过去那种联考大样本可作为参照标准的情况下,如何进行学校的学业质量监控?为我们提出了新的挑战。集团多次召开理事会和分管教学校长会议,开展研讨交流。建立集团命题管理系统,进行集团内教学质量监控分析,引进标准分和Z分进行质量分析。

三、构建集团教师专业发展系统,成就教师专业发展

(一)推进教师流动,发挥示范辐射

贯彻落实区域集团教师"蓄水池"计划,全面落实教师柔性流动。基于

2018年教师流动项目的分析,完善管理制度,明确流动教师的人事关系、工作量、考核评价、绩效奖励等老师切身利益相关的事宜。让流动教师在为集团内优质均衡发展做出贡献的同时,也确保其自身价值的体现,促使流动老师真正实现流动价值。建立集团教师流动工作程序:意见征询—公布岗位—推荐申报—统筹安排。2019年,集团内流动教师数36人,超过区教育局规定的10%,其中,流动骨干比例达到20%。

（二）发挥集团名师工作坊的攻关和孵化作用

集团有"方圆之道"等2个班主任工作坊、余智老师英语工作坊、集团历史学科基地。今年,集团分别承办了中考改革背景下初中教学研究项目——英语、历史、生命科学与地理的市级学科展示研讨,让集团内的教师有机会直接得到市教研员的指导。另外,通过特色教师的特色课程共享,助力教师成长。如东辽阳"麦秆画课程",包头《动漫画绘画技巧》和《联通语文》,鞍山实验《共同的祝福》(年画教材),上理初级《安全体验》等共享课程。通过课程共享,激发了这些教师的专业价值与专业动力。

（三）整体设计集团教师研修培训

集团已经形成利用暑假校本培训,开展集团教师集中培训的制度。2019年,分别邀请复旦大学肖巍教授作"我们究竟需要怎样的发展"的报告会,拓展教师的视野,增强教师的时代责任感与使命感;邀请上海市教委基教处调研员陈爱平作"加强作业管理,提高教育质量"的报告,有效落实市教委。开展集团第二届"新优杯"创智课堂教学大奖赛,重点探索中考改革背景下,英语、历史、地理、道法等学科的素养导向的教学改进。

表1　第二届"新优杯"创智课堂教学大奖赛英语学科专场

学　校	时　间	教　师	年级	课　题
包头中学	1:00—1:40	唐　丽	初三	Unit 6 Detectives reading: Protecting the innocent
鞍山实验	1:50—2:30	张　倩	初二	Listening and speaking: Gorkella's visit to Shanghai
东辽阳	2:50—3:30	朱沁雯	预备	Unit 8 The food we eat
上理初级	3:40—4:20	钟文君	预备	Unit 10 Read a story(period 2)

表2 第二届"新优杯"创智课堂教学大奖赛综合文科学科专场

学　　校	时　　间	教　师	年级	学科	课　　题
上理初级	10:15—10:55	王　凤	预备	地理	地处欧洲"十字路口"的工业强国——德国
鞍山实验	11:05—11:45	朱晓萌	预备	地理	澳大利亚
包头中学	1:00—1:40	刘　渊	初三	道德与法治	美丽中国正视发展挑战
包头中学	1:50—2:30	张凯莉	初一	心理	星馨之家
东辽阳	2:40—3:20	金　丹	初一	心理	"心"的开始,感受心理
上理初级	3:30—4:10	殷玮宸	初二	历史	希腊城邦和亚历山大帝国

四、完善引擎项目,促进学校改进

集团的4所学校中,有1所是上海市强校工程项目学校;1所是市新优质项目学校;2所区新优质项目学校;都对接区域教育综合改革项目。集团理事会通过"寻源—设计—行动—评估—改进—提升"的策略,探索每一所学校独特的发展路径。目前,已经初步形成每一所成员学校发展的引擎项目方案,以引擎项目的设计与实践促进学校的改进与发展。例如,东辽阳中学的《给予随迁子女学情的"融教育"实践与探索》、上理工初中的《校园网络环境下学校管理策略的研究》、鞍山实验中学的《基于"目标·认知·条件"系统的教学设计与实践研究》、包头中学的《确立美好教育,打造强效工程》。

此外,集团通过搭建学生成长平台,成就师生成长。如鞍山实验中学承办集团校运会、包头中学承办集团艺术节、上理初中承办集团科技节等校园主题活动,整合集团资源。举办"'我爱古诗文'鞍山实验中学教育集团古诗词大赛",将现代的信息媒体技术,运用到传统古诗词学习中,学生喜欢,效果很好。

五、几点思考

集团成员学校调整,需要进一步明晰组织建设,传递集团建设的核心价值,增强集团凝聚力和归属感,形成更强大的合作互动团队。今后,集团将进一步完善集团"1-5-6-1"机制建设。充分激发项目中心的作用,确保"动车组"的强大动力,加强项目中心和教研联合体的职责与运行机制建设。

集团教师柔性交流,需要从完成指标任务走向长久实效。今后,集团将进一步发挥集团内新优质校、强校工程实验校的优势,完善集团教师柔性流动,提前分析各成员学校和教师的流动需求,努力实现从刚性的外在约束转化为柔性的内在自觉。

集团建设的核心目标——构建集团教师专业发展系统,初步形成了组织架构与运行机制,还需要进一步梳理总结。今后,集团将推进"构建集团教师专业发展系统"的项目实施与总结。发挥集团专家组的作用,提炼项目特色亮点,引领自主发展,推进集团建设。

合心　合力　合创硕果

辽阳中学教育集团

2017年9月,辽阳中学教育集团正式成立,集团由上海市辽阳中学、上海市鞍山初级中学、上海市建设初级中学、同济大学附属存志学校以及存志东校4所公办学校与1所民办学校所组成。

两年来,集团秉承陈鹤琴先生的教育理念,在"做人,做中国人,做现代的中国人"的办学思想的引领下,以课程建设为载体,以教师发展为核心,以实现"为集团中每个孩子的终生发展奠基"为目标,齐心合力、紧密办学,共立管理制度、共建有效课堂、共研育人策略、共享优质资源、共控教学质量、共育集团文化,积极探索学校管理、教师发展、学生成长、内涵发展等方面行之有效的策略,以逐步实现集团各校内涵发展、教育实力日趋均衡、集团特色不断彰显的发展目标。

一、机制共建,紧密合作办学

(一)完善组织构架

围绕集团发展,我们思考"紧密型"集团办学的结构特征。我们将价值认同、组织结构、师资安排、教学科研、文化特征、考核评价作为"紧密型"集团办学的实施路径。在一个共同的育人目标下,依托集团下设的五大中心,共同联动形成一套完整的组织架构。集团理事会以集团章程为依据,切实保障集团各项工作落地有声、确保管理长效、发展有序,逐步形成紧密型集团办学的管理机制。

(二)确立研究课题

围绕教育教学研究任务,以课题为抓手,在"集团学术中心"的指导帮助下,聚焦中考改革新政,确立了题为"教育集团背景下教研与科研机制创新的实践研究"集团研究项目,重点聚焦"共同体＋平台"建设,通过合作、对话、交流、共享等方式共同开展教研与科研机制创新研究,以达到提升辽阳中学教育集团内教师的专业水平以及提高集团教育教学质量的双重目的,扩大教育集团优质资源,做优师资队伍建设。

我们关注职初教师的成长,确立了题为"集团背景下职初教师共同体建设模式的实践研究"集团研究课题,将集团内2~5年的教师作为重点培养目标。旨在对跨学校、跨领域的教师共同体建设模式上进行初步的探索和实践,以推动青年教师队伍的整体共进,推进辽阳集团的紧密型办学。

（三）实现柔性流动

整合集团五校的优秀教师资源,以学科为单位,"集团教师流动管理中心"在各成员校中建立优势学科培养基地,建设以中青年教师为主要对象的专业发展共同体,修建集团师资"蓄水池计划",构建了集团教师共成长培训工程体系,以实践为平台,实现师资的跨校互培,鼓励优秀教师跨校兼课,逐步形成骨干教师柔性流动机制。2019年度,集团流动教师数达34名,流动人员层面覆盖校级干部(2人)、中层管理人员(1人)、学科带头人(1人)、区骨干教师(3人)、区后备骨干(1人)。柔性流动教师集中在语文、数学、英语、物理等主要学科,促进了优质师资的共享与共育。

二、文化共育,打造师资团队

（一）形式创新,努力打造集团教研联合体

集团积极探索机制共建、课程共享、项目合作等合作交流方式,努力打造集团内多种形式的教育发展共同体,在丰富实用的教育教学实践中,提升教师的专业素养。

联合教研是集团紧密型合作办学的重要基础和有力载体。集团积极推进英语、语文、政史地3个集团教研联合体建设,立足机制共建,围绕教研与科研机制进行创新实践。辽阳中学英语教研组的"基于标准的命题研究"、鞍山初级中学政史地教研组的"基于政史地整合教学的作业设计与评价"、存志学校语文教研组的"初中语文名著导读"、鞍山初级中学联合集团内各校开展的数学与英语的"作业改进"的攻关任务以及正在开展的"基础型课程校本化"实施"语文专场"活动等,在切实提高集团教研活动实效的同时,实现集团教师"优势互补、共生共长、同创多赢"的发展目标。2019年,集团内3个教研联合体分别举行了主题为"共研·共进·共赢""整合发展核心素养,探究共享思维智慧""拾星聚火,积流入海"等研修展示活动。在《杨浦教育》2019年第5期中,集团着重介绍了3个教研联合体工作的扎实推进和成果展示。英语教研联合体在上海市中小学优秀作业、试卷案例征集活动中荣获上海市二等奖的殊荣。教研联合体科学有序地开展,大力推动了集团教育的优质均衡发展。

(二)骨干引领,有序推进系列化主题共研

集团将骨干的引领和辐射作用视为重点,"集团教师研修中心"有序推进各类、各级教育教学骨干教师进项目、进课堂、进科组,带动集团内学习同伴的专业共进。

集团以"活力加油站"工作坊牵头,区骨干班主任负责具体工作的落实。工作坊联手集团校内班龄10年以下(含10年)的青年班主任以及10年以上需突破专业发展瓶颈的成熟班主任,开展形式多样的主题研修和自主研修,集团内10余位班主任积极参加班集体建设的沙龙和体验式互动活动。

此外,充分利用集团内区级学科带头人、区校级骨干教师的引领示范作用,开展教育教学研究活动。由辽阳中学葛琛静老师、鞍山初级中学梁屹老师开设"人文行走"区本课程研修培训班,由各类骨干教师开设系列教师讲堂,采用"微报告""微讲座"的形式,通过读书交流、教学反思、专题研究、教育叙事等方式,帮助更多集团内青年教师学习身边榜样,促进其专业发展,最终成为具有终身学习和创新能力的特色教师团队,共同致力于课改、科研和教研。

(三)文化共育,逐步形成"共识+分享"氛围

集团教师队伍的共进首先应形成团队建设的文化氛围。"集团交流活动中心"紧紧围绕"共识"和"分享"这两个元素,在集团内展开文化共育,努力为各成员校教师搭建不同层次、不同方面的学习交流平台,不同需求的教师在交流、交融中不断深化认识、达成共识、分享经验,谋求专业的修炼和发展。

我们以典型弘扬作为集团教师培育方式,实施党员形象建设工程,开展集团"平凡好党员"评比活动,对集团内的先进党员个体进行表彰;集团成员校党支部联合举行了"不忘初心使命,赓续红色基因"杨浦滨江人文行走活动,集团成员校领导、工会主席带领近50名青年教师参加;我们还带领集团内的学生一起走进复旦大学附属妇产科医院,参加"不忘初心,牢记使命"主题教育活动,师生们和医务工作者齐聚一堂,共同重温入队、入团、入党誓言。该项活动已经由复旦大学附属妇产科医院上报市委宣传部,活动的开展进一步推进了集团党建共同体建设。

此外，依托专题活动，例如集团青年教师 TED 演讲比赛，教师们聚焦"合作与成长"这一话题，讲述故事、分享感悟、传递师能，活动得到了集团青年教师的积极响应，共有 40 余位教师参与，展现了集团青年教师良好的精神风貌。集团还开展教学展示、组织英语教师现场命题比赛、各学科教师微课评比等，促进不同层次教师的专业发展，提升教师现有的合作、分享意识，在实践层面上积极构建教师合作的组织和形式。

三、品牌共享，架构课程体系

（一）集团课程计划先行落地

集团课程研发中心牵头制订了《上海市辽阳中学教育集团课程研发中心工作计划》，建立健全集团优质课程开发及实施长效管理机制。2019 年，着力收集并不断充实集团优质课程资源，初步建构集团优质共享课程框架设计，整体规划保证集团优质共享课程的可持续发展。

在确立了辽阳中学的"业余电台""邂逅舌尖上的美食"，鞍山初级中学的"翰墨流芳"，建设初级中学的"陶艺"以及存志学校的"古诗吟诵"5 项学校特色课程后，中心进一步制订了共享课程流动安排表，确保共享课程在成员校间顺利实施。在实践中，集团课程研发中心积极探索开展集团优质共享课程的新模式，提高课程推广共享的可行性与适切性，成效初显。

（二）品牌课程跨校走教

集团充分关注课程体系建设，着力架构集团特色课程体系，即以学校课程建设为抓手，以中华传统文化精粹教育为主线，以各成员校优质品牌课程为实践点，推出一系列诸如集邮、京剧脸谱、书法、陶艺等辽阳集团特色品牌课程。聚焦各校课程建设的优势点、需求点，作为提升课程品质的生发点，开展共建共享研究，使各校的课程建设产生连锁反应。各校可以自由申报共享课程、自由选择品牌课程加以引进，集团课程研究中心加以协调安排。

集团成立以来，品牌课程跨校授课达到 300 余课时，集团内更多学生享受到更多特色课程的选择。在课程跨校走教的过程中，授课教师在集团不同学校的课堂中追求教学的"自我更新"，同时也带动其他学校的课程建设和发展，并在此基础上逐步完善集团内课程建设机制。

（三）主题教育集团联动

"集团课程研究中心"及"集团交流活动中心"积极探索集团内各成员校的

特色课程的运行机制,聚焦"中华传统文化精粹"主题,进一步探索集团校课程互动共融模式。以建设初级中学为主体,积极组织集团学生开展了"名著润身心,书香满校园"集团学生读书活动、"行走之间,人文修身"集团学生演讲比赛;集团开展"存志杯"学生书画艺术作品展览和评比活动,并编辑印刷《小荷风采》"存志杯"学生书画艺术作品集;此外,集团还举行"与美同行,成就梦想"集团艺术展演活动,展现了辽阳集团学生的整体风貌和综合素养。集团的主题式活动展示了各成员校的课程亮点和办学特色,进一步扩大了特色课程的影响力,使更多的师生受惠得益。

四、质量共控,提升办学内涵

(一)搭平台,教学过程可监控

集团"教师研修中心"已初步建立集团校学生信息库,并将进一步加以完善。针对除区域统一阅卷之外的期中和期末考试,集团内部统一命题、统一阅卷、统一输分、统一数据分析。四个"统一"为各校了解自身教学质量提供了一系列数据以及更多的参考依据,更有效地对集团校教学实施过程性质量监控、寻找有效的应对策略。

(二)研数据,学业质量有保障

根据平台数据,每学期针对期中或期末学业质量,集团组织一次学科专题教研活动。各成员校教师按学科汇聚研讨,根据数据分析学生的优势与问题,大家共话研究策略,互相启发、互为借鉴,总结梳理各成员学校课程与教学工作中的有效经验和既有特色。

在此过程中,集团还邀请张人利和刘京海等教学专家、顾问为成员校指导教学管理环节,利用集团内统一的师资培训、校本教研、同伴互助等方式,促进教师的专业发展,保障各校学业质量的稳步提高。

(三)寻规律,效率提升讲方法

辽阳教育集团由公办、民办成员校组成,学校间都有相似的学生群体,例如集团校每所学校里都有不少学业水平很高的学生群体。存志中学的语文校本课程、校本教材已经完成了在存志东校语文课程的全共享。初步探索之后,将更多地在集团内辐射,联合集团其他公办学校寻找培优策略和共性规律,探索分层学业质量的共促与共研。

鞍山初级中学作为"中考改革背景下学校教学改进"攻关项目牵头校,与辽阳中学、存志东校共同成立"作业改进"攻关小组,探索解决课堂教学目标与作业功能、学生个体差异与作业需求匹配度不高等问题,已经完成数学与英语校本作业编制,并在集团学生中得以使用,努力实现教育教学最高效。

根据辽阳中学教育集团紧密型办学的工作要求,今后,我们将积极创新工作方法,着重加强以下 3 个方面建设:

1. 丰富紧密型集团办学内涵,创新组织和管理形式,推动集团成员校一体化发展,不断生成集团内新的优质教育资源。5 所集团校在合作中竞争,在竞争中合作,形成紧密型集团化办学的格局。

2. 构建集团育人体系,逐步建立学生分层培优的机制,建立一套能激发学生学习兴趣、培养创新精神的综合评价体系,从学生的需求出发,以打破学校本位,实现真正的集团育人、教育育人的目标。我们将始终牢记,教育集团的建设是为让集团内的每个孩子获得更多的优质教育机会,为集团内的教师成长搭建更大的专业发展平台。

3. 继续加强集团教师"共成长"工程力度,努力建设推动集团教育实践改革发展的团队构架和梯队,以课程建设为载体,以教师发展为核心,合心、合力,探索集团教师可持续发展的成长道路。

思维共生　合作共赢

三门中学教育集团

三门中学教育集团围绕上海中考改革、"强校工程"和杨浦区紧密型学区化集团建设目标，以"校际联动·优势互补·思维培育·共同发展"为基本策略，扎实推进各项工作，取得了一定的成绩。

一、专家引领，指导引领集团健康发展

（一）顾问团把握集团发展方向

集团学术委员会的三位专家——控江中学姜明彦校长、区督导室原副主任张根洪老师、市教研室韩艳梅博士对集团开展的重大活动给予指导，在集团成果《高阶思维的关键技术》的组稿出版、集团思维培育课题推进、集团市级课题"集团管理机制建设"等诸多方面给出了十分妥帖的建议，为集团的健康有序发展做出了很大的贡献。

集团理事会每月一次例会，共商集团各项事务，明确集团工作的学年计划、学期计划、月计划和任务推进的时间节点，围绕探究学生思维培育策略，打造集团发展核心项目；注重培育学生创新素养，开拓集团协同发展的特色项目；建立学生交流互访及课程资源共享机制，共享集团优质资源；建立教师联合培养以及流动机制，促进教师专业成长；努力实现集团核心文化的深度融合。

（二）五中心推进集团工作开展

集团在学术委员会的指导下顶层设计集团各项工作，形成决策后交由集团秘书处细化，制定工作推进的进程、时间表、量化考核方案、问题反馈机制等，随后落实到五大集团事务中心。五大事务中心认真制订年度工作计划，期初工作布置、期中工作推进、期末工作考核反馈，在每次活动后都能及时反思，总结活动的成功与不足，各司其职，不断提高事务中心的执行力，有效保障了

集团的运行。以"思维培育·课堂文化转型"为主题,开展一日研修活动;研发集团核心课程和推广优质课程,促进集团课程建设;积极推进核心项目"学生思维培育策略研究";管理集团内教师流动工作,完善考评机制;促进校际交流、合作,开阔视野,开展集团内的交流活动。

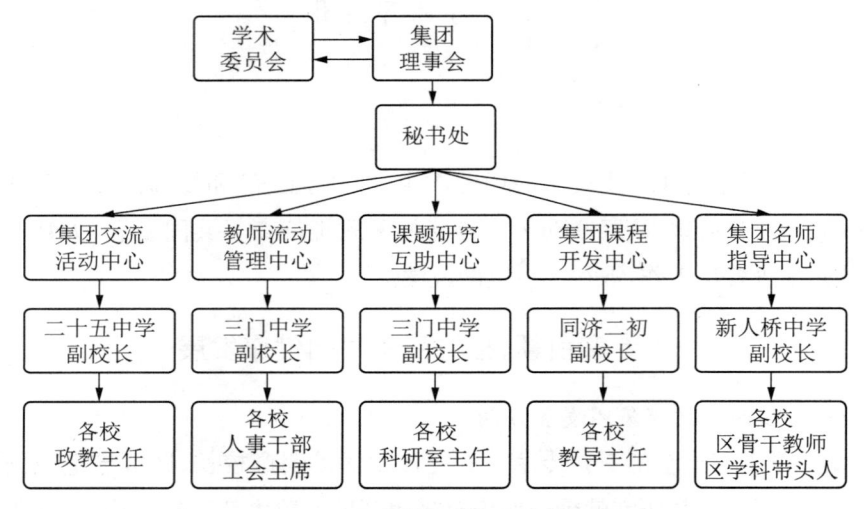

图 1　三门中学教育集团组织架构

(三)党支部助力集团建设

2019 年 9 月,集团 4 个党支部 100 多名党员济济一堂,共同开展"我和我的祖国,不忘初心,牢记使命,携手共建,筑梦前行"的主题党日活动。集团督学包容年校长应邀参加了此次活动。首先,由三门中学党支部书记富群代表 4 所学校的党组织致辞。随后,4 所学校的党员代表分别以"我和我的祖国"为题作专题演讲。演讲者声情并茂,慷慨激昂,或歌颂党,歌颂祖国;或缅怀先烈,展望将来;或追忆历史,赞美今朝,表达了对我国无限的深情厚爱。活动中还进行了有关党章党史、时事政治等的知识竞赛,经过激烈角逐,评出一等奖 1 名,二等奖 1 名,三等奖 2 名及观众答题优胜选手 10 名。活动在师生同台合唱《我和我的祖国》中圆满落下帷幕。

二、凝心聚力,打造集团核心项目

(一)一日研修促进思维培育

2019 年,集团层面进行 7 个学科的一日研修,围绕集团的核心项目"思维培育",每次研修前名师指导中心都认真制订研修方案,随后集团相关学科的备课组开展第一次研修,确定思维培育策略,确定课堂观察工具,进行课堂观察培训;研修当天第一次课后进行第二次研修,对课堂思维培育策略的有效性进行实证评价,并提出整改意见;随后进行第二节研修课继续观察,课后在专家指导下进行第三次深入研讨,形成较为成熟的集团思维培育的优秀教案。为落实三科部编教材的课堂教学改革,集团分别在3月、5月、11月进行了历史、道法、语文的一日研修,探讨如何进行新旧教材的衔接转型,探讨思维培育的有效策略,在教研员的指导下,认真反思并撰写观课课例报告。在5月、10月、11月进行了英语、化学、物理、数学的一日研修,集团教师认真参与,开课的全力以赴、观课的一丝不苟,每次活动都让集团教师有收获,每次的收获又让集团教师期待下一次研修活动。2019年共有14位教师开设了研修课,有135人次参与了课堂观察活动。研修活动的顺利开展,充分展现了集团校之间工作无缝衔接的有效性,集团教学管理团队对集团开展课堂观察给予了很好的指导和技术支撑,使每次活动都较为成功。

经过集团教师的不断实践探索,集团也积累不少思维培育的策略,关键问题及其追问、课堂探究活动、思维导图、问题开放、一题多变、一题多解、方法提炼、课堂留白,课堂关注学生的思维已逐渐成为老师的自觉。为了学生思维的增值,集团教师在备课时更关注渗透思维策略的教学设计;在课堂上更关注追问和转问的作用;在布置作业时设计"支架",支撑学生完成有思维量的任务;在辅导学生时通过设计一些项目让学生能自己提出问题;在试卷上出现更多开放、发散的、创新的试题挑战学生的思维。

(二)经验共享完善集团管理机制

集团已完成"三门中学教育集团管理机制经验共享项目"的结题,对项目建设目标进行了逐项对标,总结了项目实施情况,集团在工作管理、项目推进、成效评价等方面确立集团管理的机构与制度,集团在确立了"1+1+5"的管理机构的基础上,要求各级机构分别建立本机构运行、工作推进、评价的相关制度,共建立各个层面各项制度共36个,将整编成《三门中学集团管理机制相关制度》,有效推进集团的各项工作。

(三)专题研讨成就科研成果

集团组织教师开展学生思维培育策略的案例和课例撰写,并在2019年10月组织三门教育集团的教师代表开展了主题为"聚焦思维,创智课堂"学生思维培育主题研讨活动,活动聘请了复旦附中语文特级教师王白云、各学科教研员等专家老师莅临现场进行学科指导。王老师就老师们的案例开展现场问诊,通过针对性的剖析,引导教师明确案例、课例撰写的基本模式、两者的异同,为教师们更好地围绕集团课题开展研究提供更好的路径。2019年集团教师共撰写思维培育案例共36篇,课例16篇,完成了《高阶思维教学的关键技术》的稿件修改,为集团教师的专业成长提供了平台。

（四）质量分析优化教学策略

2019年4月,集团举行了2019届初三语文、数学和英语模拟考质量分析研讨会,即初三模拟考试卷讲评课。由二十五中学、三门中学、昆明学校、同济二初分别开设了语文、数学、英语、化学的试卷讲评课,就班级本次考试成绩及失分题、得分题等方面作了详细分析,找到学生薄弱的知识点,对此进行分析、讲评,还针对学生的错误,自编了相同类型的题目。课后学科教研员对4节课都给予充分肯定,认为这样的研讨活动为集团内教师的试卷分析课做了很好的示范,进一步提高试卷讲评课的有效性。

同年11月,集团又分别召开了2020届初三语文、英语和数学学科期中考试质量分析会。在分析会上,首先由各个学校备课组长分别发言,他们主要针对此次期中考试卷分别从试题的难易程度、失分题、得分题等方面作了详细分析,同时针对本学科的实际情况,客观地、实事求是地指出了今后需要努力改进的方面。其次,各个学校对于教学上遇到的问题进行了交流,有感而发,吸取相互间宝贵的经验。最后,教研员根据各个学校的发言作出总结,提供了有针对性的指导,二十五中学杨静校长、三门中学秦娟校长、同济二初楼正堂分别对集团初三的语文、数学、英语教师提出了建议和希望,鼓励大家相互学习,共同提高。二十五中学和同济二初的学业质量也在不断提升。

三、资源共享,推进集团课程建设

（一）落实课程管理,应对课改

为落实基础型课程的校本化实施,课程中心以中考改革配套措施的制订与落实为参照,设定学期研修目标,组织安排集团4个板块的主题研修,即学生综合素质评价、三科统编教材、作业管理改进、历史与道法学科日常考核。课程中心提供了研修计划、研修样例,各成员校积极组织落实研修任务,形成了具有校本特色的评价方案、管理措施。

课程中心搭建教师专业能力交流平台,提升集团成员校教师本体性知识与命题能力。2019年组织集团英语、数学两门学科教师开展教学单元命题设计与编撰,在12月初完成编印。今后,将继续关注中考改革要求,整合集团校教研组的优质资源,以"基于教学标准,加强命题研究,提升专业能力"为主题,增强教学团队的命题研究与实践运用水平。通过形式多样的教研实践,促进教师准确把握学科课程标准及其评价要求,有较科学有效的本学科设计作业、单元测评的能力,并能掌握作业实施能力、命题方法和技巧的能力。

(二)汇编团本课程,丰厚底蕴

课程中心从课程目标、课程设置、课程内容等不同角度入手,收集整理了一系列集团特色课程资源:其中包括三门中学"创意绳结""百灵沪韵"和"多肉植物种植",二十五中学"玩转篮球""蜜桃无线电"和"水仙雕刻",同济二初"民族版画""方寸魅力"和"乒乓",昆明学校"软陶艺术""绿色小伙伴"和"戏剧艺术",汇编成《三门中学教育集团团本特色课程》,为各集团校提供更加丰富的课程资源。

(三)实施集团走课,优课共享

集团课程中心在原有团本课程基础上,积极搭建课程建设交流平台,整合各校特色课程与优质资源进行交流与分享,具体课程内容如表1。

表1 各校特色课程与优质资源共享

共享课程	指导教师	共享学校	资料收集
射艺探趣(射箭)	袁箐箐(同济二初)	三门中学	三门中学教导处
方寸魅力(集邮)	甄梓良(同济二初)	新大桥中学	新大桥中学教导处
篮 球	姚淦(二十五中学)	新大桥中学	
漆 画	龚慧慧(三门中学)	二十五中学	二十五中学教导处
多肉植物	陈晓颖(三门中学)	同济二初	同济二初教导处
足球少年	毛爱根(三门中学)	同济二初	

为增强课程流动的实效,安排优秀特色课程开发教师进行了集团内流动,流动课程负责教师超过一半进行了集团内流动,他们是同济二初:袁箐箐、甄梓良,三门中学:陈晓颖、毛爱根。流动教师不仅在流动学校进行拓展型课程教学,还在教研组内进行了特色课程开发的经验交流。两位非流动教师分别进行了一次集团内特色课程的公开教学,让集团教师能相互学习、相互借鉴课

程建设与发展的有效模式。

（四）开展课程体验，交流学习

2020年1月，课程中心携手活动中心，共同举办"三门中学集团团本课程体验日"活动。让师生在活动中拓宽视野，交流中互相学习，总结中积淀收获，反思中寻求发展，通过不同途径、不同平台，实现优势互补、共同发展课程建设新路径。

实施要求：1.每校负责2门特色课程体验活动，每门课配备1名指导教师，1名协助教师及学生若干（自定）。2.各校制作相关课程介绍海报，准备相应展示的资料与体验活动的器材。3.每校选20位学生，体育、艺术及其他特色课程教师参与体验活动。采取体验换奖券，奖券换奖品的奖励机制。

四、多措并举，促进集团教师发展

（一）联合研修，学习优秀成果

为进一步激发集团师生携手共建的内生动力，开创集团联动发展再创辉煌的新局面，2019年8月，三门中学教育集团开展了主题校本研修活动。活动首先由集团5个中心主任对已开展的各项特色工作进行了汇报，并表彰了在活动中表现突出的优秀教师。接着由集团课题中心、集团课程中心教师代表，分别进行了思维培育案例交流和集团校特色课程开展情况交流。流动教师沈晓东作为教师代表，对一年来的交流心得进行了交流，同时集团新成员校新大桥中学袁瑜老师，代表新一批交流教师发言。集团向2018学年、2019学年参与集团交流的教师献花。

活动最后由三门中学教育集团理事长、三门中学秦娟校长讲话，秦娟校长首先感谢全体教师为促进集团的发展做出的积极贡献，同时她也提出，希望全体教师继续积极参与集团建设，加强教学研究和特色课程建设，共同推进三门教育集团工作再创辉煌。

（二）柔性流动，辐射优质经验

2019年9月集团第二批20名流动教师上岗，占集团教师总数的13%。集团教师流动中心负责对流动教师的管理，开展流动教师业务培训、考核评优等。集团通过慰问、调研、恳谈会，了解流动教师的工作现状和思想状况，及时帮助他们克服困难，和成员学校解决问题，使他们能安心流动工作。每学期流动教师完成流动工作手册，理事会每学期对流动教师工作进行考核评价。流动教师带特色、带经验进入流动学校,起到了示范引领作用。如三门中学的科研室主任、区学科带头人刘瑞华老师主动申请流动,到同济二初后积极参与学校科研工作,引领物理学科教学,指导一名青年教师进入小荷杯决赛,严谨规范的教学也给同济二初的教师留下了深刻的印象。

(三)名师引领,搭设成长平台

2019年集团成立了2个集团名师工作室:初中物理陈奕名师工作室、初中德育杨静名师工作室。工作室分别招收了集团内8名学员,制定了工作室活动的章程和计划,每月定期开展活动,引领学员开展研修活动,取得了一定实效。2019年集团有2名物理老师进行区域教学展示,有7位青年教师在市、区级各类德育主题活动案例评选中获奖。物理名师工作室结合市教研室"提升初中学科课程领导力的实证研究"项目开展单元复习课和专题复习课的教学设计,同时以减负增效为目标,加强物理三类作业的分层实施与评价的案例研究,并取得一定成效。

(四)入职专训,输送合格教师

2019年集团对成员校的10位见习教师开展培训,力求在规范中抓落实,在落实中求创新,形成学校特色培训课程,全力为集团教师队伍培养优秀人才。按照区见习教师18项培训内容和要求,结合见习教师的实际情况,以"整体规划、系统设计、分层分类"为原则,统整"区域层面、学校层面、教研(备课)组层面、带教教师层面"培训内容,在区域层面培训内容各有侧重的基础上,使校内培训形成"分工、协作、共进、共促"的一体化培训模式。

五、丰富活动,实现集团文化共融

(一)教师互动,携手共进

1. 趣味运动会互增友谊

2019年3月,集团在杨浦体育馆举行了上海市三门中学教育集团第二届教工趣味运动会。运动会有"健康第一——第九套广播体操""心想事成——蒙眼贴画""齐心协力——神龙摆尾""奔向未来——双手运双球接力"等团体项目,还设有投羽毛球、飞镖、夹弹珠、踢毽子、投篮、跳绳、足球射门、垫排球8个个人项目。每一位教职工凭"运动卡"可自行选择参加。在活动中,大家投入了极大的热情,人人参与,培养了集体意识和团队精神,增进了集团教职工之间的友谊,营造了生动活泼、宽松和谐、积极健康的良好氛围。

2. 劳动教育经验共享

为更好落实"五育并举",帮助青少年学生"扣好人生第一粒扣子",活动中心开展了"劳动教育活动方案设计"班主任基本功大赛。在各成员校校内比赛的基础上,汇编了集团班主任《劳动教育案例集》,组织中青年班主任、年级组长开展了集团班主任《劳动教育案例集》的分享会。通过此次活动,引导集团成员校班主任积极思考"劳动教育"的基本要义、时代价值和特殊价值,学会整体思考、系统设计劳动教育活动方案,从而提升班主任开展劳动教育的意识和能力。

3. 教学比赛共同提高

基于核心素养培养和中考改革导向,积极践行中考改革,加强教学实践研究,优化教学过程,提高三门中学教育集团青年教师的素质和教学能力,展现教师风采,集团开展了理科青年教师教学比赛。参加对象为集团理科青年教师。先由各校进行说课初赛,理科不同学科均可推荐 1 名教师参加决赛。在三门中学进行说课的复赛,数、理、化各选出 3 名青年教师进行决赛,最终三门、新大桥、同济二初分别承担了化学、物理、数学的决赛,决出了一、二、三等奖,青年教师经过历练也得到了成长。

4. 板书说课互相激励

"板书、说课"是教学基本功的两项重要内容。2019 年 10 月,集团组织青年教师开展了"板书、说课"基本功比赛活动。这次活动既是一次比赛,也是一次检阅,还是一次相互学习的机会。活动中展示的青年教师过硬的教学基本技能,充分反映了三门中学教育集团青年教师积极向上的精神面貌和脚踏实地的专业素养。活动为集团青年教师搭建了一个锻炼自己、展示自我风采的舞台,在集团教育之路上共同成长。

(二) 学生共融,快乐成长

1. 读书节提升阅读素养

4 月 23 日是世界读书日,集团举办了"悦读·启程"第二届读书征文活动,以期让书籍成为集团学生的良师益友,让每一个孩子在书的海洋中汲取营养,恣意翱翔。活动以"＿＿＿,如果我是你"为题,讲述自己阅读中外名著后的思考。小作者可结合自己的经历和实际,对名著中的某个人物或批判,或褒奖,或改进他的做法,或纠正他的错误,以此来表现自己的价值取向和人生态度;也可讲述自己阅读的心路历程以及书籍给自己带来的影响和改变等。评委由各成员校出一名老师，组成评审团。设特等奖 1 名；一等奖 4 名；二等奖 8 名；三等奖 12 名；鼓励奖若干名。

2. 科技节开阔学生眼界

2019 年 4—5 月，以"领略科技魅力，激活创新思维"为主题的三门中学教育集团第二届科技节轰轰烈烈地在各校展开。活动内容丰富多彩，有"变废为宝"创意制作比赛、《科技的力量》小报制作比赛、"垃圾分类"知识竞赛。

科技节上所展示的"变废为宝"小制作精美，富有价值，实用性强；科技小报色彩绚烂，内容丰富。智能垃圾桶、风力越野车、疯狂纸火箭等 8 个体验活动更是如火如荼。在闭幕式大会上，各校精彩的小品表演，不仅为师生带来了欢乐，也为大家普及了垃圾分类的知识。

科技节激发了广大学生爱科学、讲科学、用科学的热情，推进了学校素质教育的全面开展，促进了学生科学素养的全面提高，也展示了三门中学教育集团成员校师生的精神风貌和时代风采。

六、今后工作思考

（一）进一步加强集团机制建设研究，建立各事务中心的评价机制，提高各事务中心的管理能力。

（二）继续以"一日研修"、"课堂观察"为抓手，深入开展思维培育的策略研究，强化课堂关键问题及其追问的设计，不断提高教师的课堂执行力。

（三）进一步加大教师流动的宣传力度，协调好学校教师，使更多的骨干教师积极参与流动工作，更好地发挥核心校的示范引领作用。

风正扬帆正适时　合心合力共发展

复旦实验中学教育集团

2019年9月,在教育局的关心指导下,复旦实验中学教育集团正式挂牌成立。教育集团怎样运作,采取什么样的形式,这都需要最初的顶层设计。为了使教育集团开展的所有活动能符合教育教学改革的需求,我们多次召开成员校校长会议、教导主任会议,与教师座谈,认真听取意见和建议,在此基础上,复旦实验中学教育集团确定了"明确目标、健全组织、形成机制、强化措施"的工作思路。

一、了解集团各校校情,确定集团发展目标

高质量是集团化办学的生命,在集团成立筹备阶段,4所学校的校长多次召开会议,就如何进行优质的教育资源的整合,实现集团内各所学校教育教学的共赢局面进行商讨,坦诚各校办学优势及薄弱方面,商讨集团发展目标。确定复旦实验教育集团以建设"家门口的好学校"为本集团共同发展目标,围绕教育综合改革,聚焦于培养"人文见长、综合发展、心灵灿烂、具有终身学习和可持续发展能力的现代中学生"。促进集团内教师队伍的内涵提升,倡导以学生为本,为学生服务的优质教育理念,实施优质的管理,推进优质的教学,形成"各美其美、美人之美、美美与共"的集团化办学格局。

二、建立集团管理制度,形成有效管理模式

分工明确,高效运作的集团管理团队是集团发展的根本保障,可以为集团的可持续发展奠定坚实的基础。因此,复旦实验中学教育集团提出了"尊重联动、互融共进"的管理理念及"分级管理"的模式,即由理事会出思想,秘书处出思路,各中心出措施并具体贯彻落实。制定了集团理事会章程,形成集团组织架构,明确理事会、集团核心校、成员校、集团理事长、集团理事、秘书长及各中

心的职责。建立了各层面的工作微信群。

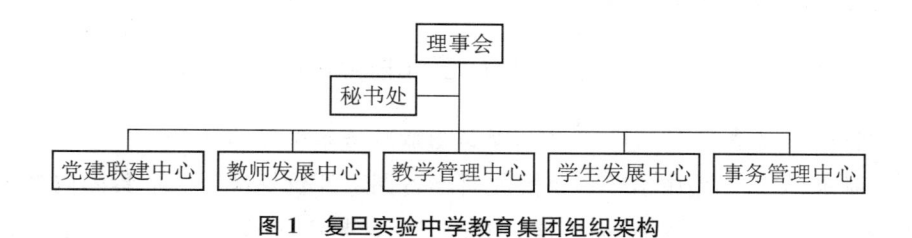

图 1 复旦实验中学教育集团组织架构

三、开展互动交流，携手同行共进步

（一）特色辐射

2019年10月，复旦实验中学教导副主任及生物老师来到集团成员校同济初级中学，参观学习中草药文化特色课程建设。杨织民校长和学校生物老师详细介绍了中草药展示馆、百草园中草药种植基地以及学校的特色课程建设经验。两校老师还就中草药种植及科研课题的开展进行了交流。学习后，复旦实验学校生物老师精心设计方案，建设成立了"本草雅园"实验基地，带领学生开展植物种植研究。

（二）命题研究

2019年10月，集团召开教导主任会议，明确将提升教师命题能力作为工作重点，讨论制订工作方案，明确目标、内容和具体措施及工作步骤。同时，就本学期期中考试命题工作进行探讨。就期中考试命题范围、形式及命题责任人等相关工作达成了共识，6—8年级语文、数学、英语学科，各校相关备课组进行命题交流学习。

（三）观课评课

2019年12月，复旦实验中学开设数学、语文两堂骨干教师展示课，集团内相关学科教师共同听课、评课。课堂上的出色展现，评课中的畅所欲言，给老师们搭建了一个互相学习、自在交流、群体研究探讨的平台，让老师们在共同研讨中反思、进步、成长。

（四）师徒带教

教育的本质就是"一棵树摇动另一棵树"。为更好实现集团校之间优势互补，共同进步。根据学校需求，签订了复旦实验中学与上理实验地理教师及复旦实验中学与同济初级中学化学教师的带教协议，虽然签订的是个别带教协议，但过程中是两校备课组的互动。

四、今后工作重点

（一）探索教师交流模式，建立集团内教师培养机制

制定《复旦实验中学教育集团教研组备课组评价标准》，开展集团内教研组、备课组研修，根据办学需要通过支教、跟教、带教、送教"四教合一"的教师交流活动，探索教育集团内教师交流模式，整体提升集团内教师的专业水准。下学年正式开始流动轮岗模式。

（二）聚焦三科统编教材，开展命题研究

教育部印发的《教育部关于加强初中学业水平考试命题工作的意见》（简称《意见》），要求严格依据义务教育课程标准科学命题，取消初中学业水平考试大纲，"要按照课程标准进行教学，学什么、考什么，而不是考什么、教什么、学什么"，进一步提高初中学业水平考试命题质量。我们集团将共同制定《复旦实验中学教育集团命题与检查制度》，明确命题要求，设计命题评价表，争取形成部编版教材，推进下单元试卷命题案例集及试卷讲评精品示范课。

（三）研训一体，加强作业管理

为更好贯彻落实市教委研究制定的《上海市加强义务教育学校作业管理措施》（以下简称《管理措施》），加强作业管理，提升学校作业的规范性和有效性，集团编制了"各学科作业要求文本"，加强研训一体，充分发挥优秀教研组、备课组示范辐射作用，组织"有效作业"案例研讨活动，进行教师作业专题设计评比。分学科进行，按照备课组开展教师作业设计评比，并征集教师作业设计、"有效作业"研究成功案例，进行总结交流。

（四）建立班主任学习共同体，成立"卿云"班主任工作坊

由集团内"上海市十佳班主任"刘晖老师牵头，成立班主任工作坊，从学校工作和学生思想实际出发，加强班主任队伍的思想政治教育和业务素质培训，提高班主任综合管理能力。每月举行一次班主任工作坊活动，有计划、有重点地对班主任进行思想、业务等常规培训。组织班主任学习教育理论和班级管理知识交流班主任经验，取长补短，共同提高。加强教育科研，每学期进行"精品晨会课""特色班队活动课"的展示、研讨活动，引导班主任总结自己的点滴经验，并把总结经验和教育科研结合起来。

（五）特色课程共享，提升教师课程领导力

以复旦实验中学"研学课程"为抓手，参与学校课程领导力及学业质量绿色评价项目研究。通过模块化课程设计，提升教师跨学科整合能力；通过诊断性工具的开发，提升教师课程评价研究能力。

风正扬帆正适时，合心合力共发展。我们相信通过共同努力，一定能在管理互融、师资互派、教学互通、学生互动、党建共抓、资源共享、文化共育、质量共评等方面，真正实现管理、师资、设备等优质教育资源的共享局面。

协同　共创

杨浦区教育学院教育集团

2019年,杨浦区教育学院教育集团(以下简称杨教院教育集团)深入学习贯彻中共中央办公厅、国务院办公厅印发的《加快推进教育现代化实施方案(2018—2022年)》《中共中央国务院关于深化教育教学改革全面提高义务教育质量的意见》《中国教育现代化2035》《杨浦区面向2020年加快推进教育现代化行动方案》等文件精神,主动对接区域教育综合改革和创新试验区建设,以"协同·融合·创新"为办学理念,确立发展目标,明晰工作思路,围绕队伍共建、试验共推、文化共融三大机制,持续深入探索集团化办学实践,扎实有序推进集团化办学工作,在提升校际互融共进水平、促进优质均衡上取得了一定突破。

一、理念与思路

依据我国新时代教育要求、上海市集团化办学工作要求,结合集团办学基础与现状,进一步明确了集团办学理念、发展目标、工作思路以及年度工作重点。

(一)办学理念

集团的办学理念是"协同·融合·创新"。具体而言,集团各单位经由目标同向、举措一体达成协同发展;经由文化认同、资源共享推动融合发展;经由改革实践、制度保障实现创新发展。

(二)发展目标

集团的发展目标是"成为优质共享、和谐向上的跨学段教育共同体"。新时代对教育提出了"人民满意的更高质量、更加公平的社会主义现代化教育"要求。集团化办学作为上海市基础教育综合改革的一项举措,能够回应人民对优质公平教育的需要。因此,集团要以优质为导向,让优质教育资源惠及所有学生。集团具有跨学段性、跨单位性的显著特点,因此,要以和谐向上为文化底色,探索跨学段联合的办学形式如何落地,让集团逐渐成为多方位协同发展的教育共同体。

（三）工作思路

坚持"协同·融合·创新"的办学理念，以"队伍共建、试验共推、文化共融"机制建设为路径，凝聚集团办学的思想共识，汇聚办学智慧力量，整合教育资源，基本形成"目标同向、举措一体、资源共享、共创共赢"的伙伴式集团发展格局。集团内各成员校教师专业水平、教学质量进一步提升，办学活力进一步激发，特色更加彰显，家长、社区满意度进一步提升。

这一思路贯彻了上海市对集团化办学"优质导向、专业引领、主体激发、创新驱动"的指导思想，通过5年的集团化办学创建工作，让集团成员校都成为老百姓家门口的好学校。

（四）年度工作重点

根据以上目标，集团结合2018年工作总结和2019年工作计划，确定了以三大机制建设为引领的2019年度工作重点：

（1）以柔性流动工作量考核标准引领集团教师队伍共建。

（2）以创智课堂校本化设计与实施促动学校课堂教学变革。

（3）以明德修身课程建设为依托推进集团办学文化共融。

二、机制与举措

"协同＋"机制全方位支撑起集团的稳步发展，主要面向师资队伍建设、试验项目驱动、集团文化引领，在原有基础上完善和丰富"协同＋流动"的队伍共建机制、"协同＋创新"的试验共推机制、"协同＋个性"的文化共融机制。集团以队伍共建机制为核心，以试验共推机制为平台，以文化共融机制为基础，推进了一系列改革举措。借助于教师培养的各类举措，尤其是流动培养，联结学校课堂教学改革项目，在项目共研、试验共推中破解课堂教学难题，增强成员校对集团文化的认同、承接与融入，为集团学校教育教学方式的转变、办学质量的均衡提升提供机制保障。

（一）"协同＋流动"：规范柔性流动，促进集团队伍建设

"协同＋流动"的队伍共建源自教师资源均衡配置的迫切需要和教师专业发展水平提高的现实需求。其一，集团各单位的师资水平高低不一，成员校的教师结构性缺编、优秀教学骨干缺乏等情况长期阻碍着教学质量的整体提升，是集团目前面临的顽固问题。其二，随着新进教师不断增多，青年教师比例逐年升高，青年教师潜质开发不足问题更加凸显。2019年就有新招教师16名，

以"80后""90后"群体为主,学历集中在本科生和研究生。

因此,既要注意发挥核心校对成员校队伍成长的引领辐射作用,帮助成员校孵化种子教师;也需要激发成员校自身在教师培养上的动力,优化各校教师培养机制与方式。在举措上,将流动培养、校本培养相结合,规范化落实教师柔性流动,一体化培养集团全体教师,全面建立集团人才选拔与培养的各类制度与办法。

1. 规范教师柔性流动

柔性流动是队伍共建的重点举措。通过以工作量考核标准为引领,在原基础上明确制定工作规范,丰富核心校教师对成员校的指导方式,集团柔性流动得到进一步推进。

在完善工作标准上,根据《杨浦区教育学院教育集团2019年集团柔性流动方案》,教师柔性流动包括"协议指导""常规指导"两大类。"协议指导"是由核心校根据各成员校在教研组建设、学科教师带教、项目研究等方面的需求,配以专门的学科教研员参与指导,涵盖蹲点指导、个别带教、项目指导等形式。

表1 杨浦区教育学院教育集团教师柔性流动工作量考核标准

类别	形式	工作任务	学期工作量（课时）
柔性流动	教研组指导	根据各校校本研修的要求,指导学校教研组制订研修计划、确立研修主题,实施研修过程(围绕研修主题,开展听评课、专题讲座、教学设计研讨等教学实践活动),并进行总结与反思	两周1次,每学期不少于8次(32课时)
	个别带教	制订带教计划,明确带教目标、措施和预期成果,做好带教记录,撰写带教小结 开展主题或单元教学设计、听课、评课等教学实践活动,提升教学水平	
	项目指导	根据学校参与的区级(及以上)项目的要求,指导学校制订项目计划、明确项目指导目标、措施和预期成果,做好带教记录,撰写指导小结 根据计划,指导学校围绕项目实施的关键问题,开展实践研究,提炼经验与成果	
	常规指导	指导相关学科教师开展课程教学实践,采用任务驱动的方式,指导教师根据市区学科发展的需要开展听课、评课活动,及各类学科专题、项目研究 根据需要,参与校本研修指导	每月1次,每学期不少于4次(16课时)

"常规指导"是由参与协议指导以外的核心校所有研训部门对成员校进行各类工作指导,涵盖教学实践指导、德育科研指导等形式。各个流动形式都清晰规定了相应的工作任务、学期工作量和考核形式,为考核流动教师及流动效果提供依据。

在落实流动规范上,为使流动教师工作有序进行、具体可查,集团制订了一套由"制定带教(项目引领)计划、做好活动记录、落实预期目标、撰写年度小结"组成的关键事件流程,并编入《杨浦区教育学院教育集团柔性流动活动记录手册》,要求带教教师在开始之际制订培养、带教和项目引领计划;被带教教师、教研组及项目组认真执行计划,保障每次活动的人员、时间、地点,记录活动过程;完成开课、展示、论文撰写和项目汇报等任务,以便将预期目标显性化;在结束之际比对原定计划和执行情况,完成各组、个人的流动工作小结。

在指导方式上,也形式多样:

(1) 蹲点指导

根据成员校的教研需求,2019年,核心校选派了10位学科教研员蹲点成员校教研组,按照"梳理现状—分析问题—确定专题—制订计划—参与研讨"的流程,指导学校教研组开展有针对性的专题教研,涵盖教研组集体研修、备课与听课评课、校本课程开发、组织主题讲座。

(2) 个别带教

对接成员校教师的发展需求,2019年,核心校选派了10位学科教研员以师徒结对方式带教成员校的教师,主要面向职初教师和校骨干教师,共带教12位成员校教师。旨在规范职初教师落实课程教学实施基本要求,培养骨干教师独立承担课程教学任务的能力。

(3) 项目指导

根据成员校开展重点项目的情况,2019年,核心校确定了2位学科教研员分别指导杨教院实验小学语文教研组的《基于课程标准的单元教学》、杨浦区教育学院附属幼儿园的课程领导力项目。

截至2019年11月,13位学科教研员在今年柔性流动过程中共累积了934课时的工作量,圆满完成工作指标。借助于集团2019年中期交流汇报暨工作推进会议,幼小初各学段在"融合·发展"主题下分别汇报了集团引领下的教师流动成果。学前组聚焦"幼儿个别化学习的实施",展现如何从幼儿发展的视角来观察分析个别化学习活动的价值;小学组以"结伴研究,成长共行"

表 2 2019 学年度杨浦区教育学院教育集团带教名单

单　位	教　师	带教方式	带教者	带教内容
民办杨浦实验学校	史贤俊	师徒结对	王　瀛	制订学期带教计划、确定主题、撰写小结;个别指导教师;参与听课评课;带领教师参与联组活动、外出学习活动;指导教师编制校本课程,积累培训素材等
民办杨浦实验学校	江怡菁	师徒结对	黄　琴	
民办杨浦实验学校	卢洁歆	师徒结对	黄　琴	
民办杨浦实验学校	余骥虹	师徒结对	祝智颖	
民办杨浦实验学校	丁娜娜	师徒结对	顾　群	
杨教院附中	倪承炜	师徒结对	丁正建	
杨教院附中	潘　丹	师徒结对	祝智颖	
杨教院附中	周文茜	师徒结对	顾　群	
杨教院实验小学	陈建明	师徒结对	陈　谨	
杨教院实验小学	朱清怡	师徒结对	顾海灵	
杨教院实验小学	沈佳悦	师徒结对	盖　敏	
杨教院附幼	乐雯静	师徒结对	刘晓青	
杨教院附中	教研组长倪承炜	教研组结对	丁正建	指导教研组开展活动;参与教研组活动;参与组内听课评课活动;带领教研组参与联组活动;指导教研组编制或修订校本课程等
杨教院附中	教研组长潘樱	教研组结对	顾　群	
杨教院实验小学	教研组长殷勤	教研组结对	施利娟	
杨教院实验小学	沈　怡	项目指导	储　竞	指导学校开展项目;深入课堂参与研究;带领学校骨干参与外出学习;帮助学校做好各类文本素材的积累
杨教院附幼	陈馥敏	项目指导	陈　炜	

为题,讲述了教师在教研员带领下如何开展单元教学整体设计视域下的教学资源研究;中学组作"落实听说目标,研究听说路径——做一名会反思的教师"主题汇报,探讨了真实有意义的情景创设对听课说课输出活动目标达成的路径。

除柔性流动外,核心校还以刚性流动的形式,派出骨干教师去成员校长期支教。3 名教师先后流动到杨教院附中,教研室副主任翟立安到附中主持全面工作,附中教学质量得到提高;房云峰老师任教数学并担任班主任,获得 2018 年度见习教师规范化培训基本功大赛一等奖;唐妮老师任心理老师并担任班主任,为附中建立了心理咨询室并顺利通过市心理健康达标校验收。

2. 一体化培养集团教师

在师资队伍建设方面，不仅要提升成员校师资水平，也要提升核心校师资水平，促进集团内教师共同成长；不仅要优化教师培养方式，也要完善相关培养机制。

面向集团全体教师，采用集中研修方式，不定期召集、聆听专家学者的报告或讲座，并即时讨论。集团邀请了来自高校、研究院所、教研机构等的学者、专家分别就职业发展、专业发展、师德情怀、课堂变革、区域文化等方面进行集体研修，促进教师专业成长，开拓教师视野。

表3　2019年杨浦区教育学院教育集团教师集中研修专题讲座

讲座时间	名称/主题	专家姓名	单位/专家职称
3月8日	平衡生活管理成就幸福人生	汪美萍	中国EAP高级执行官、国家首批职业十大高级职业导师、国家心理咨询师讲师
3月29日	如何在教学实践中发展自己？	顾志跃	原浦东教育发展研究院院长
5月31日	人文主义的教育理念——于漪教育思想初探	张汝伦	复旦大学教授
10月18日	素养导向下的课堂教学变革	崔允漷	华东师范大学课程与教学研究所教授
11月1日	杨浦滨江　向水而生	章　明	同济大学建筑与城市规划学院教授
11月29日	深入开展课程德育的研究与实践	徐淀芳	市教委教研室主任
12月13日	关于国际国内形势	沈　逸	复旦大学教授

而面向集团青年教师，则以核心校牵头成立集团青年教师培训班，为新教师拥有良好的师德水平和专业素养搭建成长平台。学院人力资源部、教育管理培训部、师训部、工会联合制定《杨浦区教育学院教育集团青年教师及新进教师培训方案》。以党的十九大精神为引领，以习近平系列讲话精神为指导，围绕"四信"即"信心、信任、信念、信仰"教育，从培养思想正确、理念先进、业务精湛的人才的需要出发，对教师的政治思想和职业理想、学院文化和学院精神、工作规范和工作程序加以强化，借助结对带教、读书研讨、人文行走等形式，从院校培训、小组培训及个人自学3个层次上开展新进教师和青年教师培训工作。

杨浦区第二期教师进修学院(集团)青年教师及新进教师培训方案
（讨论稿）

近年来,杨浦区教师进修学院及集团成员校新进了一批青年教师,他们是师资队伍的有生力量,肩负着教育未来发展的重任,加强新教师与青年教师的培养是师资队伍建设的重要手段,为此特制订《杨浦区第二期教师进修学院(集团)青年教师及新进教师培训方案》。

一、指导思想

以党的十九大精神为指导,以习近平系列讲话精神为指导,围绕"四信"教育,即"信心、信任、信念、信仰"的教育,从培养思想正确、理念先进、业务精湛的人才的需要出发,结合学院实际,扎实开展新进教师和青年教师培训工作。

通过培训,通过人与自我,人与社群,人与国家、民族之间的对话、互动,提升认识,进一步提高新教师和青年教师良好的思想政治素质和师德水平,认同学院文化和学院精神,更新教育理念,提高学科专业指导能力,力争打造一支师德高尚、业务精湛、服务优质、创新实干的青年教师队伍,以符合时代需求和杨浦教育发展的需求。

图1 杨浦区教育学院教育集团青年教师及新进教师培训方案

自2017年第一期杨浦区教育学院教育集团青年教师及新进教师培训班开班后,2019年10月,集青班第二期已顺利开班。在开班仪式上,不同学段、不同学科、不同年龄段的教师汇集一堂。第一期的青年教师代表表示,通过集青班培训学习到学院文化,认同共同的目标;学习于漪教育思想,提升了自身教育素养;通过读书交流,提升了自身的教育理念。集团对青年教师的培训和指导,构筑了青年教师的教学理念和教学行为,丰富了教学经验,促进青年教师能够更迅速适应工作的要求,增强自信心,推动青年教师的专业发展。

表4 杨浦区教育学院教育集团青年教师与新进教师培训课程安排表

序号	培训板块	培训内容	培训时间	主讲人	负责部门
1	政治思想和职业理想	教师进修学院集团学习十九大精神党员论坛	2017年12月1日	朱清一徐佑翔	干训部
		像于漪老师一样为人师表——一身正气,爱满天下 小组讨论:你如何理解"师爱是大爱","教师要有仁爱之心"?	2017年12月8日	陈小英	

续 表

序号	培训板块	培训内容	培训时间	主讲人	负责部门
1	政治思想和职业理想	像于漪老师一样教书育人——春风化雨,树魂立根 小组讨论:你怎样理解当今的教师责任?	2018年1月5日	许 坚 宁道夫 何建红	干训部
		区域教育发展概况 学党史,跟党走	2018年4月13日	朱 萍 许 坚	
		像于漪老师一样学习创新——专业发展,紧跟时代 像于漪老师一样献身教育——生命与使命结伴同行	2018年4月20日	黄荣华 陈爱平	
		小组讨论:新一代青年教师应该有怎样的价值追求?	2018年4月27日	宁道夫 何建红	
2	学院文化精神和工作规范流程	解读学院文化和学院精神	2017年12月22日	徐国民 朱清一	人力资源部
		学院工作要求与规范流程	2018年3月9日	张海森 周 梅	
3	教研工作任务和方法	做一个优秀的教研员（新进成熟教师）	2017年12月15日	市教研员	师训部
		教研工作方法（新进教师）	2018年1月12日	区教研员	
		教研工作任务与规范	2018年5月11日	戴耀红 陆卫忠 邹雪峰 高慧军 庞维成	
4	人文行走和读书交流	人文行走一	2018年3月16日	李沐东	工会
		读书交流活动一	2018年1月19日	徐佑翔	
		读书分享会:推荐一本好书	2018年3月23日	汪桂萍	
		读书交流活动二	2018年5月18日	汪桂萍	
		人文行走二	2018年5月25日	李沐东	

通过教师柔性流动和教师培养的各种形式,核心校对成员校的教师团队发挥巨大的引领辐射作用。经过近几年的实践探索和共同努力,集团成员校教师发展的内驱力得到有效激发,教师整体素质得到不断提升,骨干教师占比逐年递增,教师队伍结构日益完善。

表5 杨浦区教育学院教育集团成员校教师整体发展情况

单位	年份	高级教师	高级教师占比	区学科带头人(人)	区骨干教师(人)	区学科带头人、骨干教师占比	各级师德标兵(人)
民办杨浦实验学校	2017	10	20.4%	0	1	2%	0
	2018	10	20%	0	1	2%	2
	2019	11	20%	0	1	2%	2
杨教院附中	2017	7	14.9%	1	1	4.3%	0
	2018	7	15.2%	1	3	8.7%	5
	2019	8	18.2%	1	3	9.1%	6
杨教院实验小学	2017	0	0	0	0	0	0
	2018	0	0	0	4	8%	6
	2019	1	2%	0	4	8%	7
杨教院附幼	2017	1	4%	1	2	12%	0
	2018	1	4%	1	2	12%	1
	2019	1	3%	2	2	12%	2

(二)"协同+创新":实施项目研究,提升集团教学品质

单位属性、办学体制在很大程度上导致集团内部项目平台上存在较大差异,成员校开展教育改革试验项目的理论基础薄弱,项目资源不足,反映出创新项目推进方式,强化研究平台建设的重要意义。因此,集团将协同推进与校本推进相结合,以项目为纽带建立试验共推机制,既对接区域教育综改核心项目和创新试验区重点项目,也注重开展贴近校情、具有校本特色的教改试验。集团以创智课堂校本化为主线,鼓励学校参与区域重大项目,积极开展拓展型、探究型课程建设,让核心校研究成果惠及成员校,成员校成果反哺区域综改。

1. 推进创智课堂校本化

创智课堂坚持核心素养导向,探究素养导向的创智课堂建构路径,在核

心校创智课堂理论架构的引导下,成员校基于自身的发展实际,明确课堂变革目标,设计主题和实践路径,为学生提供多元学习空间、多面资源支架,丰富学习活动、实践性经历。创智课堂校本化实施,做到重点突破与全面推进相结合、采取合作研究的推进方式,学校进行实践操作,区域层面给予专业扶持、指导。

在优化顶层设计上,集团通过实证数据和座谈访谈等方式全面总结杨浦区创智课堂研究的前期成果,在已有的基础上,集团贴合教育发展的新导向,着手研究基于核心素养的创智课堂。通过文献研究,聚焦责任担当、学会学习和实践创新三大素养。通过理论与实践的双向匡正进一步调整完善创智课堂的理论框架和相应的指标体系,形成了"学习环境创新、教学创新、学习创新"三大一级指标及其下位的十大指标维度,细化生成具体的35个描述性指标。

集团建构了基于核心素养的创智课堂变革路径,包括深度学习、个性化学习、单元教学设计、教学评一致性、技术融合5个方面,为创智课堂校本化实施提供理论和方向指导。

在推进校本化实践中,各成员校从自身的实际出发,明确变革主题,探索实践路径,有效推进创智课堂校本化实施。杨浦区教育学院附属幼儿园聚焦于"结构游戏",以"结构游戏中幼儿发展评价的实践研究"为主题,围绕幼儿结构游戏行为观察记录与解读、幼儿结构游戏评价工具的设计与使用两方面开展实践研究。杨教院实验小学聚焦于课堂文化转型,以语文学科为试点,推进三层级五文本的课例研究。民办杨浦实验学校以"创智课堂培养学生自主探究能力"为主题,积极开发与完善基础型课程、探究型课程、拓展型课程,从课堂形式的转变深化课堂实质的提升。杨教院附中聚焦"生本合作"课堂,研究"课型"+"题型",开展"课堂观察与教学改进"校本研修,推进"学习共同体"校本化实践,改变附中课堂生态。

为了解成员校创智课堂顶层设计、推进举措实施情况和实施成效,以及成员校在教学改革中面临的困难、师生的需求以及对课堂文化转型的想法及建议,集团开展走访调研。2019年10月15—25日,核心校组织专家、相关人员对创智课堂校本化实施项目开展了中期调研。调研工作通过成员校的自评汇报、观课、座谈会等环节,全面了解学校创智课堂校本化实施项目推进情况,就教学、科研等方面问题与学校领导、教师进行现场互动与研讨,提出有针对性的合理化意见和建议。最终,在此基础上形成"一校一报告"。

表 6 杨浦区教育学院教育集团成员校参与区域重大项目的情况

单位	2017 年	2018 年	2019 年
民办杨浦实验学校	"区域教师教育方式,机制创新的行动研究"项目子课题——《培养学生自主探究能力的教师素养建设》	1. "区域教师教育方式,机制创新的行动研究"项目子课题——《培养学生自主探究能力的教师素养建设》 2. 上海市民办特色项目《学生自主学习网络平台建设》	"区域教师教育方式,机制创新的行动研究"项目子课题——《培养学生自主探究能力的教师素养建设》
杨教院附中	学业评价——绿色指标校本化研究	基于中小学学科课程标准和绿色评价功能导向的学生学业质量评价研究——绿色指标校本化研究	1. 基于中小学学科课程标准和绿色评价功能导向的学生学业质量评价研究——绿色指标校本化研究 2. 创新实验室——STEAM创客坊
杨教院实验小学	1. 生命教育一体化 2. 杨浦区提升中小学(幼儿园)学校课程领导力行动研究项目 3. 教师教育机制创新项目	1. 生命教育一体化 2. 杨浦区提升中小学(幼儿园)学校课程领导力行动研究项目 3. 基于课程标准的教学与评价 4. 教师教育机制创新项目	1. 生命教育一体化项目 2. 杨浦区提升中小学(幼儿园)学校课程领导力行动研究项目 3. "融评于教"项目 4. 教师教育机制创新项目 5. 体育兴趣化项目
杨教院附幼	1. 杨浦区提升中小学(幼儿园)学校课程领导力行动研究项目 2. 主题活动工作室	1. 杨浦区提升中小学(幼儿园)学校课程领导力行动研究项目 2. 主题活动工作室	1. 杨浦区提升中小学(幼儿园)课程领导力行动研究项目 2. 上海市(第三轮)提升中小学(幼儿园)课程领导力行动研究项目 3. 上海市教育科技装备中心主办"上海市幼儿专用活动室建设与运用展示活动" 4. 上海市第四批名师基地攻关项目 5. 杨浦区中小幼学校优秀科研成果可持续发展课题 6. 幼儿园主题环境创设的实践研究,立项2019年区重点课题

在创智课堂校本化的过程中，各成员校基于自身的发展实际拟定实施方案，基本形成了学校变革的主题、路径，并积极努力推动创智课堂校本化。但调研中也发现，成员校在推进创智课堂校本化实施的过程，学校顶层设计有待优化，主题过于宽泛，推进过程未聚焦，上层设计与下层操作贯通性不强，缺乏对过程性经验进行整合。

2. 共推区域重大项目

杨教院集团核心校与成员校通力合作，依托课程领导力项目、生命教育一体化建设、融评于教等系列项目，共同开展教育综合改革试验。从下表可以看出，杨教院集团广泛参与区域教育综改的核心项目、对接项目、试点项目，项目内容聚焦课堂教学、课程领导力、生命教育一体化建设、教师教育机制与方式创新、教育评价等教育教学重点与难点项目推进，逐年改进并深化发展，不断攻克其他领域的问题，充分体现了合作攻坚的宽度与深度。

在集团重大项目的引领下，核心校进行顶层设计，架构项目理论框架与实践路径，成员校制订校本化方案，推进项目的开展与落实，形成实践案例。在此基础上，核心校提炼和总结项目经验，巩固研究成果，成员校进一步丰富和完善项目经验，夯实项目成果。

3. 加强两类课程建设

在五育并举的发展理念引导下，成员校积极开发研究型课程和拓展型课程，丰富课程体系，以实现课程融合育人的价值体系。杨教院实验小学、民办杨浦实验学校的探究型课程数量连年增加，杨教院实验小学、杨教院附中拓展型课程数量稳中有进，课程门类得到不断丰富和完善，为学生全面发展搭建了平台。

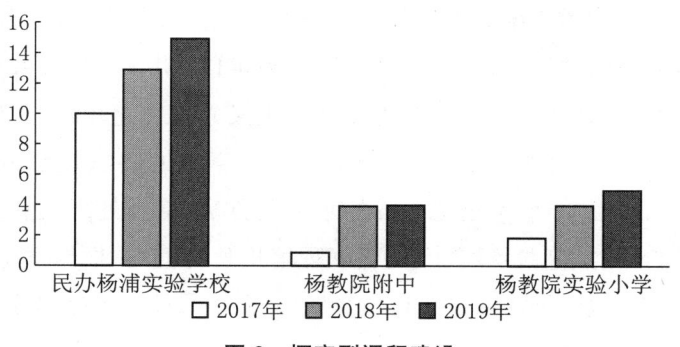

图 2 探究型课程建设

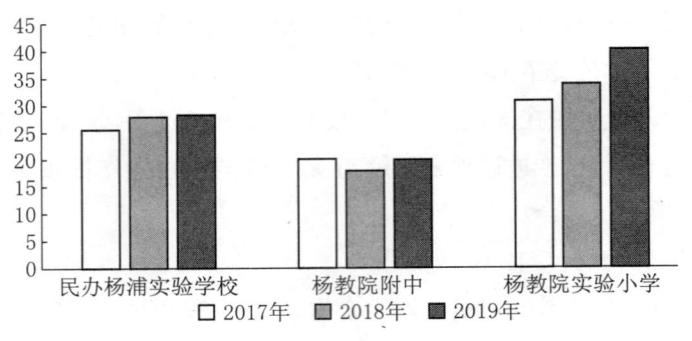

图 3　拓展型课程建设

(三)"协同＋个性"：开发贯通课程,促进集团文化融合

集团各单位有着和而不同的办学文化,在共享和谐底色的同时又各具特色。为发挥文化在集团化办学中的精神纽带作用,集团建立文化共融机制。在"共同愿景,个性追求"的文化建设原则下,在尊重成员校个性文化的基础上,一方面培育集团文化,聚焦共同的发展目标,用"明德、时习、致和"精神浸润和熏染成员校,增强成员校对集团文化的认同、承接与融入;另一方面强调成员校保持并发扬自身特色文化,运用集团文化整合和丰富自身文化系统。在举措上,以明德修身课程建设为依托强化共同价值体认,鼓励成员校发展个性文化,搭建宣传平台,分享集团化办学成果。

1. 开发明德修身课程

明德修身课程是集团构筑贯通幼儿园、小学、初中学生德育的特色课程。旨在加强中华优秀传统文化教育,培养学生践行社会主义核心价值观,也是彰显集团文化精神,创新德育课程,形成德育特色的需要。

开发过程1　架构课程框架

经过对中华优秀传统文化教育的重要性和紧迫性分析,课程首先明确指导思想、总体目标、建设原则。基于此,课程确定以"明德、时习、致和"为关键词,将中华优秀传统文化同革命文化和社会主义先进文化相结合,架构出"人格修养教育、社会关爱教育、家国情怀教育"内容板块,各板块细分出五个方面。如人格修养涵盖"明晰道德修养的意义与方法、恰当处理义利关系、理性看待外界评价、坦然应对坎坷挫折、正确理解生死价值"。根据学生身心发展的年龄特征和道德发展需求,提出教学建议。根据课程性质提出评价建议,确定推进机制。

表7　明德修身课程内容示例

学段	教育特点	教育维度	教学侧重点（明德、时习、致和）	教学设计（生成性、再创性、综合性）
幼儿园小学低年级（幼儿园大班、1、2年级）	以培育学生对中华优秀传统文化的亲切感为重点，开展人格修养、社会关爱、家国情怀方面的启蒙教育	人格修养教育	① 初步认识道德的重要性 ② 对符合道德的人和事产生情感认同，具备基本的是非观念	① 对体现个人优秀品质的神话传说、历史故事进行讲述，组织学生进行复述、表演等 ② 认识常用汉字，感受汉字形体所体现的文化精神 ③ 诵读承载美好品德的浅近古诗，对其中所体现的优美语言、美好品质有初步的情感体验
		社会关爱教育	① 了解人交往的基本礼节并会应用 ② 树立对人、对物的同情心和同理心 ③ 具备孝敬父母、尊敬师长、关爱同学、保护环境的初步意识	① 对体现传统社交礼仪的浅易文献或文献段落，例如《弟子规》《朱子家训》等组织学生背诵、表演 ② 对体现社会关爱的神话传说、历史故事进行讲述，组织学生进行复述、表演等 ③ 引导学生在日常生活中对人同情、对物移情，在生活、学习的小事中落实所学到的道德理念和行为规范
		家国情怀教育	① 感性认知祖国的辽阔疆域 ② 感性认知祖国的民族构成 ③ 感性认知祖国的悠久历史 ④ 感性认知祖国的世界地位	① 借助地图、地球仪等工具对祖国疆域、地理位置等形成初步概念 ② 认识国旗、国徽，并了解图案所反映的精神内涵 ③ 了解五十六个民族的基本构成 ④ 了解祖国传统节日及其风俗 ⑤ 对反映社会责任感的神话传说、对体现爱国情感的历史故事进行讲述、复述、表演 ⑥ 诵读承载爱国情感的诗歌

开发过程2　确立研发流程

课程研发按"成立研发组织—开展理论学习—架构课程纲要—修订细化教学建议—设计课程教学脚本—投入学校课堂实施"的流程进行。

完善纲要	培训教师	设计脚本	研讨课程
6—9月	9月	9—10月	11月
对课程内容优化；对各学段教学建议，在教学侧重点和教学设计方面进行补充	进一步理解三个关键词的文化内涵，在提升教师传统文化素养基础上，研究课程实践	教育学院根据课程纲要进行脚本设计，各集团校根据纲要，结合校情对脚本进行校本化开发	在集团展示中进行课程研讨展示

图4 明德修身课程研发时间节点

项目启动初期，集团理事会牵头成立了项目组，由正高级教师戴耀红领衔，汇集德育室、师训部、信息情报部的研训人员和各成员校的校长。项目组在开展理论学习和资料收集后，对课程作出初步设想和方案，与复旦大学马克思主义学院合作制订课程指导纲要，为课程开发提供理论支持和课程教学设计指导。为使课程科学严谨，项目组召开课程项目专家论证会1次，项目组教师培训2次，专家指导会3次，校际研讨会8次，在反复学习、调查研究、研讨交流中完善纲要、培训教师、设计脚本、研讨课程。

开发过程3　初步课程实施

明德修身课程是集团开展学生德育的全新载体，需要课程参与者理解并拥有深厚的传统文化素养和实施课程的技能，需要学校之外的各种资源支持以及过程中不断反思以带来课程与教师的双改进。为此确定5个课程实施要点：

（1）制定《明德修身课程指导纲要》，帮助教师和管理人员理解和实施课程；

（2）多渠道、多方式、分层次开展培训与辅导，提高教师自身综合文化素养；

（3）鼓励授课教师基于课程理念，结合学校校本德育特色，创造性设计教学活动方案；

（4）利用集团优势和区域平台，积极寻求社会支持，为课堂教学提供多元支撑；

（5）及时收集、整理、总结集团各学校的教学成果，打造网络化教学资源库。

近期，成员校已对明德修身进行校本化实施。杨浦实验学校将各项德育活动融合在"明明德""时习之""致中和"主题之下，开展"家国情怀深，校园书香溢"诵读活动,学生于诵读中感受祖国山河和历史;参观国歌纪念馆,追忆红色历史渊源,学生接受爱国主义洗礼;阅读明德修身课程设计脚本中《永远的最强音》一文,抒发学生的爱国激情。杨教院附中结合学校楹联、书法、陶艺等特色拓展课程,引导学生在课程中认知、尊重和继承传统;利用博物馆、展览馆、研学旅行等文化平台,开展中华优秀传统文化主题教育活动;利用清明、重阳等传统节日以及孝亲敬老等志愿服务活动,引导学生积善修德,关爱社会。

2. 搭建文化宣传平台

为宣传以"协同·融合·创新"为理念的集团化办学,采用微信公众号形式"杨教院集团微家园"搭建了一个的媒体信息平台。平台由集团情况、队伍共建、集团特色3个栏目组成,设置了单位介绍、柔性流动、名师风采、试验共推、文化共融等主题,主要内容是宣传集团核心项目推进情况,展示各成员校办学特色亮点,宣传优秀教职工的先进事迹。教育集团公众号在2019年6月24日正式上线,截至11月累计推送文章30余篇,6篇创智课堂主题系列文章待发布,点击量达725次。

表8 "杨浦区教育学院教育集团微家园"公众号宣传数据

主　题	文章数量	制作人员	点击量
教育集团介绍	1	实验小学	46
成员单位介绍	6	各成员学校	361
柔性流动	6	各成员学校	119
师德标兵	12	实验小学	135
创智课堂	2	各成员学校	29
创智课堂	5	各成员学校	111
明德课程	1	实验小学	14
文化共融	2	实验小学	21

三、问题与思考

站在新的发展起点上,集团将以贯彻落实新时代教育要求为根本,立足共同发展愿景,不断强化"协同+"机制,聚焦教师柔性流动、创智课堂校本化、明德修身课程实施三大着力点,着力推进成员校自主发展,彰显成员校办学特色,更好地建设和谐向上、优质共享的跨学段教育共同体。

（一）以"种子"培植为重点，推进教师柔性流动

细化教师柔性流动的工作要求，优化教师柔性流动的双向评估机制，增强教师柔性流动的适应性和灵活性；以培植成员校"种子教师"为重点，在需求对接的基础上发挥核心校的教研专业支撑作用，有主题、分阶段地培植"种子教师"，依托"种子"孵化、强化成员校自身的"造血"功能，赋能于教师和成员校，逐步实现成员校的自主创新发展；组织召开年度集团教师队伍建设大会，交流教师发展需求、培养方案和教师队伍建设的经验，巩固教师柔性流动的成果。

（二）以素养培育为导向，推进创智课堂校本化

以素养培育为导向，不断完善创智课堂的区域设计，引导成员校围绕课堂变革的主题，进一步优化创智课堂校本化的顶层设计；探索创智课堂校本化的路径与机制，积累创智课堂校本化的典型案例，做好创智课堂的深化研究；开展创智课堂校本化优秀案例评选，并在《杨浦教育》上开设专栏予以推介交流，推动课堂变革实践落细、落小、落实、落深。

（三）以明德课程为载体，促进集团文化融合

以"明德·时习·致和"文化为引领，在构建了明德修身课程框架体系并初步实践的基础上，以明德修身课程的推进实施为要点，着力探索课程的多元路径；引领成员校挖掘自身的文化特色，明确课程实施的校本路径与方式等，在彰显成员校个性特点的同时，增进成员校对集团文化的认同。

表9 2019年杨浦区教育学院教育集团成员校主要奖项一览表

级别	学校	时间	奖项	属性
国家级	杨浦区教育学院附属幼儿园	2019年1月	第七届中国幼儿教育系统年度论文评选一等奖2名、二等奖7名、三等奖1名	个人奖项
		2019年10月	陈馥敏老师荣获全国幼儿园优秀游戏案例	个人奖项
市级	上海民办杨浦实验学校	2019年3月	荣获第三十二届上海市中学生作文竞赛优秀组织奖	集体奖项
		2019年6月	荣获2019上海市青少年体育俱乐部联赛射箭比赛（传统弓）初中女子组（10米射程）团体亚军	集体奖项
		2019年6月	荣获2019上海市青少年体育俱乐部联赛射箭比赛（传统弓）初中男子组（10米射程）团体季军	集体奖项

续　表

级别	学　校	时　间	奖　项	属　性
市级	上海民办杨浦实验学校	2019年9月	荣获"第二届青少年口头作文风采电视展示活动"团体组二十强	集体奖项
		2019年9月	耿荣在"第二届青少年口头作文风采电视展示活动"中荣获"优秀指导老师"称号	个人奖项
	杨浦区教育学院附属中学	2019年1月	"市南杯"我爱古诗文百校古诗词记诵活动中学组最佳辅导奖	个人奖项
		2019年5月	中华经典诵读大赛上海赛区中小学组选拔暨2019第四届古诗文大赛诵读展演二等奖	集体奖项
		2019年6月	上海市中小学生古诗词综合艺术展演中学组三等奖	集体奖项
		2019年9月	上海市园丁奖	个人奖项
		2019年9月	《教师喜欢这样的区域研训——记"基于标准的初中英语命题研究"》项目获2019年"黄浦杯"优秀奖	个人奖项
		2019年10月	2019长三角区域中学数学青年教师教学设计大赛三等奖	个人奖项
	杨浦区教育学院附属幼儿园	2019年6月	第五届上海青少年机关王展示交流活动Young Maker 项目中班、大班团体 三等奖	集体奖项
		2019年10月	陈馥敏老师荣获上海市幼儿园优秀游戏活动案例特等奖	个人奖项
		2019年10月	陆艳老师荣获上海市幼儿园优秀游戏活动案例二等奖	个人奖项
区级	上海民办杨浦实验学校	2019年4月	荣获2017—2018年度杨浦区文明校园	集体奖项
		2019年12月	荣获杨浦第五届RUNNING-BABY生命教育定向越野比赛暨第三届上海市邀请赛第六名	集体奖项
		2019年12月	荣获"班班有书声"中华经典诵读展演活动二等奖	集体奖项
	杨浦区教育学院附属中学	2019年10月	2019长三角区域中学数学青年教师教学设计大赛三等奖	个人奖项
		2019年3月	2018杨浦区家庭教育优秀指导者	个人奖项
		2019年4月	2017—2018年度杨浦区文明校园	集体奖项

续 表

级别	学 校	时 间	奖 项	属 性
区级	杨浦区教育学院附属中学	2019年6月	初中科学"当科学大观念遇上创智课堂"教学实践案例评选中荣获"特别荣誉奖"	个人奖项
		2019年6月	杨浦区第十三届"百花杯"教学比赛物理(初中组)三等奖	个人奖项
		2019年6月	中华经典诵读大赛杨浦区选拔活动优秀指导奖	个人奖项
		2019年9月	杨浦区园丁奖	个人奖项
	杨浦区教育学院实验小学	2019年1月	杨浦区教育系统社会主义精神文明好人好事	集体奖项
		2019年1月	杨浦区教师进修学院实验小学荣获2019年首届杨浦区国际跳棋校际团体赛暨第四届"top杯"国际跳棋棋王棋后赛小学乙组(团体)银奖	集体奖项
		2019年1月	杨浦区教师进修学院实验小学荣获2019年首届杨浦区国际跳棋校际团体赛暨第四届"top杯"国际跳棋棋王棋后赛小学甲组(团体)金奖	集体奖项
		2019年4月	杨浦区文明校园	集体奖项
		2019年6月	上海市家庭机器人挑战赛"智能物流"机器人挑战赛一等奖	集体奖项
		2019年9月	杨浦区小学德育工作典型案例(协同育人)评比中三等奖	集体奖项
		2019年9月	杨浦区小学德育工作典型案例(劳动教育)评比中一等奖	集体奖项
		2019年9月	杨浦区中小学落实《中小学德育工作指南》实施方案评比中获二等奖	集体奖项
	杨浦区教育学院附属幼儿园	2019年1月	杨浦区第九届汉字节"贡献奖"	集体奖项
		2019年1月	杨浦区"提升中小学(幼儿园)课程领导力行动研究"项目聚焦课堂文化转型的课程文本征集评选二等奖	集体奖项
		2019年1月	施双娇老师荣获杨浦区教育工会调研论文评选三等奖	个人奖项
		2019年4月	何洁老师荣获第二届杨浦区"最美劳动者"	个人奖项

续 表

级别	学 校	时 间	奖 项	属 性
区级	杨浦区教育学院附属幼儿园	2019年4月	束星蓉老师获本溪集团见习教师规范化专业评比一等奖；区初赛第一名；	个人奖项
		2019年6月	施双娇老师荣获杨浦区见习期教师培训优秀带教教师	个人奖项
		2019年6月	周颢洁老师荣获杨浦区见习教师基本功大赛三等奖	个人奖项
		2019年9月	杨浦区教育系统"师者匠心"微视频征集活动优秀作品奖	集体奖项
		2019年9月	何洁老师荣获杨浦区教育系统第九批拔尖人才称号	个人奖项
		2019年9月	张琴老师荣获"杨浦区园丁奖"称号	个人奖项
		2019年11月	陈馥敏老师荣获杨浦区幼儿园第十一届优秀教研组长称号	个人奖项

成长共同体

控江中学教育集团

控江中学教育集团自 2016 年 12 月成立以来,在控江中学引领下,经过各校的共同发力,不断完善合作路径,持续催生紧密型合作办学的增长点。集团突破过去那种点状零星的合作旧状,以"学生萌芽计划""教师种子计划"为引领,探索集团校在特色办学、文化共育、课程共建、生源共孵、师资共培、课题共研、空间共享等领域的深度合作,形成有主题、成系列的合作办学新格局,实现"联动、共享、突破"的紧密型办学发展目标,实现共建共享,互助多赢。

一、文化共育创特色

通过集团理事会议事制度,实现集团管理文化的共育。2019 年,理事会先后召开会议,围绕紧密型合作办学的年度计划和路径达成共识。除了较为正式的理事会议事制度,还建立了非正式的微信议事制度,以及专项工作小组,如专项活动工作小组、重点课题工作小组等。

通过设计共享主题活动,形成特色校园文化共育。以春季汉文化节、夏季创客体验夏令营、秋季双节(中秋/国庆)游园会、冬季科创节或艺术节为内容主线,集团校共同参与,形成控江中学教育集团校园节庆系列。主题活动包括:作品展示、舞台展示、项目竞技展示、答辩展示等。

以 2019 年集团第二届汉文化节为例。从活动立意来说,此次汉文化节是围绕"顺天性、扬个性、养雅性"的思路展开设计。"顺天性"即以"颂春"的主题引导学生感悟自然时令变化,顺应节气,亲近自然。"扬个性"即以汉文化节这一青少年容易接受的方式吸引学生对传统文化的关注,用挑战性的方式考验学生对"春"的创意解读。"养雅性"即引导学生利用历史人文素养来诠释对春的理解,以合情合理的方式呈现主题。从活动内容来说,吉祥物设计、汉服秀、文化集市、场景闪拍,对于大多数中学生来说,喜闻乐见而力所能及,且内容赋予吻合"00后"中学生的代际和年龄特点。从活动评价来说,(一)事先向参与师生告知活动评价标准,借此正向传递活动的价值观。(二)评价维度的多样化,有利于调动学生的参与积极性,推动活动的可持续发展。(三)颁发个性化的证书和奖品,制造意外惊喜,对学生产生更多人文激励。

形式多样、内容丰富、体验性强、育人方式生动的校园节庆活动不仅激活了8所集团校学生热情参与,还吸引了不少家长与教师参与其中。在校园节庆活动实施过程中,逐渐形成了"高中生带初中生""大孩带小孩"的混龄同伴教育模式,形成了良性的志趣互培、学习互助、实践互动效应。

通过课题共建、学刊共创、项目共研,探索科研文化的共育。开展联合科研,共创市、区级课题,旨在推进转型时期的集团校教育教学研究,推动教师专业素养和科研意识的提升,拓宽教育集团紧密型合作办学的思路,探索初高中衔接培养的有效模式。例如,基于为初高中分离后的连贯办学提供有效连接、为中考改革下初高中衔接培养做好实践准备、为初高中跨学段集团化合作办学提供杨浦经验的多重考虑,2019年集团申报了《中考新政下初高中教育集团紧密型合作办学的联动机制研究》,已被立项为区重点课题,拟申报市级和全国课题。又如,创办控江中学教育集团学刊《匠心·匠艺》,旨在围绕集团合作项目和初高中教育改革与转型中的核心问题展开文本交流,将由复旦大学出版社出版。再如,在控江中学提高课程领导力行动研究市级项目展示、素养导向下的创智课堂教学研究区级展示中,邀请集团校领导与教师共同参与,起到了示范引领作用。

二、课程共建促教学

通过优课输送、开发订制、平台慕课等途径,建立集团校优质课程清单,发展线上线下课程共享与联动机制,建立相应的课程学习评价机制。2019年,课程共建达56门,比2018年增长了约30%。控江中学各学科10余位骨干教师参与优质课输送项目,涵盖大多数学科,发展跨学科项目。

共享课程包括线下课程和线上慕课。线下课程有A类课程,即依据初中学生认知水平开发的研究型课程,具有聚焦热点、跨学科、重体验的特点;B类课程是由控江中学骨干教师上门授课的拓展型课程,着重于初高中知识的衔接及思维与方法的拓展。线上课程是由控江中学教师开发和学生社团提供的慕课。C类课程是高中先修课程,由控江中学开发的学生发展导航课程,集团校学生可选择跨学段、跨学校听课。D类课程是针对集团校优质生开发的科学创新课程(创客课程)。在四类课程推送过程中,控江中学提供课程、师资、教材或讲义、关联活动设计等,并建立起了课程实施定期反馈机制和学生评价制度,在最近的调研反馈中,集团校对控江中学输送的课程满意率达到100%。控江中学不仅要求教师将输送的课程打造成集团校精品课程,还要借助于课程将研究型思维方法、创客教育、跨学科学习体验带入集团校。E类课程为控江中学近年开发的慕课。

表1 线下课程清单

线下课程清单		
编号	课程类别	课程
A类课程(订制课程)		
A1	跨学科	智能电路(STEAM)
A2	跨学科	现代设计(STEAM)
A3	跨学科	家居设计(STEAM)
A4	跨学科	3D打印(STEAM)
A5	跨学科	航空模型
A6	跨学科	车辆模型
A7	跨学科	机器人
A8	外语与交流	法语
A9	外语与交流	日语
A10	体育和心理	太极减压
B类课程(拓展型课程)		
B1	物理	《奇妙的物理》(张海英/周琴)
B2	化学	《化学魔法教室》(夏昕)
B3	历史	《上海史漫谈》(江斐)
B4	艺术	《创·艺》DIY(王独伊)
B5	信息技术	《编学边玩》(覃怡)
B6	生命科学	《趣味生物小课堂》(袁君宜)
B7	地理	《地理纪录片赏析》(吴文博)
B8	体育	《女子篮球拓展》(许亚波)
B9	化学	《科学实验连连看》(孙雨竹)
B10	生物	《生物兴趣实验》(姜翠平)

续　表

\multicolumn{3}{c}{C类课程（高中先修课程）}		
C1	财经与政法	《中国金融实战场》（何忠谦　外请）
C2	财经与政法	《模拟法庭》（罗雯　外请）
C3	历史与文博	《上海史话》（赵凌）
C4	历史与文博	《舌尖上的地理》（朱思杨）
C5	生物与医学	《生命科学实验拓展》（徐循）
C6	编程与 AI	《创客大爆炸》（王俊　外请）
C7	外语与交流	《韩语初级》（张丽　外请）
C8	外语与交流	《日语初级》（吉川昌树　外请）
C9	外语与交流	《法语初级》（樊婷　外请）
C10	外语与交流	《莎士比亚与英语语言》（张一苇）
C11	创意与设计	《文创设计与实践》（王独伊）
\multicolumn{3}{c}{D类课程（创客课程）}		
D1	跨学科	New Science 科学创新课程
D2	跨学科	New Science 科学创新课程
D3	跨学科	New Science 科学创新课程
D4	跨学科	New Science 科学创新课程
D5	跨学科	New Science 科学创新课程
D6	跨学科	New Science 科学创新课程
D7	跨学科	New Science 科学创新课程
\multicolumn{3}{c}{E类课程（线上课程）}		
E1	语文	《玩味上海》
E2	数学	《多项式》
E3	英语	《趣味英语听说》
E4	物理	《无人机》
E5	物理	《物理学术竞赛》
E6	物理	《生活中的物理》
E7	信息技术	《说 0 解 1》
E8	艺术	《创・艺 DIY》
E9	艺术	《流动中的艺术——行进管乐》

续　表

E10	社团课程	《看电影的门道》
E11	社团课程	《玩转校园新闻》
E12	社团课程	《趣学日语》
E13	社团课程	《从模联视角看朝核问题》
E14	社团课程	《头脑奥林匹克》
E15	社团课程	《业余电台那些事儿》
E16	社团课程	《西方口红史》
E17	社团课程	《演讲的风采》

三门、铁岭全选/控初 16-17-18-16-17-19/辽阳 18.19.21.23.25.30/控民 19、23、28、29/存志 16、21、24/十五 16、18、19、23

三、师资赋能塑新貌

适应中考改革和育人转型，在集团校办学的这一新增长点上推动教师联合培养，通过跨学段课题共研、STEAM 师资共培、初中百强校扶持等项目赋能教师，增强教师跨学段教育教学的胜任力和专业素养。

例如，针对集团校跨学科师资较为稀缺的现状，启动了 STEAM 课程师资培训项目，旨在通过理论讲授、技术指导、案例分析、情景模拟、实践教学等多种形式，帮助有志于从事 STEAM 教育的理科教师理解 STEAM 教育基本理念，掌握基于项目制学习(PBL)的教学方法，树立科创教育理想，形成科创教师的职业规划，进而打造一批具备 STEAM 综合学科素养、掌握教学基本技能、具备课程开发带教能力的高素质 STEAM 科创教师。

另外，通过输送课程的助教制度，也帮助各校培训一批能上特色课的教师。针对教师科研发展的诉求，集团校通过课题与项目共享、专著出版、学刊建设等方式搭建集团教师科研服务平台。

四、优生孵化紧衔接

通过建立旨在培养优质生源的"萌芽计划"，从课程、活动、竞技三大领域切入，形成初高中学生衔接培养项目，以项目化学习和实践体验为引领，为学生综合素质培养赋能，促进学生在中学阶段的持续稳定发展，并形成相应机制。重点研究在 STEAM 课程、慕课、校园节庆、竞技活动中的混龄同伴教育联动机制。

例如，2019年开始实施面向集团校的创客培养解决方案："前滩计划"。在核心校的资源、体系建设趋于完善的前提下，按照教育集团的目标，将科创活动进行集团内的覆盖与衔接。具体实施是将控江中学的科创课程和科创中心与集团内各初中共享，各初中从六年级起选拔组建科创班，针对各校科创班的学生实施从科学素养到科学方法到科研启蒙的教育，以期在集团内各初中营造科创氛围、选拔优秀学生和夯实科创基础，为学生的长期发展做好积淀和储备。整体计划从六年级学生开始启动，分为3个阶段：

（一）从新学期开始，针对各校6年级学生选拔学有余力、具备创新潜力的学生组建科创班，通过开设选修多种共享的科学创新课程，如NEW科学探索系列——"力所能及""闻声起舞""智勇PZY"等，达到提升科学素养、培养科学探索兴趣、孕育创新创意类课题萌芽的目的。

（二）从六年级下半学期开始，针对六年级学生开展科学研究方法的教育，开设相关课程如"我·科学家"系列初中版课程，培养学生科学研究的方法与技术，引导学生将萌发创意形成研究成果。此阶段课程包括两类，一类是上半学期已经有创意的学员进行深化；另一类为通过本学期课程引导萌发新创意的学生、优秀学员进行推荐参加学期校评会展示。

（三）针对七年级学生进行分班，在第一、第二阶段表现优异的学员进行专项开题指导，剩余学员通过"光影绚妙""电磁之交"孕育创新创意类课题的萌芽。

第四部分

案例分享

专题一 文化共识

文化共育 不负时光

控江中学教育集团

文化共育是**控江中学教育集团**紧密型合作办学的重要内容,其中一体化的主题教育活动因组织灵活、形态多样、贴近需求而受到学生欢迎,并形成了可持续的育人影响力。春有汉文化节、夏有创客夏令营、秋有双节(中秋/国庆)游园会,冬有艺术节或音乐会,文化共育,四季轮动,顺势寻机,不负时光,折射了集团成员校对共建文化纽带的重视与共识。

在集团历年历届主题教育活动的顶层设计和组织安排中,都有较为明确的活动指向。一是充分考虑活动的教育功能,以适切、时效、正向作为活动设计的价值目标。二是充分考虑初高中学校的多元需求,通过选项式、阶梯性、创意化的设计,满足不同学段、年级、层次的选择。三是充分考虑初高中衔接集团混龄同伴教育的影响,以差异性的角色体验催生育人实效。下面以具体的案例分享集团文化共育的经历及其经验。

一、汉文化节:传统与现代对话的教育探索

传统文化如何延续是世界各国普遍要解决的问题,问题解决的关键是赢得青少年群体的文化认同和主动传承。对于教育工作者而言,优秀传统文化在校园的传播应如陶行知所言要寻求"不教而教"之门径。将传统文化与现代社会连接起来,让传统变得时尚起来;将传统文化与代际特征融合起来,让传统变得有温度,这是实现"不教之教"的一种可行之策。在青少年眼里,"汉文化"一词在某种程度上已成为他们所愿意接受的传统文化代名词,由此而演化出来的汉服、汉食、汉舞、汉乐等文化形态,充满了时代的解读。虽然对传统文化脱离了教科书式的诠释,但未尝不是实现传统文化传承传播的有效方式。

事实上，在任何时代，文化总是在传统与现代的碰撞对话中绵延流长的。

举办汉文化节亦可以成为校园传统文化教育的选项。控江中学教育集团的汉文化节已连续举办了三届，2018年第一届活动举办后，集团理事会根据学生反馈数据就判断这项活动可持续进行，并且孕育着较好的教育号召力和文化影响力。

就主题设计而言，集团汉文化节以顺势应时为价值取向。例如2019年汉文化节以"颂春"为主题，这是因为每年汉文化都在春季举办，学生易对春光中饱含的春意产生直观感受。从文化传统来说，春既是四季的起始，也是播种希望的良时，汉文化中对"春"有着各种各样的解读和呈现，如"春华秋实"既比喻学识渊博、品行高洁，又寓意耕耘收获。所以这样的主题设计旨在考验集团中不同学段的学生对"春"的创意解读与展示技巧。再如2020年汉文化节，正值新冠疫情肆虐蔓延之际，但这场巨灾却让我们开始重新思考人类、文明、疾病、环境之间的关系，也让我们重温历史和现实中战"役"的高光时刻，因而集团理事会认为不能因为疫情而丧失教育良机，因此果断设计了"战'疫'中的文明脚步"为本届汉文化节的主题——在全民"战疫"、全球"战疫"的非常时期，这样的主题设计旨在引导学生，在中华古今战"疫"历史时空中体悟家国命运和民族精神，建立文化自信，汲取前行之力；在人类抗疫斗争的国际视野下思考疾病与文明的互动，理解全球化大潮下构建人类命运共同体的重要性。教育目标决定着活动主题的设计，而活动主题承载着教育使命，集团文化共育必以赋能学生为要务，恰当运用教育时机，是最大化实现其教育功能的前提。

图1 体验汉文化的魅力

就内容安排而言，集团汉文化节以代际特征为思考中心。目前中学生是以"00后"为主力的少年群体，生于中国入世节点后、长于移动互联网时代的"00后"们享受着全球化、移动互联网、整体性消费升级的复合红利，物质上更充裕、精神上更多元、心态上更开放、生活方式更追求个性。如果教育忽视代际特征,势必事倍功半,如果重视代际特征,则易事半功倍。内容通常是校园主题教育活动的灵魂,因为教育对象的接受度、获得感很大程度上影响着教育成效。以2018年为例,集团汉文化设置了三大板块的内容,我们将其概括为:Fast Mascot,即以汉文化为主题,设计和评选控江中学教育集团吉祥物;Full Memory,即利用云平台与二维码技术,开展主题日场景闪拍与展示;Fu XIU,即通过中央舞台和展台组织汉服综艺秀、汉服试穿、汉服形象合影板等,提供多维度沉浸式汉服体验。活动另设两大会场——文创中心设计了"满庭芳文创节气展——春日时节,采撷幸福的小团圆"的主题活动,包括樱花树下的心愿、节庆迷你文创、ARVR黑科技·节气灯展、节气民乐小组合等活动,以新奇独特的形式吸引了众多"文创粉"的目光;图书馆则以"'猪'事顺遂'秤'心如意"推出了十二生肖雕版印刷体验活动(制作属于你的生肖印记)、"非遗"匠心手作——如意秤特色展、华夏有衣,襟带天地——汉服主题书展、书写中国,时令之美——"二十四节气"主题书展等系列活动。这样的内容安排是考虑到了"00后"中学生更倾向于多元选择、更擅长线上线下混合展示、更愿意接受具有挑战性的体验式学习任务。

就活动评价而言,集团汉文化节以人文激励为评价主旨。具体来说:

(一)事先向参与活动的师生告知活动评价方案,借此传递活动的价值观,可减少学生"戏说"文化或"错用"历史的现象。

(二)评价维度的多样化有利于调动学生的参与积极性,推动活动的可持续发展。例如评价标准在考验学生对传统文化理解的同时,也引导学生对传统文化的创意运用和呈现,通过移情与合理想象转化为可视化的学习成果;评价奖项的设置,既有对个人展示或作品的评价,如汉文化传播大使,又有对团队合作的评价,如最佳汉文化展台设计;评价方式既有专业评价,又有大众投票点评。

(三)通过延伸性评价来扩大活动的影响力,给学生留下深刻印象。例如学生亲手设计的吉祥物可以制成校园周边衍生品,也可以转化成奖品;学生拍摄的影像成册或者制成套装明信片后,也可成为奖品;学生表演时用的汉服,无论从循环利用还是从纪念角度来讲,转发成对学生的奖励比学校"雪藏"更有意义。总之,有温度的激励性评价,能激活学生对汉文化的长久热情,唤醒对下次活动的期待。

自觉传承传播传统文化本质上是一种家国情怀。激发和默化这样的情感价值观需要多管齐下,无论采用哪种育人方式,遵循教育规律都应是出发点,从体验到内化的路径、不教而教的方法、契合代际特征的育人形态、有温度的创意评价,不妨都可以成为教育工作者篮子里的选项。

二、国庆游园会:办学生想要的红色主题教育活动

国庆主题教育活动在多数学校由管理部门主导设计,自上而下推动,例如德育处出方案,班级出节目,这种设计和组织方式的优点是快速高效,弊端是很难让圣洁的红色教育真正走到学生心里,有时还会增加学生负担。那么如何办一场从学生需求出发的国庆主题教育活动?另外,很多学校都会同时举办类似的国庆纪念主题教育活动,那么有没有可能合并同类项办跨校联合的活动来叠加育人影响力?

2019年10月,正逢新中国成立70周年。为此,控江中学德育室、科研室、教导处多部门联合做了一次调研,通过社团会议、学生访谈等方式,倾听学生的心声,收集学生的点子。另外,控江中学教育集团理事会也召开了专题研讨会,8所学校的校长认为可以尝试发起联合纪念活动,并且就活动的主题、设计、评价等达成了共识。

经过先期的调研,此次国庆专题教育活动,围绕"光辉岁月"的主题,以动态与静态、室内和户外、分时开展和集中展示相结合的组织形式开展。设主题日,不设主场,各集团校均设分会场。主题日活动在户外大操场进行,主要由舞台综艺、拼贴画快闪、社团游园等系列活动构成,而舞台综艺均为各校围绕主题编排的拿手节目,歌舞、相声、乐器、朗诵、课本剧……来自集团各校的节目充满能量、精彩纷呈,又不乏教育意义。三门中学的《孔雀舞》、控江中学附属民办学校的古筝演奏《井冈山上太阳红》、同济大学附属存志学校的舞蹈《寄明月》、铁岭中学的诗朗诵《沁园春·长沙》、辽阳中学的舞台剧《苗岭花开》……都以自己独特的方式表达了对祖国生日的美好祝福。当控江中学邱天同学以美声方式唱响《我爱我的祖国》时,场上场下立刻安静了下来,浸润式的艺术感染让发自肺腑的情感涌动全场;当行进管乐团奏响《我和我的祖国》时,活动进入了高点,台上台下融汇成了一台大合唱;当初高中同学联合创作的拼贴画组合而成的"♥国"图案呈现时,舞台综艺在高昂的氛围中画上了句点。

活动启动之时,除了预设的主题日,还设计"国家记忆"影像展、"我对祖国说句话"微体会、图绘历史连环画设计作品。第一项活动,集团校的同学们围绕新

图 2 光辉岁月国庆活动

中国 70 年"光辉岁月"中的人、物、事等搜寻一张来源可靠的老照片,并为其撰写一段百字解说。第二项活动则引导同学们在 A4 纸上,用自己最好看的手写体,写下一句对祖国最真诚的寄语。第三项活动则围绕"光辉岁月"的主题,通过学生擅长的绘画形式,描绘自中华人民共和国成立以来,"站起来·富起来·强起来"的成长过程,组合成一幅连环画。3 项活动都收到了大量的投稿作品,精选而成的作品则在主题日通过线上、线下 2 个平台上向公众展示,最后遴选学生的优秀作品制成国庆文化衍生品,作为奖品发给获奖学生,成为难忘的记忆。

办一场大家想要的国庆主题教育活动,这件事告诉我们:教育既可以自上而下,也可以自下而上,尊重学生就要走向学生、倾听学生、赋权学生,激发学生的共鸣,此其一;调研问题是解决问题的起点,联合而广泛的问题调研有利于掌握诉求、集思广益、解决问题,此其二;资源与平台的集成可以放大教育的效果,跨学校、跨学段、跨学科、跨部门联合育人,开启了文化共育的新路径,此其三。我们认为,借助于多样性、生动性、创意性、体验性兼具的实践活动和互动展示,有助于青少年厚植中国基因,认同核心价值观,也能落实控江中学教育集团育人方式的独特价值。

"玩乃学之始,学乃玩之成。"长期以来的育人思想、校园文化、舆情口碑推动了近年来控江中学"玩学合一"育人模式的形成。学校认为,面向初高中的主题教育活动虽然需要根据年龄、学段、代际进行差异化设计,但教育实现的方式最好是通过"顺其天性、助其个性、养其长性"的过程,而低控制和高支持的学习氛围、形式多样的学习组织、轻松活泼的学习方式、顺应时势的主题教育,都有利于达成教育目标且具有普适意义。在控江中学教育集团的文化共育中,一直是秉持着这样的育人理念。(顾炜执笔)

卿云班主任工作坊

复旦实验中学教育集团

复旦实验中学教育集团于2019年9月挂牌成立。成员校有同济初级中学、上海理工大学附属实验初级中学、杨浦初级中学。成立以来,以"文化共识、课程共创、教学共研、队伍共建、成果共享"作为集团化办学的理念,扬长补短,资源互补,形成了一个教育大家庭。同时,在开展集团班主任培训活动中,突出构建了具有复旦特质的卿云文化。

一、案例背景

《卿云歌》的内容表达了上古先民对美德的崇尚,应和了学校办学理念中的"厚德"二字;而"卿云",据《史记·天官书》记载,卿云是一种彩云,是喜气的象征,更与我校办学理念中的"乐学"二字相对应。在此背景下,由我校"上海市十佳班主任"刘晖老师牵头,围绕"提高教育集团班主任建班育人水平,促进班主任队伍专业化发展"这一核心目标,我们搭建了"卿云班主任工作坊"这个平台。

"卿云班主任工作坊"从学校工作和学生思想实际出发,加强班主任队伍的思想政治教育和业务素质培训,提高班主任综合管理能力。对班级常规管理、特色班级创建、家庭教育、特殊学生管理等专题进行研讨交流,挖掘各校班主任工作的成功经验,从各个角度安排教师作主题发言,让教师作群体性的反思,从而整体推进班主任队伍的专业化发展,为学业水平的提高和学生综合素养的培育做好保障。

二、案例描述与分析

近年来,集团新进了一批青年教师。他们充满活力,专业素养高,其中一部分人已经走上了班主任岗位,其他人也是未来班主任的后备生力军。为了帮助这些青年教师迅速成长,培养一支具有新时期育德理念、创新意识和实践精神的青年班主任队伍,同时带动学校班主任的专业化发展,集团有针对性地举行了第一期"卿云班主任工作坊"培训研讨活动。

在整个过程中,工作坊以学员为核心,在集团教师发展中心的指导下,各成员校的支持下,工作坊指导教师的共同努力下,达成了以下3个目标:

(一) 培养班级基本管理能力

通过搭建平台,一个互助研修、共同学习成长的平台,定期在复旦实验中学等集团成员校开展科研活动,交流班主任工作的经验成果,帮助学员分析自己的长处和不足,充分认识自我。借助于杨浦区德育室、高校及本校的德育资源等,通过听专家、优秀班主任讲座报告等方式,提升理论层次和学养,以撰写心得体会的方式加强内化;以读书、撰写读书笔记及教育个案等方式进行自我提升。组织学员开展班级难题会诊、案例研讨等活动;组织学员进行开课、听课、座谈等活动;组织学员参加各级德育研讨会及各类观摩学习活动,从而开阔视野,夯实理论基础,并进行初步的实践能力培养。对培训进行总结与评价,注重过程性评价与结果性评价相结合,从而对学员的专业成长形成良性的激励机制。

(二) 促进学员个性化专业成长

工作坊以学员专业发展的需求为出发点,尊重每位学员的个性特点,帮助学员进行专业发展规划,增强学员的专业发展意识,引导学员形成建班育人的特色,由个人的研修成果,找到专业成长的起点。参加工作坊的各位学员在进入工作坊之前,都完成了培训需求问卷及专业化内涵前测,作为学员自我分析定位和工作坊了解学员的依据。在学习的初始阶段,学员都需要撰写个人发展规划初稿,工作坊请专家给予指导,学员完成专业发展规划,工作坊为学员建立成长档案。同时调动学员的积极性和热情,让学员参与工作坊的运作,承担相应的责任,献计献策,修订完善培养方案,通过对培训进行总结与评价,注重过程性评价与结果性评价相结合,从而对学员的专业成长形成良性的激励机制。

(三) 推动相关课题研究

指导学员针对各年级学生的特点和存在的共性问题,选择研究课题,完成相关案例和论文的撰写。通过专家指导和学员间的互助研讨,进行相关课题研究的实践,最终修正并确定自己的研究课题,完成各自独具特色的研究方案。学员们经过一段时间的学习,在课题研究过程中结合自己的学段特点,探索班级管理的具体内容、实践操作的方法和符合学生成长需求的模式,尝试做小专题的课程开发。专家指导学员整理教育案例及研究论文,形成个人成果集;学员内部交流个人专业发展规划的完成情况及培训的收获和建议。工作坊就研究的内容能够形成具有推广价值的成果集,印制并推动出版;推荐优秀学员在市、区、校范围内进行公开教学、讲座、论坛等交流展示活动,与此同时,根据研究方案,通过主题教育课、撰写案例等,进行教育实践。除了学员自身的个人或集体实践检验外,还增加了与工作坊研修项目相关的交流研讨活动,如研究过程中的头脑风暴、主题教育课的说课评课等,邀请工作坊内外专家、集团内外优秀班主任,协助学员发现问题,充分探讨,解决疑难,提高能力。

在整个培训过程中,工作坊设置了"师德修养""人文素养""教育科研""研修专题指导""访学观摩""难题会诊""教育实践""技能培训"等课程,采用了专家讲座、阅读经典、访学考察、交流研讨和课堂实践等形式,研修围绕班主任职责,以现代班主任的教育理论、专业化发展理论与实践探究为主线,选择相关的专题报告和教育经典;以人文素养为专题的讲座、报告、艺展参观等活动,开拓学员的学习视野,提升学员的文化涵养;专家指导学员开展课题研究、撰写研究论文;围绕工作坊的研修项目,请专家作有关的专题报告;带领学员走出去,进行交流、研讨、论坛、观摩等形式的学习活动;聚焦各年级班级管理方面的问题及困惑进行研讨;开发课程资源,进行主题教育课实践;运用现代技术设计微课、制作数字故事、建立学生的电子档案等内容。

最终,经过共同的学习和努力,以学员完成各项培训任务为内容,进行过程性评价和综合性评价,考核项目包括:培训课时、撰写的读书笔记、教育案例、交流发言、教学展示、方案设计、课题研究论文、获奖情况等,取得了预期的结果。

三、案例总结与反思

工作坊研修贴近学校日常德育工作,贴近课堂,形式新颖,内容符合教师的需求,讲授精彩,具有针对性、实施性和前瞻性。从教师到学员积极性很高,从线上、线下两条管道,认真聆听众多专家、学者乃至国内权威人士的讲座,倾听他们对教育、教学的理解,感悟他们的思想方法等。工作坊研修给教师们带来了心智的启迪、情感的熏陶和精神的享受,开阔了视野,更新了理念,为今后的德育工作实践起了引领和助力的作用,为今后的德育工作理论注入了源头活水。

工作坊于 2019 年首次举办,运作没有先例可循,指导教师与学员都是在边摸索,边教学,边学习,对于德育工作的常态问题和热点问题如何分配研修资源,对于德育工作的个人兴趣和普遍关注如何进行平衡集体与个体的关系,是一个不断摸索、逐渐清晰的过程。因此,在后续的工作坊研修过程中,将更多地进行相关话题的引导,使研修工作开展得更具效率。(刘晖执笔)

专题二　课程共创

"我们"和"我"

杨浦小学教育集团

从 2006 年至今，**杨浦小学教育集团**已经走过了 10 余载春秋。在教育探寻过程中，集团依托"制度共商""课程共享""科研共探""教师共培""文化共融"的举措，集各校之优，展各校之长，发展集团各校之间的深度融合，建立多元共生的格局。

在经历了"上海市提升中小学课程领导力"的三年行动之后，集团各所学校都已基本形成了具有自己学校特色的课程计划编制、课程资源体系以及相关的课程教材、教案，并且也培养和涌现了一批具有课程执行能力的教师。有杨浦小学的"情绪智力"、杨浦小学分校的"扇面画"、内江路小学的"趣味足球"、民办阳浦的"纸艺"、长白二村小学分校的"二十四节气"、回民小学的"民族知识知多少"和国和小学的"自制玩具"，以及原集团成员校二师附小的"茶艺"。对于这些已经在一所学校生根、开花的特色优质课程，我们凭借集团这个孵化器，开始了集团共享课程的建设，从一枝独秀的"我"，到一树花开的"我们"。

一、案例描述与分析

集团多次展开专题研讨活动，研究各校的课程建设，提高成员校的课程意识、课程研发力、领导力和执行力，形成了一批优质特色课程。

杨浦小学开发并建设了情绪智力课程，并开设聪明堂、故事妈妈等家长志愿者课堂；二师附小的"智慧小学堂"、茶艺课程在原有基础上进一步得到深化发展；杨浦小学分校的民乐课程也进一步发展，从原来单一的民乐演奏社团，逐步向民乐文化课程转型；民办阳浦小学的纸艺、科技和少先队活动课程，也在努力地建设着;内江路小学也带着足球游戏课程、集邮课程而来,成为了集团中特色课程的新亮点。各所学校在努力建设和打造特色课程的同时,培养课程设计和执行团队,交流课程开展相关的经验,力争形成每所学校的课程亮点。

要让这些发光的"珍珠"更加闪亮,需要整合集团5所学校的资源和力量,把"我"的特色转化为"我们"的资源,把"珍珠"串成"项链"。让"珍珠"的亮光不仅在自己学校发挥作用,更要辐射到整个集团,乃至全区。

(一)开启点灯之旅

从2010年起,集团尝试实行课程走动。我们将集团原有的一批优质特色课程,如杨浦小学的"故事妈妈"和"情绪智力"、二师附小的"茶艺"、杨浦小学分校的"民乐"、民办阳浦小学的"纸艺"和内江路小学的"趣味足球游戏""淮剧"等课程,通过课程教师的走教,带进了集团各校。

杨浦小学的"故事妈妈"们带着她们有趣的绘本故事走进杨浦分校,让分校的孩子们掀起了一阵"绘本"热;二师附小的"小小茶艺师"带着精美的茶器来到内江小学,精彩的表演和茶艺老师生动的茶文化讲解,引得内江小学的孩子们对茶做了一番别开生面的研究。

课程的走教点亮了共享的第一盏灯,让集团各校初尝了课程共享所带来的改变。

(二)一石激起千层浪

将精彩的特色课程设计成各种有趣的、参与性强的活动,组织集团各校的教师和学生参加活动,创设教师和学生互动的平台,形成一定的交流氛围,有助于扩大课程在集团内的影响。

内江路小学举办了首届集团足球赛,各校组成的学生、教师足球队,在参加比赛的同时,领略了内江小学的"足球游戏课程"的风采。在杨浦分校组织的集团艺术节上,各校围绕着分校的"民乐文化课程"展开了交流,发掘各自学校实施民乐课程的切入点。正是在此基础上,我集团各校在区少年宫的舞台上,呈现了一台民乐专场演出。

一次活动,可以引发大家对特色课程的共鸣,正可谓是"一石激起千层浪"啊!

（三）他山之石，可以攻玉

联组教研成为了我们共建集团课程、培训课程教师的重要手段。由特色课程学校进行课堂教学示范，集团相关课程教师共同听课、研讨、学习。

由杨浦小学牵头的国家基础型课程校本化实施的课题项目——"基于课程标准的一年级语文教学活动设计"，就是在开展集团联组教研的推进研究中，辐射实施的。由集团语文学科的学科带头人、区骨干教师等分板块解读课程标准，各校骨干教师分头梳理，多次反复听课、评课，最终形成课题成果。在这样的过程中，他人的真知灼见，都可能会成为自己如何实施课程的有效做法。

"他山之石，可以攻玉"，每一次火花的碰撞，都是集各校的智慧与力量，通过分享与交流，各个学校老师的思考肯定是不一样的，这样的启示与思考必将带来收获。

（四）以点带面，高屋建瓴

除了以联组教研的形式开展课程研究，为充分发挥各校优势，集团以课题研究为切入口，以项目实施为着力点，以集团教科研共同体为载体，依托各校资源，引进高校专家、学科专家，开展对各校牵头教师的培训指导，再由牵头人通过各种形式，将成果辐射开去。

杨浦小学的情绪智力课程得到了来自复旦大学吴国宏教授的指导，成为了杨浦区的生命教育研究基地的核心校，我们将集团其他学校同时纳入这个区域化研究基地，一同编撰《课程指南》；一同设计课程教材；一同策划体验活动。

集团为推进"小班化"教育，整合各校的小班化特色校本课程，形成集团内自培机制，旨在走"教师培训教师"这样的创新之路。各校在华东师大的董蓓菲教授的指导下，以如何基于小班模式实施自己的特色课程，编写了培训模块。专家的指导，使得各模块趋于完善。而后每两周一次培训各校"首席讲师"。这些讲师们在通过试讲考核后，就将开设"如何以小班模式来实施集团特色课程"的教师培训，切实落实资源共享、课程共享，同步培训和推进集团办学成效。

高屋建瓴，集专家之优势提供更加专业的指导，规划更加有效的做法；以点带面，通过专家培训骨干，教师培训教师，集团的优质课程，为集团各校的发展提供了动力。

二、案例总结与反思

通过几年的探索和思考,在理事会上,集团学校达成了"推进集团内课程优质资源共建共享"的协议,确定了从"课程走教、活动交流、联组教研、项目培训"四个方面着手,推进集团课程共享,让集团的每一位老师、每一位学生都获益。

集团各成员校走过了"单创"到"相融"的整个过程,创新力、凝聚力得以提升,有效实现和保障了集团优质教育资源的互补和共享,形成了共同的教育思想和办学理念。"优质教育均衡化",就是要让集团共享课程全面开发,集团运作机制和模式进一步规范,集团共享的精品课程,通过"体验—分享—教研—培训"等一系列的做法辐射进集团各校。

然而融合并不代表相同,集团的均衡更应该是"和而不同",聚拢集团的优势,请专家、配骨干、做宣传,来帮助各校继续深化他们的特色课程,让每一所学校的特色变得更加闪亮。

所以集团共享课程的建设,让"我们"都成长了,但仍还是每一个不一样的"我"!(李忠执笔)

集团化综合实践活动课程发展机制探索

六一小学教育集团

2016年,区域里唯一一个带主题(教育信息技术的应用)的小学教育集团——**六一小学教育集团**成立了。集团成立伊始,就已经确立了集团的核心项目"基于项目学习的STEAM+项目/课程的探索与研究",旨在将儿童哲学与STEAM课程学习整合在一起,在项目学习经历基础上有机整合哲学学习经验,实现多种学习经验的关联。

"儿童哲学+STEAM课程"建设项目的提出,是儿童哲学课程本身发展的需要,是综合实践活动课程推进的需要,同时,该项目既可以关照六一集团的共享目标,也是引领六一集团发展的切实又可行的一条重要路径。

"儿童哲学+STEAM课程"以六一小学儿童哲学基本课程结构为基础,架构出基于项目、问题驱动的课程学习框架,构建小学生的完整学习过程。该项目尝试通过儿童学习体系化建设,在基于项目学习经历基础上有机整合哲学学习经验,实现多种学习经验的关联,将平面化的STEAM项目学习与立体化的儿童哲学学习相互贯通有机整合的课程。更重要的是,该项目让哲学见得着,让建立在综合学科基础上的项目学习中的儿童哲学更有价值,也让STEAM教育真正进入深度学习的状态。

一、案例描述与分析

(一)形成集团共享目标支持下的各校课程个性发展机制

"儿童哲学+STEAM课程"立足集团文化发展,凸显集团化办学的共享目标。在"学习智慧、智慧学习"的集团共享目标的引领下,集团各校聚焦"五育并举",指向的都是培养全面发展的人。

强调集团的共享目标,并不影响各成员校的个性发展。相反"儿童哲学+STEAM课程"的推进更能彰显各校自身的办学愿景。六一小学基于儿童哲学的科技、信息特色发展进一步延伸了"问学课堂"的研究与实践。五角场小学立足足球文化的"未来教室"带动了教师专业发展以及学生的健康成长。世界小学的"非遗"传承"皮影戏"项目,极大丰富了STEAM课程的学习载体,学生得以在体验、探究中获得学习满足。市光一小基于文化视域的"生动课堂",营造了STEAM课程教学的别样风景。

(二)形成有利于课程发展的集团教师培训机制

儿童哲学+STEAM课程要发展,教师是关键。学校要培养一批具有跨学科教学能力的种子教师。为此集团组织教师落实了分级递进的STEAM相关培训。

在2017年黄勋章培训的基础上,2018年6月,集团核心团队成员参与了STEAM蓝勋章课程的培训,他们在学校组建相关社团,培养学生的创新、思辨等能力。2019年4月,绿勋章培训更是将集团STEAM课程建设的核心项目组教师推到了研究实践的前沿。在爱尔兰教师的引领下,老师们浸润于"哲思教学法"的氛围之中,身临其境地体验了项目化教与学情景下对学生思维的培育。整个过程让老师们了解到"儿童哲学+STEAM课程"建设的所以然。

(三)形成提升集团课程建设专业发展的保障机制

"跨学科区学科带头人工作室"的成立,使得儿童哲学+STEAM课程的建设,就有了行政推动机制以及学术研究机制的双重保障。

目前,集团成立了"儿童哲学+STEAM课程"建设的核心团队。老师们就"儿童哲学+STEAM课程"推进不时沟通与探讨,带领学生在真实情境下将想法变成可以看见的学习成果。工作室每个学期都会组织教学研究,展示活动积累实践案例。

(四)形成"儿童哲学+STEAM课程"统领下的教学探索机制

各校在可复制的常规学习课程基础上,也有自主开发学习的课程。

1. 六一小学课程研究与实践

表1 六一小学课程研究

课程分类	课程名称	课程内容
人与自然	小小气象工作站	LED植物生长灯
		制作气象站
		制作虫虫盒子
		设计水净化系统

续　表

课程分类	课程名称	课程内容
		Scratch趣味编程
		气象环保、创客行动
		火星探究
		天文基础探究
人与社群	小小社区工作站	家庭空气净化器
		车位与绿化
人与自我	小小心灵工作站	设计义肢
		制作肺活量计
		超级运动鞋

2. 五角场小学

五角场小学推进了3项工作："少儿足球文化"课程再开发，开发了以STEAM教育理念的"足球中的科技"课程文本。以"未来教室"为载体，以"足球中的科技"中的项目化学习内容，进行课堂教学的探索，形成相应的教学案例及活动资源。以"未来教室"为中心，活化了整体校园足球文化氛围，开展了多元、立体、开放的足球主题活动等，以至于带动了基础型课堂教学的改革。

3. 世界小学

世界小学试图在多个领域搭载皮影戏剧创作，如信息技术中开展少儿编程，将传统的皮影绘制创新成软件编辑，融合STEAM课程与学生的丰富想象力，吸引更多的孩子喜欢皮影。

4. 市光一小

市光一小"纸玩具中的奇思妙想STEAM课程"已经开发了"指尖上的小鸟""风帆小车"等项目，引导学生用身边的材料去探索简单的物理知识。

（五）实践带来成效

2018年5月，集团各校对STEAM课程进行了教学展示，"风向标""初识杠杆""折纸飞机"等课展现了富有个性的教学样态。同月，在广东佛山顺德第一次正式对外宣示"儿童哲学＋STEAM"的课程品牌。

2018年7月，六一小学教育集团接待美国学区教育长协会代表团，就STEAM课程发展做了交流与展示。六一小学教育集团六所成员校与美国方面的六所小学签署了结对备忘录。

从 2018 年 9 月开始，各校进一步引进并参与"儿童哲学＋STEAM"的课程探索：政立路小学、五角场小学、回民小学为"设计家庭体检站"；市光一小为"绿色清洁器"；世界小学是"制作防水再生纸"；六一小学是"制作喂鸟器""制作气象站""LED 植物生长灯"课程。

2018 年 12 月，杨浦区教育信息中心主办、六一小学教育集团承办的"2018 首届教育信息技术应用展示活动"中，展示的 8 个项目，就是我们集团各校小创客们在 STEAM 活动中的精彩呈现。

2019 年 3—10 月，六一小学教育集团各校合作参加上海市"STEAM＋天宫 X 号"项目活动。项目内容：各校发挥所长，将项目落实为由"发射—飞行模式—宇宙中的生活—打捞回收"几个环节组成的展示项目。将模型创作、信息化创新等方面强强联手。10 月 26 日以集团名义参与展示。

2019 年 8 月，六一小学参与并完成了上海市《人工智能》（小学阶段）的教材（部分）编写。

2019 年 9 月，五角场小学出版了 STEAM 课程学习读本《足球中的科技》。

2019 年 10 月，世界小学"皮影戏 STEAM"课程建设向全区作了展示。

2019 年 12 月，由华东师范大学基础教育改革与发展研究所与六一小学联合举办的"第二届儿童哲学与学校变革论坛"在六一小学举行。

二、案例总结与反思

（一）一门课程一个集团

"儿童哲学＋STEAM 课程"是统整于集团文化之中的核心课程，这门新的课程是我们找到的引领六一集团发展的切实又可行的一条重要路径，也是六一集团基于过去与当下的发展并联系未来的创造。"儿童哲学＋STEAM 课程"建立于六一集团"学习智慧、智慧学习"的共享目标，引动的是六一集团对于儿童学习的深度研究，对六一集团学科教学实践的发展会带来影响，更能带动六一集团教师的专业培训与发展。"儿童哲学＋STEAM"课程牵一发而动全身，直指集团化办学模式的核心——课程资源的流通与分享。这个过程，正是以一门课程带动一个集团发展的集团化办学模式的探索。

（二）整理回答关键问题

1. 是什么？

"儿童哲学＋STEAM 课程"是一门尝试通过儿童学习体系化建设，在基于项目学习经历基础上有机整合哲学学习经验,实现多种学习经验的关联,将平面化的 STEAM 项目学习与立体化的儿童哲学学习相互贯通有机整合的课程。

2. 为什么做?

"儿童哲学+STEAM 课程"让哲学见得着,让建立在综合学科基础上的项目学习中的儿童哲学更有价值,也让 STEAM 教育真正进入深度学习的状态。这当中,对于孩子来说,积累的是两种学习经验,课程之根是哲学,课程之茎是 STEAM,对于学生提出的是综合贯通思维的挑战。这样的课程设计旨在为真正实现学生的深度学习打下基础,为孩子今后进入"经典学习""跨学科学习"甚至"超级学习"提供可能,创造条件和机会。

3. 怎么做?

"儿童哲学+STEAM 课程"大整合,以六一小学的儿童哲学基本课程结构为基础,架构出基于项目、问题驱动的课程学习框架,在多种维度上有机整合科学、工程、文学、哲学、艺术等 STEAM 教育内容,更好地提升 STEAM 教育思想,构建小学生的完整学习过程。

(三)后期准备突破瓶颈

"儿童哲学+STEAM 课程"立足于项目化的教与学,未来发展需要教师专业发展方面的更大突破。

集团将着力于进一步加强教师培训。继续进行 STEAM 课程教学分级培训以及项目化学习培训,同时,创造机会鼓励教师自主研究与实践。继续开展研讨、投入实践、组织展示等。(薛志刚执笔)

图 1　2018 年 5 月,集团理事长薛志刚代表集团在广东佛山顺德第一次正式对外宣示"儿童哲学+STEAM"的课程品牌

图 2 2018 年 7 月，集团学生"儿童哲学＋STEAM"课程与美国学区教育长协会代表团进行交流

图 3 2018 年 12 月，杨浦区首届教育信息技术应用展示活动上集团理事长薛志刚代表集团的主旨汇报暨介绍"儿童哲学＋STEAM"课程项目

图 4 2018 年 12 月，杨浦区首届教育信息技术应用展示活动上尹后庆会长给集团参展课程作品的师生颁奖

图 5　2019 年 4 月，集团教师"儿童哲学＋STEAM"课程之"绿勋章"培训

图 6　2019 年 10 月，集团师生"儿童哲学＋STEAM"课程参加上海市"中国梦，航天梦"天宫 X 号的展示活动并获优秀组织奖

图 7　2019 年 10 月，集团师生"儿童哲学＋STEAM"课程参加上海市"中国梦，航天梦"天宫 X 号的展示活动

专题三　教学共研

教育集团跨校联组教研的实践与探索

控江二村小学教育集团

跨校联组教研是由集团内不同学校的学科教师以不同形式聚在一起进行专业合作与集体探索。它聚焦教师在教学实践中所遇到的问题，开展形式多样的研修活动，具有主题的针对性、活动的持续性、参与的深入性等特征。它是一种扎根集团各成员校，注重实践，群体参与，浸润有序的常态化教研形式。

控江二村小学教育集团倡导并大力推进"联组教研"，通过制度建设持续优化完善联组教研模式，以共同的课程与教学研究，建设"多元互动，优势互补，合作互融"的集团研修文化，形成校际研修共同体，帮助教师形成生长性教育智慧，让集团学校间彼此理解相融，共享发展。

集团发挥各成员校优势学科影响力，领衔开展学科联组教研，帮扶薄弱学科教研组建设，涉及语文、数学、英语、道德与法治、音乐、体育、探究、美术、科学与技术9门学科，家庭教育、生命教育一体化、集邮3个项目，共计12个校际研修共同体。

一、案例描述与分析

（一）价值认同——追求高效能的教师发展

集团以"高效能的教师发展"为校际研修的新追求。高效能专业成长，是指教师发展各个要素的优化组合及其效能最大化的实践范式。研修是教师专业发展的有效途径，"高效能"体现在其核心思想上：一是树立"以人为本"的教师研修价值观。二是研修方案的制订既遵循教师专业发展的一般规律，又满足每个教师的个性需要；既立足教师专业发展的现实需求，又着眼于教师专业发展的可持续性。三是教师研修效果的评估体现过程性和发展性。

（二）机制建设——实现立体式、全覆盖的管理架构

在集团办学背景下，研修效能体现在集团合理地利用优质资源，实现研修目标，并能不断满足教师发展的需求。2019年，集团修改完善了集团章程，制定了《控江二村小学教育集团教师交流共享机制实施方案》《控江二村小学教育集团联组教研制度》等配套方案，进一步优化集团理事会、秘书处及学科教研联合体三级管理模式。集团理事会主要是对校际研修进行总体布局、顶层设计；秘书处对跨校联组教研进行统筹协调、整体推进；学科教研联合体对各项研修活动进行组织策划、实施保障，实现了从宏观协调到实施操作的立体式、全覆盖的管理架构。

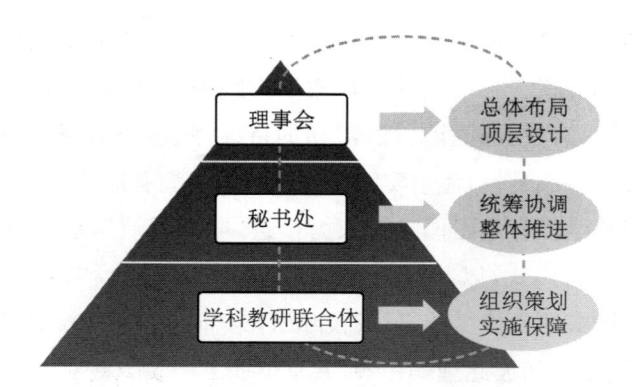

图1 控二小学教育集团组织架构

（三）模式创新——开展"多线并重"的深度研修

集团进一步优化研修模式，明确跨校联组教研的目标定位，通过常态教研、主题教研及疫情期间的在线教研，推动各学科研修共同体持续、深入地开展研修。

1. 常态教研

实行"规范＋引领"，严格标准，提升质量。

集团以"绿色指标"评价为导向，定期交流学校课程计划，共建与分享优质课资源，开展"基于课程标准教学与评价"专题研讨；定期进行集团内教学质量分析，统一语文、数学学科质量验收内容与形式；开展成员校全样本质量调研情况分析与改进措施的交流，全面认识学生学业水平和课堂实施状况，寻找缺陷和不足，探求背后原因，采取适当对策，努力形成"综合评价—问题认定—原因分析—教育决策—行动落实"的良性管理机制，推动集团各校教育管理模式

的转变、教研方式的转变和教育教学行为的转变,促进集团教育教学质量整体提升。

2. 主题教研

实行"示范+辐射",以点带面,纵横推进。

我们汇聚集团内特级教师、区学科带头人、区骨干一批优质教师资源,以数学研修共同体这个品牌辐射、延伸至全学科研修共同体建设上。2017年以来,集团共开展129项主题研修活动,其中市、区两级公开课展示102节。区小学教研室数学、英语、音乐、体育等学科教研员蹲点扶持并邀请市级教研员、专家指导,从而提升集团学校课堂研修能力和教学品质。

表1 控二小学教育集团联组教研研修主题

学 科	主持学校	研 修 主 题
数 学	控江二村小学	积累操作思考经验,发展数学高阶思维
美 术	控江二村小学	城市文化背景下的美术课堂文化理解
音 乐	控江二村小学分校	学习单元教学设计,落实教学基本要求
科学与技术	控江二村小学	核心素养主题下的单元整体设计
英 语	控江二村小学	指向学科核心素养的单元整体规划
语 文	二联小学	小学语文统编教材单元整体教学的实践与思考
道德与法治	翔殷路小学	支架式教学法在道德与法治教学中的运用
体 育	控江二村小学	融评于教,优化单元教学
探 究	控江二村小学分校	探究型课程规则意识之"科学严谨"在各校的研究和实践
家庭教育	二联小学	家校共育促成长——家庭教育指导案例共研
生命教育一体化	控江二村小学	小学生体验式生涯教育课程实践研究
集 邮	凤城新村小学	集邮活动的学科渗透

3. 在线教研

在此次疫情防控特殊时期,为确保"停课不停学,停课不停教",集团积极探索联组教研在线研修模式,推动各校际研修共同体"停课不停研"。

集团制订了《有关疫情防控期间跨校联组教研实施方案》,新增信息技术保障团队,形成技术保障、评价激励、管理服务、联研联教等相关细则,依托网络平台进行跨校联组教研,明确相关教研目标,规范教研流程及标准。

定期开展学科联合教研,聚焦在线教学,围绕规范教学五环节,基于课程标准切实落实"四规范":互动设计规范、在线指导规范、课件媒体规范、作业评价规范。

(1) 优化环节,精细流程。明确和优化在线授课流程与环节。

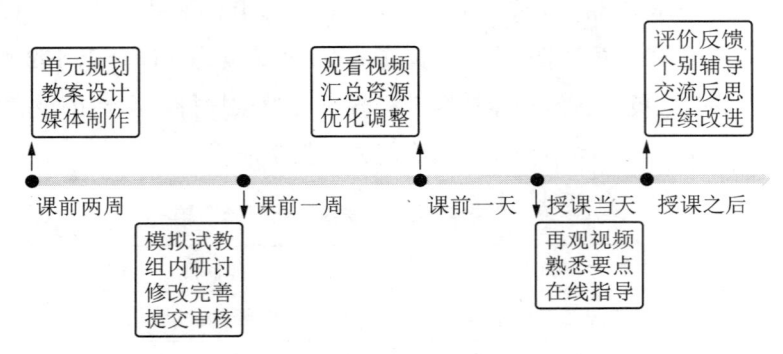

```
课前两周  课前一周  课前一天  授课当天  授课之后
```

单元规划／教案设计／媒体制作 — 课前两周

模拟试教／组内研讨／修改完善／提交审核 — 课前一周

观看视频／汇总资源／优化调整 — 课前一天

再观视频／熟悉要点／在线指导 — 授课当天

评价反馈／个别辅导／交流反思／后续改进 — 授课之后

图 2　在线授课流程

(2) 建立标准,精确设计。制定在线教学设计标准,其包含了目标指向、内容设计、资源支持、作业设计及技术运用 5 个维度。

表 2　在线教学设计标准

设计维度	具 体 指 标
目标指向	依据课标、教材,充分考虑学生学情与学习需求 描述准确、清晰,可操作、可检测
内容设计	结构简洁明了,能着眼学生对基本内容的理解分步达成教学要求 体现动静结合,讲练结合,能持续吸引学生注意力 与视频课教学有效衔接,互为补充
资源支持	对单元或课时知识结构、视频课板书进行梳理 对关键内容和学习方法有效指导 作业及时反馈,讲解到位
练习设计	难易度适中,起到巩固所学的作用 充分考虑学生年龄、认知水平及学科特点,采取合适的形式 练习量合理,鼓励根据学情采取分层练习
技术运用	有效利用信息技术及授课平台功能,提高课堂效率,提升授课效果

首先,各学科联合团队在此基础上结合学科特色与实际,又进一步细化、修改形成了本学科的设计标准,帮助教师明确在线教学设计基本方向和要求。

其次,明确原则,精简作业。在作业设计中明确"四不做"和"五必做"要求。再次,突出重点,精准指导。制订《学科学习信息表》推送,帮助学生明确学习评价目标、预习内容、作业要求。

疫情防控阶段,集团还开展了"教师命题能力提升的云研讨"及"青年教师云说课"等线上研修活动,联组教研团队聚焦主题,通过网络调研一线教师最为关心的教学问题,从活动目标、内容、流程、人员分工、资源配置等方面制订了详细的活动方案,借助于腾讯课堂、腾讯会议、微信等网络互动平台开展案例分析、主题报告、互动研讨等一系列形式多样的活动,运用信息技术完整记录教研过程,收集过程性资料,进一步把握参与教师的评价与需求,为后续教研活动的开展做准备。

二、案例总结与反思

联组教研,基础在学校,关键在教师。教研是一个实践的诠释,集团始终在联组教研的道路上依托研修实践,探索教研路径,感悟教研机理。

集团始终坚持优化跨校联组教研运行机制,通过制定翔实的教研制度与配套工作方案,创新教研模式,规范教研内容、流程,细化教研标准,从制度层面保障了联组教研的有效推进。健全并促进线上、线下、线上线下融合等各种教研背景下成员校之间、学科之间、教师之间开放与互动、合作与分享、包容与支持的研修模式。能基于真实的问题,通过各类研修活动,不断提高对课程标准、教材、学生和学法的研究,以团队智慧满足教师的专业诉求,以经验分享来满足教师的心理需求,为持续推进教师专业成长、促进学生的学习及集团各校学科建设提供支持,携手共创在线教学生态,为教师专业素养的提升提供新的支撑,为优化教育教学和教育资源优质均衡提供重要保障。

通过后期的数据汇总与分析,我们也发现了目前教研活动中存在的一些不足之处:教研活动主要还是专家(教研员)主导,除了核心成员以外,其他教师的参与度有差异,话语权不够,尤其是语、数等大学科,教师体量大,场域相对开放,造成部分教师并不能充分融入研讨之中,教研成效的惠及面不够大,辐射效果不够彰显。

针对此问题,未来集团将继续聚焦联组教研这一研修模式,以"现场教研"范式研究为切入口,探寻其关键环节(准备、观察、评估、反思、改进等)规范,核心要素构成,实施策略运用,从教研品质的保障、教研参与者的构成、参与状态的评估,教研成效的反馈与分析等方面,尝试构建其理论框架,并结合实践进行验证,以期达成看到现场(激发教师参与教研意识和意愿),处于现场(引导教师观察、投入、思考),最终超越现场(帮助教师生成可迁移的持续的专业认知和经验)的目标与愿景。

未来,集团将继续围绕联组教研,深入探索"线上线下"相结合教研模式创新,为一线教师提供更为丰富的参与教研路径、方法及资源,提供更为及时的专业指导、信息服务和技术支持;从联组教研的文化建设着手,从研的兴趣、研的意识、研的氛围、研的习惯出发,将教师培养成研的"文化人"。(楼蓓芳,姚韵斐执笔)

集团英语工作室的一次小初联合教研活动

复旦大学第二附属学校教育集团

2017年,复旦二附校教育集团英语工作室成立。集团英语工作室主持人为复旦二附校的区学科带头人吕步云老师。工作室核心成员为各集团成员校英语教研组长及青年骨干教师,每年根据工作室运作情况对核心成员进行调整和补充。活动围绕教学热点和专题,进行"学一学,读一读,试一试"的三个一活动,通过专家讲座、理论学习、课堂实践,促进教师的专业化发展,在打造英语组团队品牌的道路上走得更稳更远。在专家讲座环节,以丰富翔实的教学案例诠释了课堂教学中语法设计的有效性。因为作为一线教师,在语法的教学中由于教材的变更很容易对于某语言法则应该教到什么程度有所困惑,而专家的讲座正好在一定程度上解决了教师的若干疑惑。英语工作室将在今后的活动中更多的引入接地气、解决实际问题的专题培训,让更多的一线教师能够借此平台得到更多专业的研修和发展。

一、案例描述与分析

2019年12月的一天,来自复旦二附校、育鹰学校、惠民中学、黄兴学校的英语教研组长以及集团校五、六年级英语教师、英语工作室全体成员,在复旦二附校初中部录播室,展开了一场主题为"聚焦小初衔接,探索有效课堂"的英语工作室小初联合教研活动。同时,来自云南的8位校长也参与其中,一起进行学习与观摩。

工作室负责人吕步云老师邀请了来自民办阳浦小学的上海市小学英语名师李敏老师为老师们做了新世纪英语教材 Unit 9 的题为 Weather Report 的公开课堂教学展示。这节课根据学生的年龄特征和本课的特点,从培养学生的语言能力入手,鼓励学生用学过的句型达成学习目标"To be a weather reporter"学会做天气预报员,利用多种活动激发学生的学习积极性,通过

Free Talk 让学生产生共鸣,通过层层深入的学习活动,帮助学生调用原有的知识,培养学生的思维与使用英语的能力。

图 1　教研活动

育鹰学校的严翌璟老师在听课后就说道:"在李敏老师的课堂,孩子们注意力都集中在李老师身上,李老师教学环节流畅,循序渐进地带领孩子掌握天气预报的英语表达。"

黄兴学校的常玉杰老师亦对李敏老师的课堂印象深刻:"李老师在语言表达、语调控制、课堂组织上的表现极其出色,值得我学习。这节课教学目标达成,教学效果很好,学生和我都跟着教学思路学到了很多东西。"

随后,复旦二附校青年教师彭玥老师执教了六年级教学研讨课 Buying Different Food。这节课基本上遵循了新课标初中英语课堂教学的基本要求和原则,以学生为中心,设计了大量问答、叙述、表演、讨论等形式多样的语言实践活动,让学生在语言实践的过程中逐步形成主动参与、乐于探索的学习态度。彭老师运用多种教学手段创设语言情景,贴近学生生活实际,让学生有话说,更能激发学生的学习兴趣,并能利用情景讲解语言知识,进行技能训练,使教学内容既简洁清晰,又形象生动。在操练过程中尽可能地使语言形式和语言意义紧密联系,尽可能地使听、说、读、写 4 项技能相辅相成、互相促进,并努力做到目的明确、重点突出、难点分散、形式活泼。

公开课后,由复旦二附校初中部青年教师黄林林和王倩梦老师为大家说课、评课,两位青年教师进行了详细地分析,并从自己的角度谈了切身的体会和感悟。紧接着,复旦二附校初中部青年教师张慧莹老师就《我眼中的初小衔接》这一主题阐述了自己眼中的初小衔接,为两校合并后的磨合和配合做了深层的剖析。

教研活动的最后一个环节，李敏老师就如何做好课堂上的过程性评价作了主题为《目标导向下的融评于教》的微讲座。讲座中，复旦二附校小学部的刘灵珊老师和张雯倩老师分别从资深教师和青年教师两个不同的视角谈了自己对于评价方式的操作和困惑，李敏老师就自己学校的实施措施谈了经验，给予了十分详细的指导，引导了老师们如何"润物细无声"地做好课堂上的过程性评价，在座的教师们均获益匪浅。

老师们在活动后说道："李敏老师关于'目标导向下的融评于教'的微讲座真是干货满满，不仅学习到了如何通过分析单元学习目标的各个要素，带动单元的评价目标，基于课程标准指向核心素养，两者达到多维度、细层次地融合。李老师深入分析了单元学习目标、单元语用目标、单元评价目标、课时评价目标、课时评价活动之间的横向联系，并能从多维度开展评价，如学业成果、学习习惯、学习兴趣。根据评价框架设计评价等级量表，从语言、内容、结构不同维度将量表细分为优秀、达标、需努力3个等级。李老师通过对一个单元的评价设计介绍与说明，正是通过学习目标与评价目标的融通，学习活动与评价活动的融合，学习表现融于评价规则，我们才能够做到整体设计评价目标、评价活动和评价规则，发挥评价的促进作用。"

育鹰学校的老师听完李敏老师的分享后说："李敏老师微讲座让我学习到了课堂评价的一些有效方式，也启发我自己课堂上应该更多的关注评价这项内容，而且在评价的方式上不应拘泥于形式，真正让学生清晰评价标准，更加有效地给自己及同伴的学习行为进行评价，这也能从根本上提高孩子的课堂表现，起到好的反馈作用。"

二、案例总结与反思

此次集团英语工作室活动深受在场中小学老师们的好评。黄兴学校的常老师说："通过这次观摩学习，我更深切地体会到'英语的工具性'的重要性。只有运用灵活多样的教学方法，才能充分调动学生学习的积极性，激发学生的知识潜能，改变'单调压抑'的课堂模式。在今后的工作中，我要把学到的知识，多用在实际教学中去，力争使自己和学生共同进步。"

这次集团英语工作室的活动内容充实，干货满满，让与会教师获益匪浅。老师们都表示不仅学习到了好的教学方法，且在课堂评价、在小初衔接的话题上也给自身带来了许多思考,能为老师们将所学渗透运用进自己今后的课堂实践中去提供了有益的参考。育鹰学校的老师坦言:"作为初中学段的老师,可以在教学相关话题时,特别是备课时先熟知孩子在小学阶段的课标要求,以及孩子在该话题的英语运用能力的水平,做好衔接工作,真正从学生角度出发去教学,能够更有利于孩子英语水平的纵向进步。"

图 2　初小衔接研究

图 3　教研探索

正如惠民中学老师所说:"做好小初衔接是落实初中高效课堂的重要基础,且小初衔接也并不仅仅是语言知识的衔接,还有教学方法的衔接、学习心理的衔接、教材内容的衔接等等"。我们对于小初衔接的思考和研究仍然任重道远,也希望以工作室活动为契机,让我们在今后的教学和实践中不断思考,聚焦小初衔接,在集体的智慧和研讨中碰撞出更多的火花,为提升课堂有效性而不断探索。(李鸿娟,吕步云执笔)

教研联合:促进教育集团优质均衡发展的有效选择

辽阳中学教育集团

辽阳中学教育集团成立之初,就组建了三支教研联合体:分别是由存志学校领衔的语文教研联合体,鞍山初级中学领衔的政、史、地教研团队,辽阳中学领衔的英语教研联合体。全区初中八支教研联合体中我们集团就有三支。

回顾杨浦区开展教研联合体建设的十年发展历程,不难发现,其主线就是致力于"优质均衡"的发展特色和实践探索。这两轮建设,辽阳中学都很有幸,成为亲历者、实践者、受益者。第一轮教研联合体建设中,我们在优质资源的辐射共享、教师团队专业成长、研训一体的研修模式等方面取得了较大的成效。这些有益的尝试为我们第二轮的实践探索打下了基础。与第一轮教研体建设不同的是:创建机制——从校际联合到集团引领;推动抓手——从主题研修到项目引领;发展目标也更加清晰明了——以"项目引领、专家指导、团队发展"促进教研组建设和教师的专业成长。

一、案例描述与分析

有了实践思路、明确的发展目标,以及需要聚焦的难点问题,三年来,在集团成员校的大力支持与配合下,我们依托集团建设,将坚持"三个导向",把好"三个关口"作为推进教研联合体建设的有效路径。

(一)坚持问题导向,取长补短,把好项目选题关

三个教研联合体都坚持以问题为导向,直面当前面临的教育改革,直观学生学科思维品质提升,直击教学难点,以团队研究所长补教学短板。关注的是一个完整的教学全过程,都将研究视角从课堂教学延展到了课后反馈、教学评价;关注的是教学中需要补白研究的盲点。例如语文教研联合体带领集团全体语文教师,将研究的视角放在了统编教材整体推进框架下,开发并实施《初中语文"名著导读"校本课程》项目,立足"教读""自读""课外阅读"三位一体的

教材编写体系,进行整本书阅读的课例设计。三个教研联合体的选题都极具挑战性,极具研究价值。

(二)坚持实践导向,动态管理,把好机制建设关

我们坚持办学联合、党建联建,通过完善组织架构,组建集团秘书处及"五个中心"——专家指导中心、教师流动管理中心、课程研究中心、教师研修中心、文化交流中心,切实分管并按条块保障集团教研联合体各项工作的落地,在实践中逐步形成了集约型管理机制。2018年,在教育局的指导下,我们申报了"教育集团背景下教研与科研机制创新的实践研究"市级课题,这无疑成为联合体建设的助燃器、加速阀。在此背景下,例如英语教研联合体针对日常教学中作业设计机械性、单一化,试卷命题对单元重难点把握不精准、命题缺乏思维容量及系统规范等问题,开展了"基于标准的命题"项目研究。在课题的引领下,我们在实践中探索"共同体+平台"学习共同体构建,逐步形成了教研科研双向推进融合机制。在组团合作、骨干领衔下,我们边实践、边调研、边发现、边调整、边总结。

(三)坚持效果导向,跟踪检验,把好成果转化关

教研联合体成立的三年中,我们始终坚持效果导向,通过集团内阶段研讨、区域内交流展示、市级活动参评等多种方式检验我们的成效,把好成果转化关。例如,政、史、地联合体先后开展了"借集团化办学,促联合体发展""整合发展核心素养,探究共享思维智慧"等系列联合研修活动。

二、案例总结与反思

(一)还原真实教学,促进教师专业成长

联合教研基于真实的教育教学问题开展工作,我们还原真实课堂,在磨课、说课、开课、评课、研讨等各项环节中,倡导教师的真实、鼓励学生的真实、追求过程的真实。来自五校的同学科教师在"和而不同"的教研中逐步修炼自身特色,促进专业发展。

以辽阳中学为牵头校的英语教研联合体,聚焦"基于标准的命题研究",在联合体教研活动中扎实有序地推进研究进程:制作一张双向细目表,参与一份试卷命题,进行一次质量调研,开展一次试卷讲评,举办一场调研分析,邀请一位专家指导。在系列化的研修进程中,五校的英语教师们真实地还原了由原先的一知半解,到过程中的发现问题,再到研究中的修正不足,最后到

实践后的豁然开朗的成长过程,厘清了命题标准、规范了命题流程、提升了研究能力。

图1　研讨互动

三年来,集团五校英语教研组中,职初教师迅速成长成熟、中青年教师日现教学风格、骨干教师日趋扩大影响,辽阳英语教研组也连续荣获了2017年、2018年度杨浦区优秀教研组的荣誉称号;2019年杨浦区五类学习型团队称号、杨浦区最美教师"学习于漪"先进集体提名奖。联合体教研中真实的教研、真实的课堂,极大地调动了集团校教师校际教研的积极性、主人翁意识,真正达到了教学相长、共同提高、专业成长的目的。

(二) 畅通研修渠道,创新教研机制与方式

我们努力将教学研究工作的开展落实到集团内部,积极探索机制共建、课程共享、项目合作等研修渠道,打造集团内多种形式的教育发展共同体,在丰富实用的教育教学实践中,创新教研机制,逐步形成民主、开放、高效的教研特色,真正实现均衡发展。

政、史、地联合教研体以鞍山初级中学为牵头校,以学科教研员为专业引领,以五校优秀教研组为核心,以主题式教学实践研讨为主要形式,努力打造有专家引领的团队合作教研模式。基于"政、史、地整合教学的作业设计与评价"开展项目合作,三年中取得了阶段性成果。

联合体开展了"借集团化办学,促联合体发展""指导主题探究,提升思维品质""初中地理课程长作业及其评价机制的探究"以及"整合发展核心素养,探究共享思维智慧"等主题鲜明的系列联合研修活动。此外,联合体每学年还会举行区级教学展示活动,集结教研体各校教师的教学案例与成功经验,努力实现优势资源利用的最大化。

图 2　教学互长

通过教研联合体，畅通研修渠道，集中优势资源解决重点难点问题，突破一所学校内小学科骨干教师少、教研活动效果不佳的困境，提高教研活动实效，也创新了教研的机制与方式。

（三）实现资源共享，提升学校内涵发展

根据区教育局的安排，2017年存志学校加入了"辽阳中学教育集团"，成为纯义务教育初中阶段加入集团化办学的第一所民办初级中学。上海市辽阳中学教育集团就此成为首个杨浦区义务教育阶段公办、民办合作的教育集团，集团五校既有共同目标，又追求各自的办学特色。

语文教研联合体以存志学校为牵头校，利用这个平台，存志学校的语文校本课程、校本教材得以在集团内共享与辐射，2018年底已经完成了十五中学语文课程的全共享，进而继续在教研联合体内部开展更多的合作与共享。三年内，语文教研联合体积极开展"初中语文'名著导读'校本课程联合"的实践与研究，对统编新教材中"整本书阅读"板块进行了前瞻性的合作研究。在上海市语文特级教师陈小英以及杨浦区教育学院语文教研员黄琴的指导下，五校

图 3　总结交流

语文骨干教师开展了分年级、分板块的"名著导读"案例设计（包括教师用书和学生用书），为集团各校在中考新政背景下，全学段全面推进使用统编新教材提供范例与样本。

此外，集团利用市区和各成员校的优质资源，例如"宋怀强名师工作室""书法名家工作室""陈小英名著导读工作室""颜晓峰名校长工作室"等，通过跨校际、共主题的教研联合，推动优质资源在集团内的辐射。教研联合体成了实现公办、民办校优质教育资源共享与深度融合的又一载体，从而达到提升集团各校内涵品质发展的目的。

（四）形成文化特色，提供集团紧密型办学基础

集团教师队伍的共进首先应形成团队建设的文化氛围。三支教研联合体紧紧围绕"共识"和"分享"这两个元素，在集团内展开文化共育，努力为各成员校教师搭建不同层次、不同方面的学习交流平台，不同需求的教师在教学交流、研修交融中不断深化认识、达成共识、分享经验，谋求专业的修炼和发展。形成了团队建设的文化氛围，为教育集团紧密型办学夯实了基础与保障。

三年里，集团内三个教研联合体着眼各自的研修主题，围绕项目研究，开展形式丰富、内容实在的活动，从而将五校相关学科的教师有序地组织在一起，同实践、共反思，使五校教师对于集团的认同感、归属感和荣誉感不断增强。

据不完全统计，仅在2018年，集团内的三支教研联合体组织五校教研联合活动达22场次，参与教师数达600余人次，可以说，教研联合将集团的组织更显融合、师资安排更为紧密、研究评价更加严密，有效加快了辽阳教育集团紧密型合作办学的节奏。

三个学科的教研联合，将处于不同发展阶段的学校通过教研联合在一起，教育教学力量的整合，使集团内优质教育资源得以高效利用，优势力量借以充分挖掘，初步形成集团内学科教研联合机制。通过进一步的研究与实践，联合教研必将成为辽阳教育集团紧密型合作办学的重要基础与有力载体，推动教育品质优质均衡的纵深发展。（马静执笔）

聚焦思维专题研修　协同攻关促进发展

三门中学教育集团

三门中学教育集团成立以来,以"校际联动、优势互补、思维培育、共同发展"为基本策略,依据《三门中学教育集团发展五年行动方案》,由集团五大事务中心扎实推进各项工作。其中,集团科研中心和名师中心以"思维培育,课堂文化转型"为主题,聚焦"学生思维培育策略研究"。

根据集团校绿色指标测试结果,集团确立"培育学生思维能力"的特色发展项目,计划经过5年的实践,共同探究学生思维培育策略,建构适合四校学生的主要学科各年级思维培育的目标体系,提炼培育学生思维发展的有效策略;形成具有四校特色的"基于学生思维发展的课堂观察"模式和观察量表,打造集团特色,提升办学品质。项目推进的策略是"一校一科、优势互补、重点突破、综合成果"。由成员校各自牵头一门优势学科协同突破,逐步提炼初中课堂教学思维培育的有效策略,达到促进学生思维能力提升的教育目标,成就学校优质发展。

每学期集团课题研究中心和名师活动中心按照分年度推进策略,组织集团校学科教师围绕"促进思维发展"的4个点——兴趣点、分层点、互动点、创新点,开展主题式一日研修课堂观察的课例循证研究。通过组织集团校学科教师抓住课堂核心事件,关注关键问题及其追问的设计,逐步落实课堂中"兴趣点"的创设、"分层点"的落实、"互动点"的设置和"创新点"的激发等促进学生思维发展的有效策略。主题研修主要采取"三研修、两观察"的教研运作方式,通过研修—观察—研修—观察—研修的过程,充分发挥集团学科团队的力量,以实践为前提,以观察作基础,以分析促深化,形成对于教学问题的深入认识,提炼出促进效果提升的操作路径,积累提高教学质量的典型案例。

一、案例描述与分析

（一）案例描述

以 2019 年第二学期预备年级和初一年级英语学科衔接教学的主题研修为例,研究过程如下:

图 1　一日研修活动

1. 制订活动计划

由集团名师指导中心根据集团学期计划制订学科一日研修课堂观察的研修计划,根据课题推进进度确立研修学科和研修主题。根据中考改革形势要求,本次预备年级和初一年级英语学科的研修主题为衔接教学中课堂关键问题及其追问设计,学科组要继续围绕"分层点"的设置开展教学设计与实施,注重对学生思维培育的方法策略的总结和提炼。由于疫情影响,本次研修采取的是线上教学展示和课堂观察交流的形式。

2. 开展集中备课

围绕研修主题,确定教学展示任务由集团核心校三门中学预备年级彭文丹和初一年级胡玢岚两位老师承担,三门中学预备和初一年级学科备课组围绕"衔接教学"共同开展研讨活动,分析学情,研读教材和大纲,深入进行"备教案、备课件、备教学环节、备教学方法和手段、备关键问题",在教学设计过程中关注衔接教学目标的设定、内容的选择和教学方法的采取,特别采取关键问题及其追问设置实施分层教学,展示学生思维过程,挖掘思维的示范价值。

3. 组建课堂观察小组

由集团课题研究中心组织集团学科其他教师组建观察小组,提前召开课前议课活动,针对上课教师的教学设计开展研讨。从"衔接教学目标设计、衔接教学内容设置、衔接教学手段实施、衔接教学效果反馈"4个维度确定观察点,讨论制订观察单,分工细化观察任务。熟悉观察平台的界面,明确记录的方式和操作方法。

图 2 课堂观察

4. 开展一日研修课堂观察

研修当天分为3个阶段。先由备课组一位教师上课,课堂观察小组同时进行观课,课后汇总观课实证进行即时评价,评价意见由第二节课上课教师吸收采纳进行整改。之后第二位教师再上课,观察小组再观察、再评议,上课教师再整改。最后由上课教师和观察小组成员共同进行反思和总结。研修当天聘请区域学科专家、教研员等参加,为活动开展提供专业性的指导。

5. 形成课例研究报告

研修结束后,由上课教师和课堂观察小组成员分别规范撰写教学反思和评价报告,形成集团教师智慧的、完整的、具有推广和学习价值的课例研究报告。

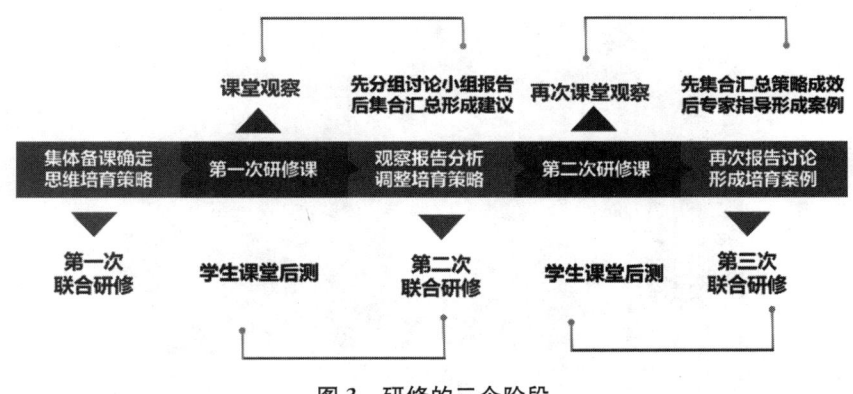

图 3　研修的三个阶段

（二）案例分析

本次研修，同样以主题明确、内容扎实、评价即时和效果显著等特点给学科教师带来了强烈的思想冲击，切实提高了教师围绕主题设计教学、观课、评课和反思的能力。当然，在本次研修中，我们既延续了以往一日研修的形式，也根据中改要求、教师需求、评价导向和当前形势进行了研修内容、模式的调整。

1. 研修内容的调整

由于疫情原因，开展线上教学和复学后线下教学的衔接非常重要，作为英语学科如何进行年段知识和能力培养的衔接也至关重要，因此本次研修视角确定为"衔接教学"，为了提高研讨的实效性，学科教研组经过反复讨论，最终将共同研讨的内容确定为英语学科的阅读衔接教学，两个年段的老师分别围绕同一个知识点，开展了体现年段要求的教学设计，重点把握学生能力在不同年段的要求和培育方法策略，为观摩教师提供了非常宝贵的学习资源。

2. 评价维度的改进

由于研修内容发生了变化，原有的评价维度也与时俱进，相应发生了变化。比如原来围绕四课、四点和思维培育常态课的观察，可以从教师关键问题设计、学生课堂问答、学生个体表现、课堂整体表现和后测 5 个维度进行观课、评课。本次研修聚焦"衔接教学"，那么观察维度做出了相应的改变，如衔接教学目标设计、衔接教学内容设置、衔接教学手段实施、衔接教学效果反馈，从而使研修更为聚焦、更有针对性，对教师也更具有指导性意义。

图 4　衔接教学

3. 云端研讨的形式

由于新冠疫情，避免人群的大量聚集，本次活动采取的是网络直播和线上研讨的形式。由三门中学聘请技术公司进行教学展示现场直播，其他成员校教师均可以在本校线上进行优秀课堂观摩。课后观察小组汇报和专家点评采取了腾讯会议的形式。整个过程清晰、流畅，质量很高，很多老师反映这种形式非常好，既节省了研修路途的时间，更在参与研修中取得很大的收获。

二、案例总结与反思

集团成立以来，在核心校三门中学的引领下，各校紧密聚焦中考改革的大背景，关注集团成员校思维培育，开展绿色指标评价，已分别在语文、数学、英语、物理、化学、地理、历史、道法、体育等学科开展一日研修课堂观察活动 30 多节，参与四课展示的老师达 40 多位，参加课堂观察活动的教师达 300 人次之多。在"向研修要质量，靠研修出效益，借研修创特色，凭研修出名师"的指导思想下，集团立足实际、研修并重，使主题式"一日研修"成为提高集团各校提升教师教学改革与创新意识、促进教师课堂教学行为转变、提高学校教育质量、解决各种教育教学难题的关键一招。至今集团分别汇编出版了《创智课堂 36 计》《教育，从关爱开始》《高阶思维教学的关键技术》和《高阶思维教学的核心指向》等高质量、鲜活的案例集。集团数学教研组、英语教研组联合参与了三次市级展示活动。

今后我们还将进一步探索：

（一）研修与核心素养的对接

集团校要继续组织教师通过"一日研修"深化课程改革，以学生核心素养培育为目标，开展团本特色课程群建设，进一步凸显课程内容与社会生活的融合性。引导教师树立"坚持育人为本，关注共同基础，防止学生过度偏科，关注学生综合素养和个性特长的培育，丰富学生的学习实践经历，提升学生问题解决能力"的教育观。

（二）研修与中考改革的对接

根据中考改革新增必修课，集团也要将增加学科作为每学年研修的必修科目，帮助增加学科的任课教师尽快适应中考要求。要继续借助于集团资源共享优势，共同设计综合性、主题式、项目化的探究学习内容，由教师组织学生开展小课题研究，丰富学生学习实践经验，培养学生品德发展、能力提升和实践反思与创新的综合素质。

（三）研修与综合评价的对接

根据中考改革要求建立健全多元化、多维度的综合评价体系，全面反映初中学生综合素质发展状况的文件精神，集团要积极完善基于学生思维能力培养的电子评价平台。把集团一日研修活动中被观察学生在课堂上表现的相应评价纳入对学生综合评价体系中，从而更好地为集团校学生与高中生综合素质评价贯通，为集团校初、高中推进素质教育的合力提供更加丰富的依据。

（秦娟，刘瑞华执笔）

专题四　队伍共建

教育均衡的逻辑起点：师资队伍均衡发展

打虎山路第一小学教育集团

教师素质的高低决定着教育集团办学质量的高下，教师在各自岗位上的自觉努力，在教书育人方面的建功立业，是推动教育集团整体办学水平不断提高的真正动力。**打虎山路第一小学教育集团**（以下简称"打一小学教育集团"）通过营造和谐的文化氛围，借助于丰富的文化活动，实施分层培养的机制，健全教师流动制度，不断激发教师的工作热情，提升教师的人文素养和专业素质，促进集团各校师资队伍均衡发展。

一、案例描述与分析

（一）"学生最大"与10条建议

打一小学教育集团倡导的师德内涵体现在浓厚的学校文化、积极的工作氛围、和谐的师生关系中。在教育学生时多鼓励、多发现优点、减少批评、不讽刺挖苦学生，为学生补差补缺要注意因材施教。用一句话来概括，那就是"学生最大"。

集团要求全体教师树立"学生最大"的育人观，积极推进"10条建议"（10个"多"），即：平等相处多交流；学会理解多换位；欣赏表扬多尊重；善于倾听多用心；亲密接触多爱抚；微笑相对多鼓励；细化要求多示范；清晰缓慢多提示；形式多样多趣味；兴趣激发多储备。这十条既是建议，也是要求，以此构建和谐的师生关系。

同时，教育集团还坚持开展"德育年会""师道实话论坛""和儿童结伴成长主题演讲"等系列师德教育主题活动，在生动而富有内涵的活动中育师德、铸师魂。

（二）打一人文讲坛

培养教师主动追求、发展是打一小学教育集团培养教师素质的积极主张。"打一人文讲坛"举办20多年，我们请社会各界的名流精英、专家学者来校讲课，他们中有教育家、艺术家、作家、建筑师、摄影家、医学专家、航天专家、社会学家等等，打一人文讲坛为打一小学教育集团的老师们开启了一扇扇知识的大门，展示了一幅幅智慧的画卷，呈现了一个丰富而多彩的世界。打一小学教育集团教师的人文素养在滋长，人文精神在发扬。我们鼓励教师不断与智者对话，与名师交流，是为了丰富教师的人文素养，让教师在教育教学实践中闪烁更多智慧的光芒，促进教师专业不断地发展。

（三）"高位引领"与分层培养

集团内有30多位高级教师，是集团教育教学的骨干。为更好地发挥他们在教学中的研究与示范作用，成立以高级教师名字命名的"高级教师教研合作团队（工作坊）"，凸显"高位引领"。团队参与的对象是业务水平相近的骨干教师，这样组成的教学研究小组研究水平较高。这些老师在平时教学工作中互相交流与提高，并为其他教师作教学示范。

在分层培养上，集团将骨干教师培训的核心主题确定为"多学习、勤作为、长智慧、敢担当"，每年都会围绕这个主题组织开展培训活动，强调"责任与担当"。为了让青年教师整体得到更快的发展，集团将青年教师专业发展小组建设的着眼点放在"探究与反思"，请来华东师范大学课程研究所教授作指导，引领青年教师专业发展。这是一个探究和反思性的教师专业发展小组，在反思中发现问题，在反思中提高认识。特别是要求青年教师课后做到自评，并关注他们的改进过程，让青年教师们学会研究，学会反思，促进青年教师在实践中更好地学习与提高。2019年，学校成为杨浦区小学统编教材语文学科实验基地，"青年教师专业发展小组"中的语文学科教师积极参与其中，从问题出发，共同研究，共同探讨。为了提升见习教师的专业能力，集团建立了见习教师培训中的"每月一课"机制，邀请校外专家、校内特级教师、高级教师、学科带头人、区级骨干教师，从学科要求、教案撰写、课堂评价、班级管理、家校沟通、共同价值观的培育等方面为见习教师出谋划策。打一小学是上海市教师专业发展学校暨见习教师规范化培训基地学校，民办打一外国语小学是杨浦区见习教师规范化培训基地学校，这两所学校以"好教师应该这样起步"为主题，以"提升思想觉悟、深化理想信念；加强师德修养、学会关心学生；

注重人文素养、强化责任担当;促进技能发展、感悟教学艺术"为目标,开发了"浸润式"见习教师培训课程,其"无痕浸润"的见习教师规范化培训在市区产生了积极的影响。

(四)带教链团队

集团根据各校师资队伍的具体情况,开展了不同层面的师徒带教,形成了高级教师、区级骨干教师(后备骨干)、青年骨干教师、青年教师和见习教师五方组成的带教链团队。除了学科教学方面的带教以外,教育集团还组织了班主任师徒带教、管理干部师徒带教,这些探索与努力对于教育集团师资队伍建设做出了积极的贡献。

(五)常态化流动

集团自成立之初就开始了教师流动,尤其是打一小学和民办打一外国语小学的教师流动是一种常态,2009年"三校合并"时,原属于教育集团成员校的打一、二分校与鞍山小学的教师整体流动到打一小学,2010年打一小学承办曹路打一小学,又有教师流动到曹路打一小学。2018年教育集团根据相关政策修订了《教育集团教师流动方案》。近年来教师流动又呈现了新的特点:在加强骨干教师流动的同时,教育集团开始探索中层管理人员的流动。

二、案例总结与反思

在10多年的发展历程中,打一小学教育集团秉持着"我们共同的梦想是为了让每一个学生都实现自己的梦想"的集团化办学理念,以文化浸润的方式不断提升教师的职业素养,丰富教师自身的人文内涵。通过分层培养共建师资队伍,促进集团内不同专业发展阶段教师的可持续发展。在不断地探索与实践中,形成了具有杨浦特点、打一特色的集团师资队伍共建发展模式,并取得了积极的成效。

(一)积极培养学科带头人与骨干教师,引领教师专业发展

学校的办学氛围、办学文化成就了一批教师,集团各校已经形成了从学科带头人、区级骨干教师到校级骨干教师、校级青年骨干教师的梯队,集团将通过更有效的方法让能干的教师走到教育教学的前列,承担更多的责任,让他们在实践中得到更好地成长。为此,集团各校会制订一些激励措施,积极引导他们成长。

图1 集团开展"打一人文讲台之高雅艺术进校园"活动

图2 中青年骨干教师交流会

图3 集团开展浸润式见习教师培训活动

(二) 不断完善教师流动方案,扩大流动范围,提高人数比例

2019年上海市教委就"紧密型教育集团"的办学出台了新的文件,教育集团将根据最新的文件精神和区教育局相关要求落实细则,进一步研究确定集团教师发展的总体定位,从集团层面作出制度性设计和安排,完善教师流动工作的管理程序,扩大核心校与成员校之间、成员校与成员校之间的流动范围,积极推进教师流动工作,提高教师流动人数比例,使教师的流动有助于资源的均衡和教师自身的专业成长。(杨莉俊,朱倩执笔)

循证改进　优化教师流动机制

上海理工大学附属小学教育集团

上海理工大学附属小学教育集团（以下简称上理工附小教育集团）成立于2009年，由上理工附小作为教育集团核心校，与周边五所学校（长白二村小学分校、内江路第二小学、水丰路小学、水丰路小学分校、国和小学）形成教育"共同体"。作为非事业法人、非企业法人、非社团法人的公办学校教育发展联盟型集团，结构松散，缺乏制度化设计与保障，校际间的教师互动未得到有效调动与运行。同时，集团成立之初，整体办学基础薄弱，校际发展不均衡，除核心校外的5所学校中，有3所是区域内相对薄弱的学校，优质师资严重匮乏。集团内共有教师267名，其中高端教师仅9名，且集中在核心校中。如何突破"松散架构"和"底子薄"的限制，基于现实基础和亟待改善的问题，盘活资源，优势互补，找到组团式发展的突破口，是集团成立之初共同聚焦、力图厘清的核心问题。

教师是教育的根本，教师队伍是学校内涵发展的原动力，是教育质量提升的重要基础。在区域制度推动下，集团实践探索科学的教师流动机制，力图打破现有格局，为教师队伍输入新鲜血液，促进教师的专业发展，促进集团整体的师资资源均衡配置和教育质量提升。

一、案例描述与分析

（一）教师流动初探索，提升师资软实力

2010年，集团率先尝试集团内教师柔性流动，应长白二村小学分校的要求，两校互派英语、语文学科教师。2015年起，杨浦试点集团教师"蓄水池"计划，盘整区域资源，为每个试点集团增加10个编制，用于开展教师流动。集团积极响应《关于推进教育集团内教师流动的若干意见》，2016年、2017年全面启动集团内教师柔性流动，集团6所学校全部参与，两轮共流动教师47名（含见习教师),达到区教育局规定的 8%,其中,骨干教师比例远远超出了不低于 15%的规定(2016 年流动骨干比例 32%、2017 年流动骨干比例 18%)。

为了充分发挥参与流动骨干教师的示范作用,也为了让参与流动青年教师能快速成长,附小集团建立了相应的管理和评价机制《教育集团流动教师工作职责和管理条例》《教育集团内教师流动工作手册》,其中对流动教师的师德规范、工作职责作了规定,同时,对教育集团和各成员校也作了详细的职责要求。同时,集团打造了多样化的交流活动与发展平台,通过教学共研、经验分享、定期交流、课题引领等路径,解决教师流动过程中的实际问题,关注各梯队教师的获得与成长,发挥优质师资的辐射作用,提升集团师资队伍的软实力。

(二) 专业调研求实证,锁定流动关键点

通过两轮流动工作的推进,流动带来的积极影响日益显现,集团内中高级教师已达 16 名,区级骨干教师、学科带头人 19 名,覆盖所有成员学校,集团师资队伍建设水平呈显著上升趋势。而实际运作过程中的问题与瓶颈,也不容忽视。教师是教育的根本,为什么流动,怎样流动,流动以后怎么办,这些关键问题解决不好,教师流动的实际效益就会受到限制。

因此,集团邀请第三方进行教师流动的综合调研,旨在以调查分析为工具,解决问题为导向,以循证改进为落脚点,多维度、全方位了解教师流动工作已采取的措施和实际取得的效果,分析在实践过程中存在的困难及深层原因,收集一线教师对流动工作的真实想法和可行性建议,从而为完善合理的教师流动机制提供对策与建议。基于数据分析,锁定"流动预期待建立""评价机制待优化""活动组织待改进""辐射作用待加强"等问题。

(三) 循证改进求突破,机制优化增实效

通过综合调研,集团进一步优化教师流动机制,厘清了制度细化、人员筛选、流动准备、流动实施、流动评价等关键节点,形成了教师流动机制实践模型,并梳理出各环节的调整举措,具体如下:

1. 细化标准,统一奖励,完善制度建设

调研显示,教师对流动意义认识不一

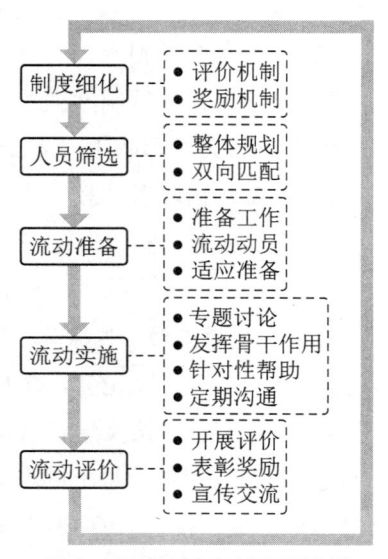

图 1　教师流动机制实践模型

致,对流动经历并没有具体的规划,部分教师认为"流动和自己学校没有差别""感觉就是换个地方上班""给流入学校带来了什么也说不清楚"。而现有的评价方式针对性不强,未建立目标导向,也难以达到激励作用。

针对以上问题,进一步完善了管理制度,例如修订了《流动教师工作手册》《上理工附小教育集团流动教师工作职责和管理条例》,增设与细化内容,使教师进一步明晰任务;制订了《上理工附小集团流动教师评价表》,标准包括了"基础要求、特色加分"在内的流动教师评价要求,以目标为导向,以过程为依据,围绕日常工作、课堂教学、课程建设、辐射引领等内容,细化分层指标;出台了《上理工附小集团流动教师津贴发放办法》,使津贴的发放进一步倾斜骨干,倾斜课程和文化的共享。

在流动准备会上,向全体教师解析手册与评价表,引导其形成目标意识,激发内在动机,结合自身发展需求,规划目标和实现路径,从而促进教师有意识地实现"流动价值"。

2. 整体规划,双向匹配,优化流动方案

教师流动指向师资均衡配置,而"均衡"并非不考虑教师需求的简单操作。这种削峰填谷式的做法,得到的只是表面的"均衡",失去的是师资质量的整体提升。基于调研反馈,进一步优化流动方案,细化了人员筛选与匹配的实施流程。

(1) 启动新一轮流动伊始,集团要求各成员校完成《学校师资配置表》的填报,梳理学校师资队伍建设情况,思考规划顶层设计,甄别薄弱学科、待培养青年教师、梯队建设情况等关键点。基于真实数据,在更高视角和格局,审视教师流动对于师资队伍建设的重要意义,在流动人员的确定前作出周密的整体规划和思考。

(2) 在流动人员选择上,基于调研情况,给予各校建议:0—5 年及 20—25 年教龄的教师、语文学科及小学科教师、表达高分析低教师的流动意愿较高,可率先进行流动;中层干部的流动,辐射作用更为明显,通过管理层面的经验分享,能由上而下地影响学校发展。

(3) 依据流动比例和骨干比例,将个人申报与学校推荐统筹协调,将教师意愿与学校需求双向匹配:对教师来说,鼓励其自主申报流动,以填报志愿的方式,明确流动意向(愿意流入哪所学校、任教哪个年级等),集团在流动安排时,作为优先级考虑;对学校来说,基于准备阶段的师资梳理,厘清现阶段教师队伍的建设情况，以教师流动为契机，整合资源，补齐短板；对集团来说，以学校发展的实际需求为本，关注距离、教师带班情况、性格等可能影响流动效果的因素，统筹规划。

3. 宣传动员，缓冲适应，提升内在动机

教师流动意愿与流动成效呈显著正相关。也就是说，老师愿意流动才能够流动起来，流动得有效果。同时，教师在流动过程中，是否表现良好，是否有足够动力地积极参与到流动中，很大程度上取决于对流动的认识与预期。

基于调研中出现的教师对于流动持"不愿意""无所谓"的现象，锁定流动效果最关键的决定因素——提升教师流动的自主性。在流动准备阶段，召开集团教师流动动员大会，通过"过来人"的现身说法、调研数据的解析、流动政策宣传等方式，将"集团人"的概念渗透强化，打消还未流动的教师的顾虑，使其转变思路，从"被流动"到"选择流动"。

4. 关注需求，组织活动，关注活动成效

针对活动组织实效性的问题，在集团和学校层面都作出调整：

集团层面，分步推进，避免活动同质化。初期以教师适应为主，交流感受、疏导压力；适应期后，收集教师在流动中的困惑，聚焦教学方法迁移、学情研究、理念更新等主题，有针对性地组织讨论，从而提升活动的实效性和针对性。

学校层面，适性匹配，提升活动实效性。各校基于对流动价值的深层思考，打造多元的发展平台，满足不同层面教师的专业发展阶段与需求。比如，对于业务能力较强的骨干教师而言，除了学科/班主任带教外，要求其承担一定管理任务，如担任学科教研组长、年级组长、课题项目负责人等。对于教师来说，激发起个人发展愿望，找到新的目标和努力方向，锻炼组织协调能力；对于学校来说，更大程度发挥了流动的辐射作用，带动教师团队共同提升。

二、案例总结与反思

通过科学调研与措施跟进，新一轮流动安排实现了4个突破：

突破输出人数：核心校为成员校输出人数第一次大于输入数，核心校教师培养的"蓄水池"作用开始发挥。

突破流动形式：集团打破两所学校结对流动的形式，为各所成员校输送包括语文、数学、英语、科技、体育、探究在内的6门学科的教师，辐射面广。

突破骨干比例：集团35位流动教师中，校级骨干教师8位，区级骨干1位，骨干占比 25.7%，超额完成 20% 的预期目标。

突破中层流动数：上理工、内二、长二选派中层干部流动，实现中层流动零的突破。

基于调研数据解析，集团力图循证改进，厘清问题，优化机制，并在运转的过程中不断调整与完善。教师流动是一项长期政策，其效果的产生取决于一定时间的积累，更依赖于不断完善的、指向可持续发展的机制有效运作。现阶段已基于调研，获取实证，在制度细化、人员筛选、流动准备、活动组织等方面进行了初步探索。研究推进中，有两点思考：

（一）应关注流动机制与流动成效的互动关系

教师流动是一项长期政策，其效果的产生取决于一定时间的积累，更依赖于不断完善的、指向可持续发展的机制有效运作。机制调整将作用于流动成效，流动成效将再次反馈机制效能，在双向互动的过程中，逐步将从"量变"达到"质变"。

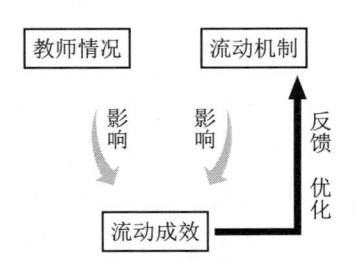

图 2　流动机制与流动成效的互动关系图

（二）关注研究成果的转化与经验辐射

随着研究的纵深推进，进一步提炼出集团教师流动机制的设计思路、实践模型与实施建议。一方面，应以科学研究的视角，基于实证调研，进一步厘清机制的优化思路，提升其应用价值；另一方面，应提炼出教师流动的一般规律与可复制经验，并在区域内交流推广，形成辐射作用。（潘华萍执笔）

聚焦成长　共生共融

平凉路第三小学教育集团

平凉路第三小学教育集团在办学实践过程中，围绕"融合·优质·创新：为每一位学生健康快乐成长而努力"的办学追求，积极探索高效有序的集团内部治理体系，将教师成长视为教师队伍建设的突破口，夯实集团发展的基础根本。

一、案例描述与分析

（一）案例描述

集团在集团化办学过程中，在集群优质发展的探索之路上，感受到教师的优质发展是教育优质发展的"原动力"。集团教师队伍建设则是集团优质教育发展的重要核心，这应是集团发展规划中的首要任务。然而各成员校教师队伍结构之间存在着现实的差异，专业素养、性格发展各有不同，如何让集团内教师在思想观念上，逐步从"学校人"转变为"集团人"的思想意识？如何促进教师进一步达成专业成长目标，提升集团师资队伍整体水平？如何发挥好骨干教师群体在集团教师队伍中的积极作用，优化集团教师队伍的整体专业水平，促进引导更多教师积极加入"区级优秀教师"的队伍中？这些问题成为集团教师队伍建设中亟待解决的问题。

为此，集团全面开展教师队伍建设基础情况调研，建立教师基本情况资源库；明确集团教师队伍建设的发展要求，提炼生成集团优质教师标准。从五大方面做好集团教师培养的顶层设计，即制定集团层面的完善的集团教师聘任制度、教师专业发展制度、教师柔性流动管理制度、教师培训制度和教师激励制度等。

集团坚决强化教师职业道德建设，要求全体老师遵循爱心、慧教、善学、创新、服务的集团"家门口的好教师"要求，通过5项行动：集团师德宣讲、廉洁文化课堂行动、好教师选拔、微信平台宣传、成员校个性化师德教育活动等。

集团积极响应创新区域柔性流动机制，以"四个注重"为切入口，着力构建集团内教师队伍合理流动机制：

1. 注重教师流动制度层面的顶层设计。在设计教师流动的工作目标中，对于不同发展阶段教师在流动过程中的核心任务进行了明确，包括示范引领、结对带教、岗位锻炼、跟岗学习。

2. 注重有效的教师流动路径探索。为了保障教师流动的合理性和规范性，集团设计涵盖沟通措施、监督措施、推进措施、考核措施4个层面的教师流动具体举措。

3. 注重建构教师流动的保障机制。从组织、人员、时间维度建构三大保障，即组织保障，集团成立工作领导小组，合力为流动教师们工作生活保驾护航；人员保障，集团内各校在编在岗教师，凡男55周岁、女50周岁以下均应参加教师流动；时间保障，(1)流动时间逐渐调整为1—2年，由各校根据实际情况确定，(2)确定流动工作的关键时间节点，每年6月启动新一轮集团流动工作，9月新学期开学进行集团流动教师慰问，1月开展流动教师年度考核，5月组织流动教师工作调研。

4. 注重发挥集团统筹调配机制。按需选择机制：在人员流动去向上，实施薄弱学校先行选择、按需选择、按任务选择的原则，合理均衡分配资源。日常关怀机制：与流动教师进行交流互通，通过慰问、调研、座谈会，了解流动教师的工作情况。校际协调机制：定期召开管理会议，沟通管理要求，协调活动安排。考核激励机制：通过个人自评、流入学校评定、集团评定对流动教师进行考核，并在年终考评中专设流动教师优秀名额。

集团大力开展有效的教师培训，以"2个精心"为核心架构集团整体性的教师专业培训策略。

1. 精心组织见习教师规范化培训活动。将新教师的成长分解为稚嫩期、成长期、巩固期，分层采取对应不同策略，通过文化浸润、团队带教、案例学习、教学实践、成长设计等方式，积极设计培训微课程，用心为见习教师打造"关键成长日"，为集团见习教师迅速适应岗位提供支持。

2. 精心落实集团全员培训与分层培训。全员全学科集团培训以"基于标准的评价与改进"为主题开展培训，全体集团教师通过专家指导、现场观摩、教学观察、现场讨论等参与方式，成为专业发展在场者。集团还开展新优质文化共识培训,集团教研组长命题能力提升培训等。学校还以"集团—学校双环管理"的组织架构方式开展个性化培训,精心设计从"集团—学校—教研组—备课组—个人"层面的"教、研、训"一体化的培训研修活动。

表1 平三小学教育集团教师培训列举

培训主题	内容与形式
新优质文化特质培训	为期一学期,面向集团管理干部,通过专家报告、学校设计、参观访问、学习交流等形式,增进新优质理念共享,目标共融,校本行动路径设计的问题
基于标准创智同行全员培训	每学期1次,开展全员全学科培训,围绕基于标准的教学与评价侧重点,解决学科教师的共同热点,迄今进行3期
未来学校培训	为期一周,骨干与青年教师参与,重在培养教师信息技术素养与运用能力
教研组长能力培训	为期一学期,提升教研组长层面的课程与教学领导力问题
创慧空间班主任工作坊	为期一年,集团内班主任参与,提升班主任信息时代构建新型家校关系的能力
基于单元的教学设计工作坊	数字课程,帮助英语教师提升牛津英语单元教学设计能力

集团发挥骨干群体的带教作用,以"三个优秀"为突破口,充分发挥集团优秀教研组优秀教师的作用:

1. 实行优秀教研组所在成员校承担校际教研中心的任务。

2. 发挥优秀教师的榜样示范作用。开展跨校带教活动,成立工作坊2个;连续3年开展"智慧传递—骨干教师巡礼"活动,传递经验。开展骨干引领的项目指导活动,带领集团团队研究数字教材,"融评于教"项目,英语阅读教学研究等任务。

3. 加大市、区级骨干优秀教师队伍建设力度。聘请专家资源支持集团教师在学历、职称等方面的提升,整合集团力量让骨干教师在投入教育综合改革的过程中压担子,明责任,获成长。

(二)案例分析

集团成立至今,教师队伍建设始终以习总书记提出的"四有"好教师标准为指引,贯彻落实《全面深化新时代教师队伍建设改革的意见》等文件精神,着力打造适应新时代教育发展和集团化办学需要的高素质专业化教师队伍。各成员校在共同的办学理念下,逐步优化整合管理模式,对各部门进行有机整合,形成"五大事务中心、两个名师工作坊",为集团的优质集群发展奠定基础。各校办学各具特色,在不断实践磨合中,探索出了一条共生共融的集群发展之路,也逐步摸索出了教师队伍建设的有效路径。

厘清集团教师队伍建设思路。在了解集团教师的基本情况之后,初步形成对集团教师队伍建设整体性的科学认识,为整体规划和设计教师队伍建设策略提供实证支撑,也为完善集团优化教师管理和促进教师发展的制度体系提供有力证据。

实施促进教师专业成长的有效举措。强化教师的职业道德建设是落实立德树人根本任务的关键,也是促进教师队伍专业成长的基石。教师流动是教师人才资源保值增值,实现教师、学校、区域教育事业三方共赢的过程。集团在促进各校教师专业发展水平整体提升的基础上,着力构建有效的教师队伍合理流动机制,进一步提升集团内部教师队伍的均衡情况,促进优质文化的交流与互学。集团针对不同专业素养水平的教师提供相应的培训套餐,同时聚焦社会热点,开展主题系列的培训课程,使得不同的教师在专业发展的道路上寻找到新的成长点,获得新的生长力,从而提升师资队伍整体水平。

发挥骨干群体的带教作用。以市、区级优秀教研组为校际教研中心,以市、区优秀教师为榜样带教,在教师队伍当中,发挥"优质成长向心力",使得集团内教师积极加入学历、职称等方面的提升行列中,整合集团力量让骨干教师在投入教育综合改革的过程中压担子,明责任,获成长。

二、案例总结与反思

经过5年多的建设,集团教师队伍建设发展已经取得了一定的阶段性成效:从思想认识上看,集团教师已经顺应了集团融合共发展的势头,拥有了"集团人"的思想意识,认同了集团共同打造适应新时代教育发展的、滨江畔的新优质学校群的发展目标;从实践探索上看,对集团化教师队伍发展路径已逐步明晰,通过教师思想道德建设、教师专业发展方案、骨干全体带教措施等一系列有效举措,打造集团教师队伍发展路径体系;从整体影响上看,集团教师队伍建设理念得到整体认同,教师队伍素质显著提高,教师队伍专业素养成效明显,并且获得学生和家长、领导和专家、同行和社会的积极评价。集团教师在各级教学评比和课题研究中成果丰富。2018年集团教师获得上海市中青年教学评比两项一等奖、杨浦区百花杯教学评比一等奖;平三小学教师获得上海市教学成果一等奖、长三角规划办科研论文一等奖；建设小学获得上海市教科所学校科研成果一等奖。集团内20多位教师获得区科研成果评比一、二、三等奖。平三小学获评上海市教师专业发展学校考核"优秀"等第，建设小学成为杨浦区教师专业发展学校。区级骨干由集团成立之初的21名发展至2018年的41名。全国市区教学比赛获奖77项；区级及以上公开教学152节，论文获奖或发表86篇次。教师专业水平不断提升，为打造杨浦滨江新优质学校群奠定坚实的基础。

下阶段，集团将继续对教师队伍建设优质发展的不懈追求，着力对以下三方面进行反思：

（一）关注教师思想道德建设

集团在成立之初已经开始思考教师思想道德建设，如何进一步加深"立德树人"的教师道德准则，形成集团教师"品牌"活动，让"立德树人"扎根进集团教师思想道德发展的土壤中，成为集团今后教师队伍发展的"立根之本"。

（二）关注柔性流动推进举措

继续推进探索教师流动的评价与评估机制。通过评价的鉴定、激励和导向价值，对教师流动的目的、方式、成效等进行全面诊断，分析流动教师中的积极因素和消极因素，采取有效措施放大积极效应，防止消极方面，实施针对性提升，确保教师流动制度在实践中的实效性。

（三）关注教师发展路径

继续深化完善集团教师专业发展机制建设。进一步发挥集团优秀群体骨干带教作用，通过优化教师队伍建设，进一步促进新优质集群发展的机制建设。在集团变动的过程中，持续深化文化认同机制建设，教师专业素养机制，补充和完善教师专业发展举措，不断提升新优质学校集群创建的实践成效。

（郑小燕，鲍依婷执笔）

暖 流

齐齐哈尔路第一小学教育集团

齐齐哈尔路第一小学教育集团以立德树人、五育并举为根本,以课程建设为途径,以问题为导向,不断优化集团管理的层级功能,不断完善集团品牌课程推送计划,不断深化集团阶梯教师培养计划,跨越地域边界,打破校际壁垒,搭建发展平台,共享优质资源,实现集团学习、研究一体化。

集团在区域流动工作的要求下,针对集团的实际基础和发展愿景,不断制订、完善、优化教师流动方案,确保流动程序规范、公正。集团本着"高度重视,统筹思考,合理设计,稳步推进"的原则,深入明确意义,充分提高认识,将教师流动机制视作是打通集团之间教师专业发展的通道与途径,彰显集团的文化理念——"同创共享齐发展"。每年 5 月,根据本集团的实际情况,确定教师流动方案,明确在编在岗教师中 55 周岁以下的男教师和 50 周岁以下的女教师均为可流动对象,并在集团内公布教师流动的岗位需求。集团内每学年教师流动的比例不低于符合流动条件教师总数的 10%,其中骨干教师比例不低于流动总数的 20%。每年 6 月,采取个人申报与学校推荐相结合的方式,确定流动教师名单,并在集团内进行公示。每年 8 月底,由集团安排教师流动人员到相应岗位任职。流动过程中,由集团教师发展部承担日常各类管理工作,并做好学期考核和学年考核工作,优秀比例为 30%。

一、案例描述与分析

(一)小张老师

小张老师是集团核心校齐一小学的专职特教老师,也是区骨干教师。在集团首次流动工作中,作为骨干教师,她主动报名,积极参与流动工作。她带着忐忑和期待,来到了流入校,承担了一年级(2)班的班主任及语文教师工作,还担任了语文、道法的备课组长。

虽然她是一名语文老师,但是流入校邀请她参与到学校课程领导力项目的研究,并加入了学校研究的试点学科——数学团队中,发挥她的专业和专长,开展"亲·信"课堂观察研究,负责观察班级中学习能力薄弱学生的课堂表现,希望通过她对孩子的观察,揭示出学生存在的学习问题。课题组能够从问题出发,帮助教师根据学生的差异化寻找到有效的教学策略和心理关注。

对于小张老师来说,一个陌生的环境带来的首要挑战就是迅速适应,但流入校对她莫大的信任却让她油然升起了一种成就感和责任感。作为核心校的一名流动老师,她觉得自己代表的是集团的形象,理应发挥核心校的引领作用;作为一名骨干教师,她觉得参与这项研究是责无旁贷的,必须充分发挥一定的辐射作用。于是,在流动的第一个月,她就成为了学校课程领导力研究的项目组成员,开启了她为期一年的研究历程。在她的课堂观察中,她看到了话到嘴边,不敢举手的孩子;看到了假装学习,抄答案的孩子;看到了成绩不理想,但是很善于合作的孩子;看到了坐不住,但是很愿意上台表达的孩子;看到了完全没有问题,却是大家认为班里最弱的孩子……面对这些现象,经过她专业的分析,结合学校"亲·信"课堂的要求,为这类孩子量身定制了许多教学策略,以帮助教师充分关注到课堂上的每一个个体。在她的建议下,流入校的课堂上多了一面面小红旗,那是求助信号,在分组合作时,它能最快地反馈所有来自课堂的提问,也可以显示那个最弱的信号,充分关注到每一个孩子的学习状况。这一"求助旗",成为了"亲·信"课堂的亮点,彰显了课堂对每一个孩子积极情感的调动以及教师充分关注差异的过程。

渐渐地,小张成为了学校研究团队的核心人员,和项目组一起分析学生认知的规律,寻求有效的教学策略,通过以学习为中心的课程观察来进行实证研究。在流动的一年里,小张老师在项目研究中开展特殊学生课堂观察研究10余次,并认真完成了课堂观察分析报告,参与项目研究专题交流8次。同时,她还在流入校带教了2名青年教师。她一同参与撰写的学校课例获得区二等奖。

(二)小茅老师

小茅老师是集团第二批流动教师,是一名有一定经验但还不够成熟的青年教师,从成员校流入到核心校齐一小学。小茅老师年轻,有活力,有梦想,有着积极的专业成长需求,渴望有一方专业发展的平台推动自己成长。

流入校安排小茅老师担任一年级(7)班的班主任,并执教语文和道法。同时,为她安排了同年级的顾老师作为她的带教导师。顾老师是高级教师、区骨干教师、学校语文教导,也是集团语文学科研究共同体的主持人。对于学校安排的这位导师,小茅老师深感荣幸,倍感珍惜。

于是,流动的一年,就是她们俩谱写师徒之缘的一年。她们出现在彼此的课堂,顾老师上一节,教一节;小茅老师听一节,学一节……这样的场景数不胜数。渐渐地,小茅老师变得自信起来,对课堂教学的主张也成熟起来。2020年上半年,顾老师作为资深的优秀语文教师,被邀请录制一年级第八单元的"空中课堂"。师徒俩更是在这场疫情中共同经历着成长。顾老师精心备课,小茅老师制作课件,并成为顾老师一遍遍试讲的忠实听众。

成长总是在不经意中发生的,但一定是在积淀中练就的。正因为小茅老师有了这一年的历练,她自信地参加了区"百花杯"教学比赛,并成功地过关斩将,进入决赛。作为她的导师,顾老师义无反顾地组建团队,帮助小茅老师一同备课,一起磨课,多次试教,为这个年轻的老师成长助力,更为她的成长搭建更有力的平台。

上述两个案例,是两位不同的流动老师所发生的流动故事。这两位教师代表着不同层面的老师,一类是骨干教师,一类是青年教师。但在她们的案例中,却能发现相同的特征,即跨校流动可以为教师提供更广阔的平台,可以促进教师的专业成长。同时,也能引发集团流动工作的深度思考:什么样的流动机制能够更有效地触发教师自主发展的意识?怎样激发不同层面的流动教师在原有的基础上有所成长?

二、案例总结与反思

通过总结许多个流动老师的案例,我们发现,集团流动工作的确能在一定程度上拓宽教师发展的平台,为更多的教师提供发展的机会。但同时我们也在思考,如果将流动工作视作集团教师专业发展的重要途径,那么流动工作必须讲求目标和方法,必须根据集团特点进行顶层设计。

(一)流动去向要有利于教师发展需求

在确保流动人数的基础上,集团必须确定流动教师队伍的结构组成和基本流向。流动教师的流动去向不是随机的、盲目的,必须符合集团发展理念,即"同创共享齐发展",要将优势资源发挥到极致,要对成长空间尽可能满足。

第一类,核心校以选派骨干教师和成熟教师为主,能在专业上有一定的指导作用,以保证流向其他成员校;第二类,成员校以推荐有发展潜力的青年教师为主,以流向核心校;第三类,五所学校统筹商定,选派专业水平属于同一层级的成熟教师进行互相流动。

(二)流动目标要有利于教师任务驱动

对于流动工作,需要让每一位教师明确流动的意义和责任。流动,不是临时游击队,而应成为冲锋队,必须要有明确的目标与任务。

针对不同层级的流动教师提出明确的流动目标与流动任务。对应骨干教师,实行"1+X"任务模式,即要求骨干教师进入流动校,全面开启指导、带教的任务。"1"指1名骨干教师,"X"指带教对象,既可以是一名教师,也可以是一个教研组,还可以是一个研究项目,要求骨干教师根据流动学校的需要,发挥指导、引领作用。对应青年教师,实行"1+1"任务模式,即青年教师进入流动校后,学校必须安排一名带教导师,要求青年教师立足课堂教学,进行跟岗学习,深度浸润,不断成长,将来作为"种子教师"返回自己学校生根发芽,开花结果。对应同层级的成熟教师,实行"360"任务模式,即全面参与流动校的所有教育教学工作,以适应、胜任为目标,充分感受学校文化,领略不同风景,以促进集团文化共融。

(三)流动考核要有利于树立教师典型

对于流动教师的管理而言,流动期满的考核工作不仅是一种总结,更是一种导向,还是一种激励机制,能够有效地提升集团流动工作的品质,教师发展的内涵。因此,必须整体设计考核方案,明确考核要求,尤其对于集团流动工作中的特色项目予以关注。例如,在流动教师全面梳理流动工作的基础上,充分听取流入校的评价意见,对于出色胜任自己流动任务的教师予以特色加分。同时,集团还要注重搭建平台,将流动教师的精彩故事进行分享,既是一次盘点,更是一种榜样。例如,在集团微光人物的评选中,流动教师脱颖而出;在集团师德主题活动中,流动老师讲述自己的微故事等,这些都是有效的平台,让优秀的流动老师成为集团流动工作的典型,并激励大家共同学习,充分展现流动工作的内涵。(王隽执笔)

新教师的专业培养链

上海市第二师范学校附属小学教育集团

上海市第二师范学校附属小学教育集团的核心校二师附小是原第二师范学校的附属小学,有着厚重的师范文化积淀,有着于漪精神的传承引领,"点亮师道风范、弘扬于漪精神"已成为二师附小集团建设与发展的主旋律。

"谱写新时代的师说"是集团的新靶标,为达成教师个体发展目标和集团均衡发展的愿景,我们建构起"分目标、阶梯式、多载体"的"培养生态链",逐步形成教师"干部培养链"和"专业培养链",双链并进,互通互联,实现教师复合型、多能型发展,为每个教师创造适切的机会,搭建成长的平台。其中,"专业培养链",首先从刚入职的新教师的起步培养抓起。

一、案例描述与分析

新教师是学校的希望、集团的未来。二师附小作为首批上海市教师专业发展学校暨新教师规范化培训基地学校,从2012年开始,学校对于新教师的培养,以踏实规范为基准点,以精心悉心为出发点,以提升新教师课堂教学能力为切入口,架构起五个"三"培训框架,形成了一套行之有效的培训模式。集团成立后,新教师培训的责任更大了,任务更重了。

(一)汇编实务手册,开启为师之路

新教师来集团核心校见习的第一天,人人会拿到一本《为人为师,入格入情——二师附小教育集团新教师规范化实务手册》。这本手册刊印着教育部制定的《师德师风十准则》和集团制定的《一日工作流程》及《教师十慧行》。这是一本每位新教师都应严格遵守、履行的章程,新教师持册上岗,有章可循,有矩可守。

(二)熏陶校园文化,注入为师之气

一直以来,二师附小坚持用崇高的使命教育与教师们一起寻梦,用文化浸润与教师们一起追梦,"让每一个孩子健康快乐智慧地成长"的初心代代相传。集团请进了一位位教育泰斗给老师们授课,组织阅读了一本本树理想、立信念的书籍,聆听了一场场教育楷模事迹报告会,开展了一堂堂"铿锵三人行"教师微讲座……由此,"一身正气,为人师表"的职业信念深深地注入每一位新教师的脑海,"不忘初心,砥砺前行"的新附小精神也播种在他们的心田——荣辱与共的爱校精神,求真务实的研学精神,合作共赢的团队精神,乐学慧思的创新精神。

(三)夯实培训课程,传授为师之法

集团成立了一支由带教教师组成的专为新教师进行专题培训的讲师团。每周二下午是新教师固定不变的校本集中研修时间,师傅们立足班主任工作或学科教学,聚焦一个内容,申报专题,轮流给新教师开设微讲座。每周一次,雷打不动,主题有《浅析教学五环节》《透过反思看反思》《如何说课评课》《学生一日行规培养》《家校共建,形成育人合力》……微讲座结束,一场答疑解惑会随即开始,就新教师遇到的近阶段工作中出现的棘手问题,师傅们耐心而智慧地一一解答或指导,使新教师少走了不少弯路,充分发挥了团队带教的实效性。此外,集团还组织他们开展"教育智慧"交流活动,就一个案例进行解读分析;组织他们进行"为人为师,入情入格"演讲比赛,分享见习培训的所感所得……即使在"停课不停学、停课不停教"的疫情防控阶段,新教师的培训也没有停止,依然组织他们定时观摩空中课堂,悉心学习名师授课,仔细研究教学语言,认真开展线上演课,积极交流实践收获。从学习者到实践者,团队共建提高了培训效果。

(四)浸润课堂打磨,摸到为师之门

给新教师配备"愿带教、会带教、能带教"的骨干教师点对点辅导,新教师如影随形地天天走进师傅的课堂。观摩师傅上课的全过程,记下师傅上课的一招一式;课后,师徒促膝交流,徒弟谈听课体会,师傅讲上课要领。接着,师傅再手把手地指导徒弟上实践课,学习师傅良好的教法、教态、教语和教式;课后,师傅再评价指导。这一来一去的浸润课堂式的带教扎实而有效,使新教师走出了最初的稚嫩和彷徨,开始有了章法,开始老练起来。在培训考核季,新教师的考评课质量,在一次次的试教、打磨、优化下,不断攀升。

春风化雨,润物无声。新教师在培养中不断地规范言行,打磨专业,丰富学识,有如春雨点点滋润心田,使他们有了从"入门"到"入情",从"入境"到"入格"的茁壮成长。最值得一提的是Q老师,原先的她是一位站上讲台就瑟瑟发抖,不敢说话的人,但是经过这一整年全程、全方位、全浸润式的培训后,她也成功蜕变了,绽放着笑颜,从容地走上讲台,流畅地上好课,不得不说这正是见习教师拔节成长的最好见证。

二、案例总结与反思

新教师的培养是一个值得不断探索的课题。过往的实践为我们后续在集团内进一步推进"培养链"模型的首环提供了丰富的经验和样本,为集团内青年教师培养、骨干教师提升、名师的进一步发展、各级干部管理能力的提高等诸多培养模型的构建,提供系统的思路和方案,使教师发展的各环节真正做到衔接流畅、提升有序、互补有方、发展可期。

(一)建章立制,精细管理

规范管理,是二师附小的传统。集团成立了领导工作小组,讨论了规范化培训工作的指导思想和目标,召开了带教工作会议,明确了规范化培训的具体细则要求,为规范化培训指明了方向。建章立制,精细管理落实在"五个一",即一支优秀的带教团队、一份详细的带教协议、一本完整的《培训实务手册》、一场开放的带教评价、一套全面的回访制度。与此同时,集团各成员校之间形成管理上互通、人才上流通、研训中联通、质量层相通的"四通"机制,规范运行,动态调整,优化效益。实打实的制度管理,让带教与被带教教师都感受到规范,规范是发展的基础;感受到精细,精细是有效的前提;感受到和谐,和谐是自信成长的源泉。

(二)搭设平台,提升素养

为了使新教师获得更高端、更有效的培训,集团努力挖掘各种资源,这些资源包括教学资源、人力资源、活动资源,全部向新教师开放,一路绿灯畅行,并做好综合保障。搭建了各种平台,使新教师成为专题活动的主力军、展示亮相的生力军、项目研究的新生代,促使新教师在一次次亮相、发言中提升组织能力、语言素养和教学机智。

(三)倒逼效应,共建共赢

新教师培养的过程,同时也是对骨干教师倒逼的过程。带教工作践行二师附小"平时如公开,公开如平时"的课堂追求,倒逼着骨干教师天天如一日的开放课堂,进一步深入细致地研究课堂、研究教材、研究学生、研究教法,倒逼着骨干教师进一步提升道德自觉、专业自觉,工作上不计较,有大局观、全局观,发挥辐射引领作用,倒逼着骨干教师不断提升自身的带教能力,不仅自己能上好课,教好学生,还能针对新教师的个性特点,加以扬长补短的因材指导,让新教师能更快、更稳、更好地站上讲台,实现共赢,从而推进集团以教师需求为导向、以骨干为引领、以专家为指导的分类提升,协同发展的运行机制。(蒯峰梅,张瑾执笔)

图 1　师徒带教　日常指导

图 2　教育智慧　分享交流

图 3　演讲比赛　师徒合影

融合创生　优质发展

上海音乐学院实验学校教育集团

上海音乐学院实验学校教育集团成立5年来,在核心价值上追求"机制上有创新,项目上有突破,办学上有成效",在"党建共享、人才共育、队伍共造、教学共研、课程共建、文化共生"的"六共"合作上积极作为,努力实现"校校共赢、人人共享、生生共长"的教育优质均衡发展目标。

三尺讲台,关系未来。师资队伍建设水平决定着学校的未来,也制约着集团的发展,为此,教育集团从长远发展的角度来规划集团师资队伍建设,精心营造教师成长的人文环境,积极创设和谐的集团文化氛围,坚持不懈地加强师德师能建设,全面提高集团教师整体素质。

一、案例描述与分析

集团首先是明确了师资队伍建设目标:努力建设一支以学科带头人为核心、以中青年学术骨干为中坚、以优秀的职初教师为后备力量,结构合理、勇于创新、师德高尚、治学严谨的教师队伍。鉴于此,集团形成了新教师统一招聘机制、见习教师统一培训模式,以"慧动课堂"建设促进职初教师成长课题、集团教师柔性流动机制、骨干教师梯队培养建设、学科带头人工作室建设等各阶段教师培养的方案。制定集团师资队伍建设规划,使核心校成为教师培养的"蓄水池",成员校全程参与师资队伍培养的大平台。

作为上海市教师专业发展学校,上海音乐学院实验学校肩负集团师资建设的重任,在长期实践中,形成比较规范的教师培养运行机制。既有面上针对不同层面的教师,设计不同的研训内容,开展不同的研训活动,又有点上的特色教师培养方案。我们的突破点是对35岁以下青年教师的培养和使用,这是从职初教师走向成熟教师的关键成长期。我们设计读书交流活动、课堂教学竞赛、基本功(三笔字)比赛、教学设计及课堂教学展示交流等一系列活动,尤其集团青年教师教学大奖赛,通过以赛促学,形成比学赶帮的青年教师成长氛围。通过集团青教赛脱颖而出的青年教师,成为教学发展的骨干力量,学科教学的主力军。

(一)成长在课堂——青年教师教学比赛

青年教师的成长没有捷径,就是要从扎扎实实备好每一堂课、上好每一堂课开始。集团青年教师的教学比赛每年一届,举办至今已有3年,涵盖了数学、音乐、科学与技术、体育、美术5门学科。集团把每次比赛看成是涉足课堂改革深水区的试验场,而决不仅止于某几位教师的课堂表现评价或是日常的教研活动。学校也以此为契机,构筑教师校本专业发展平台,让青年教师的成长能够看得见。

在比赛过程中,我们做到3个关注:

1. 关注进程的全链化。从一张参赛情况安排表,我们看到从课题设定、指导专家聘请到试教时间、班级确定,再到分管行政和备课组协同人员,乃至最后正式比赛的跟班教师、车辆安排,成员校都做了细致周密的部署。

2. 关注过程的全指导,成员校尊重每一位青年教师主体发展的愿望,通过集体座谈和个别访谈了解需求,征询意见,寻求资源,请来了本区、外区专兼职教研员深入指导,分管教导全程跟进,教研组长、备课组内集体研磨,体现团队的凝聚力和集体的智慧。

3. 关注反馈的教研化,在数学竞赛专场,集团请到了市数学教研员和长宁区资深教研员,比赛结束后开展了即时教研活动,老师们与专家又进行了深度对话和交流,对课堂生成的问题和不足进行了反馈与剖析。

集团教学比赛彰显出了其超越比赛本身的文化价值——氤氲成员校的课堂研究文化氛围,增强了学校打开教研视界的自信,提升了教师群体对课堂研究的认知。

(二)变革教研——赋能优势学科

2019年,集团积极探索教研联动机制,复旦科技园小学数学教研组作为优势教学群体,借助于承办中英数学教师交流项目,对接区域"融评于教"任务,依托集团内多所学校,在学科核心素养引领下,细化目标,聚焦课堂,评价先行,用同课异构的方式,课堂即时观察生成真实数据,呈现"目标导向下计算教学再研究"集团内一线教师的自主思考和评价改革。

联组教研历时一月,集众之力,借势推进,集团内参与的数学教师人数高达23人,在教研员王晴老师的专业指导下,教研组依据目标指向,研制出了依据不同课堂的《3、6、9乘法之间的关系》课时评分规则量表,并进行了为时一天的三堂数学开课、观课、析课的"全息式研课"。

在同课异构、异构同审的过程中,集团内教师和英国教师实现了一些多元教学文化、多样教学思路的碰撞、交流、分享。教师不断打开专业视界,自我挑战、自适更新;集团成员头脑风暴,智识互惠。于此,一种"平等、互助、共赏、合作"的教研文化正在逐步生成。

(三)学科视角下的深度同盟——创建集团"同道"工作室

2018年9月,《道德与法治》统编教材在全国推行,为进一步弘扬立德树人教学宗旨,集团拟组建中小学思政教师工作室。工作室成员由区道法骨干教师领衔、区道法教学新秀、市道法学科中青年教学比赛二等奖获得者构成。

2020年初,集团"同道"道法工作室正式挂牌,一方面探索学科专职教师的培育和成长路径,激活学校优质教师的专业自信和身份认同。目前,集团各校招募到的道法工作室成员总13名,平均年龄38岁,分布于4所学校两个学段多个年级,其中专职教师拟招募7名,我们试图以"小初衔接,全程视野"为目标,开展学科研究。另一方面,学科视角下的深度同盟,是一个联情联智、同心同道的组织,一个直面问题、允许试错、鼓励挑战、激励共生的组织,我们期望以学术的力量引领教师的专业发展。

二、案例总结与反思

(一)明确目标,集团管理有序

制订行事历,工作有目标。年初制订集团年度工作计划、集团经费预算,并制订行事历,确定集团每月工作重点,便于成员校把集团工作纳入学校计划和工作中。每月召开理事会议,使成员校对集团工作的内容和要求清晰明了。增强凝聚力,建设集团人。集团以"六共"来聚合民心,在丰富多样的集团文化交流展示中,增强凝聚力,提高认同感,把学校人转变为集团人,形成合作互动的团队。个性化评价,形成竞争力。基于每所学校不同的办学历程和办学特点,集团制定"个性化"的发展性评价方案,以"公转+自转","基础+特色"的评价指标,激励成员校在教育教学实践中,有个性,有发展,有创新。

(二)项目引领,课程教学共研

课程同分享,研究有动力。集团每月开展课程教研活动,适时开展集团优质课程走教活动,充分共享优质资源。小学数学、小学英语、小学美术、中学语文、中学物理、中学地理等课程都以集团的形式在区域以及市级活动中交流展示。把控生命线,质量稳进步。根据成员校的学段分布,集团有分有合的开展教学质量监控。集团理事会专题学习教育部《关于印发中小学生减负措施的通知》,组织全体教职员工认真学习减负30条,并贯彻落实。

(三)机制保障,促进教师发展

1. 落实蓄水池,教师多流动

以集团为单位进行教师统一招聘,使核心校成为教师培养的"蓄水池"。每年初修订集团流动教师流动方案,实施动态管理,完善激励评价机制。5月启动集团教师流动工作。其间,从校内征集,到校际对标,学科对应,几上几下,直至全部吻合。

2. 建立工作室,示范辐射广

以"王永德工作室"运作带动集团成员校艺术教育的进一步发展和繁荣。上海音乐学院实验学校作为初中阶段唯一的物理教研联合体向全市进行教学展示。集团还建立跨校联组教研机制,实行项目的"一校领衔,三校参与"推进模式。集团《道德与法治》名师工作室、初中教育集团三科教材语文学科研修工作坊以及顾劼亭钢琴教育工作室。通过名师引领,不断增强集团教研活动的深入开发,实现集团核心文化的深度融合。

3. 校本同培训,教师专业化

聚焦基于标准的单元教学设计项目。从专家讲座、校际研修,到交流促进,项目研究成果在小学教学工作会议上作书面交流。集团有教师专业发展机制建设,支持教师学历、职称等方面的发展。目前,集团有高级教师24人,上海市普教系统"双名"后备人选2人,区拔尖人才1人,区学科名师1人,区学科带头人3人,区骨干教师14人,区后备骨干教师4人,区教学新秀10人。(贾晓岚,周燕君执笔)

图　教师交流活动

专业引领 共研共修——集团教师成长之路

杨浦区教育学院教育集团

杨浦区教育学院教育集团深知教师是教育发展的第一资源,高素质的教师队伍是提高教育品质和集团办学满意度的关键支撑。集团以师资建设为切入点,认真分析现状及发展需求。作为集团核心校,杨浦区教育学院拥有优质的人才资源,拥有特级校长、特级教师、区学科名教师、区学科带头人、区骨干教师等名师,在集团师资建设中充分发挥引领和辐射作用。成员校的教师结构性缺编、优秀教学骨干缺乏、青年教师潜质开发不足等问题仍然顽固存在,反映出教师资源均衡配置的迫切需要和教师专业发展水平提高的现实需求。

杨浦区教育学院教育集团立足于教师素质的综合提升和教师资源的合理配置,以"协同培养、刚柔并济"为鲜明特点,在发挥核心校对成员校队伍成长的引领辐射作用,帮助成员校孵化种子教师的同时,注重激发成员校自身在教师培养上的动力,优化各校教师培养机制与方式。集团实施教师柔性流动制度,将流动培养与校本培养相结合,一体化培养集团全体教师,建立健全集团人才选拔与培养机制。

一、案例描述与分析

集团教师柔性流动制度旨在以教师发展中的真实问题为基础,核心校通过个别带教、蹲点教研、示范教学、项目指导和走访调研等形式,对成员校的教师团队进行引领辐射,切实提高成员校教师的教育教学能力,帮助成员校孵化种子教师,为集团成员校发展实现"造血"功能。

(一)明确主题

柔性流动首先有明确的主题,被带教教师以自身的教学瓶颈问题为基础,明确专业发展的障碍点,通过与带教教师的研讨,进一步分析问题,明确年度带教主题,依据主题细化带教的进程,明确带教的实施安排,使得柔性流动规范化,为柔性流动制度的推行提供了方向指导。

(二) 实施方式

1. 蹲点指导

根据成员校的教研需求,核心校选派学科教研员蹲点成员校教研组,按照"梳理现状—分析问题—确定专题—制订计划—参与研讨"的流程,指导成员校教研组开展有针对性的专题教研。具体做法:

(1) 围绕教研组建设,组织集体研修活动,开展有针对性的学科研修指导;

(2) 针对课堂教学实践,组织备课、听课与评课活动,并邀请专家开设主题讲座;

(3) 开发校本化教学资源,包括教学设计汇总、教学案例梳理等。

2. 个别带教

对接成员校教师的发展需求,核心校选派学科教研员以师徒结对方式带教成员校的流动教师,主要面向职初教师和校骨干教师。具体做法:

(1) 制订学期带教计划,确定带教主题,开展个别指导;

(2) 开展听课评课及其他课堂观察活动,发现教学的症结和问题所在;

(3) 组织从备课到评课等环节齐备的教学示范课,或带领教师参与联组活动和外出学习活动,以拓展视野。

在"基于学习经历的课堂教学"带教中,带教教师和被带教教师以一节课为例,共同探讨学生的课堂学习过程,切身体验学生的学习经历。被带教教师研读教材,分析课程标准,明确学习要求,依据学情开展教学设计,通过反复打磨最终形成一份完整的学生学习方案。在学习方案的指导下,被带教教师开展课堂教学实践,带教教师全程参与课堂,并记录完整的课堂教学。课后,带教教师和被带教教师就本节课开展课后研讨,进一步剖析课堂教学案例;进一步反思原有的教学设计,如原有的学习活动设计能否引发学生的思维活动,该活动对学习目标的达成作用是否显著等问题;回顾学生的课堂表现,反思教师的课堂教学,如教师的语言表达是否清晰、准确,教师提供的学习支持能否满足学习的需要等。在对教学设计和课堂教学行为进行反思的基础上,做好反思记录,并对原有的教学设计进行优化改进,形成一份更贴合学生学习过程的教学设计。

3. 项目指导

根据成员校的重点项目开展情况,核心校选派学科教研员或科研员进行专题交流与指导。开展相应调研，并根据成员校课程教学的实际需要，进行校本研修指导，包括确定调研主题、过程实施和调研反馈等环节。同时，聚焦课程教学，引领成员校探索研究型、拓展型课程的开发与实施。

在"创智课堂校本化实施项目"中，核心校教研员、科研员走访成员校，开展调研，听取项目研究进展、已有成果以及存在的困难，帮助成员校进一步梳理和夯实研究成果，扩大成果辐射，并针对成员校的困惑开展研讨，寻找适合学校发展的可行性解决方法，提升成员校的项目研究能力、执行能力，固化研究成果。

（三）成果展示

柔性流动是基于成员校的真实需求和问题而开展的，整个带教的过程就是问题解决的过程，要以课例、报告、反思记录等物化成果的方式来反映实际效果。例如，在杨浦区教育学院教育集团2019年中期工作推进会上，以"融合·发展"为主题，学前组、小学组和中学组分别以《幼儿个别化学习的实施》《结伴研究，成长共行》和《落实听说目标，研究听说路径——做一名会反思的教师》为题作了专题汇报，通过学校自我陈述来展示柔性流动的阶段性成果，把柔性流动落到实处。

（四）评价体系

《杨浦区教育学院教育集团柔性流动工作量及考核标准》的制定与应用既为流动人员的工作内容提供了参考依据，也为考核流动效果提供了评价工具。为使教师流动工作有序进行、具体可查，集团制订了一套由"制订带教（项目引领）计划、做好活动记录、落实预期目标、撰写年度小结"等关键环节组成的工作流程，并编入《杨浦区教育学院教育集团柔性流动活动记录手册》，要求带教教师在开始之际制订培养、带教和项目引领计划；被带教教师、教研组及项目组认真执行计划，保障每次活动的人员、时间、地点，并记录活动过程；完成开课、展示、论文撰写和项目汇报等任务，以便将预期目标显性化；在结束之际比对原定计划和执行情况，完成各组、个人的流动工作小结，以此作为评价的重要参考点。

二、案例总结与反思

集团教师柔性流动以真实问题为切入口，通过核心校的专业引领、带教团队和被带教教师的共商共研，通过问题解决、项目研究，推动教师在教学能力、管理水平、科研能力等方面不断成长,最终使一批教师成长为成员校的中坚力量,发挥辐射作用,从而推动集团教师队伍的优化升级。

(一)将培养工作落小、落细、落实

柔性流动制度将集团教师培养工作落小、落细、落实,以问题为导向,研修过程即问题解决过程,以问题解决作为衡量研修效果的重要指标,增强研修效果的适用性、实用性,积极推动教育教学问题的解决。在这一过程中,教师掌握问题解决的策略和方法,既增强了信心,提升了责任感、成就感和幸福感,又激发了自主发展的内生动力,形成教师专业发展的良性循环。

(二)发挥专家引领作用

柔性流动制度首先是核心校派遣教研员、科研员等专业力量,对接成员校的实际需求,以问题为导向,以任务为驱动,发挥专家的引领作用,更加清晰界定和分析问题,论述问题解决方案的可行性,为问题解决提供了专业支撑。同时,专家的全程参与和引领,对问题解决又具有督促作用,增强了教师解决问题的信心,激发了教师的积极性、主动性。

(三)集体研讨、团队协作是柔性流动开展的主体性方式

专业引领为柔性流动的顺利实施保驾护航,但教师的成长更有赖于自身的亲身参与和实践。因此,集体研讨、团队协作成为柔性流动开展的主体性方式。教师通过自我总结与陈述,将经验与反思相结合,明确自身的成长与收获,也见证教师的专业发展;通过专家与被带教教师之间的交流研讨,对存在的问题进一步剖析,帮助被带教教师做好反思和总结,明确问题症结和解决路径,促进研修的顺利开展,并推动被带教教师对专业知识和技能的学习、掌握和运用。在整个研修的过程中,历经问题分析、方案设计、方案实施、方案反思与修订、方案再设计与实施……成果总结等迭代改进过程,教师通过亲身参与,在研修中不断认清问题、解决问题,最后形成案例等研修成果,展示教师技能的提升,反映教师对于理论的学习与掌握,从而真正推动教师的专业发展。

(周梅,李磊执笔)

专题五　成果共享

以项目带动集团化办学　探索适合的教育

鞍山实验中学教育集团

鞍山实验中学教育集团成立于 2016 年 5 月,是杨浦区域内第一个"初级中学教育组团发展共同体"。目前,集团由核心校上海市鞍山实验中学,成员校上海理工大学附属初级中学、上海市包头中学、上海市东辽阳中学 4 所学校组成。

鞍山实验中学教育集团以"构建适合教育,成就师生成长"为集团发展共同理念,以"尊重,联动"为集团发展核心文化,以"项目驱动,自主发展"为集团发展基本策略,以"行动设计,实践研讨"为集团运行基本方式,形成集团成员学校间课程体系与办学优势互补、教师队伍与教育资源共享的学校发展共同体。我们希望建设一个这样的集团,即集团内每一所学校都有各自发展动力的"动车组",努力将集团内每一所学校都办成"家门口的新优质学校"。

一、案例背景

我们带着"以教育集团为平台,探索教师专业发展的路径与策略"的任务,组建鞍山实验中学教育集团。作为集团的理事长单位,鞍山实验中学不是名校,缺乏名校的文化与资源可以辐射成员校;作为理事长,又不是名校长,缺乏名校长身上的专业水平和人格魅力可以影响他人。这些都是组建集团时,最忐忑不安的问题。但是,在集团内几位校长的教育情怀感染下,我们逐步有了信心,并找到了我们集团建设的策略——"以项目带动集团化办学"。也就是,在项目实践中,探索资源共享、课程共建、师资互动、特色共创等集团建设机制。

那么,以什么项目带动集团的建设?这是集团建设的关键,也是集团发展的瓶颈。这个项目应该具备几个要素:①可以作为撬动学校改进的支点;②可以成为学校发展的引擎;③可以成就师生的成长,也能成就校长的成长。

然而,以什么样的方式发展学校?这应该与学校发展现状、历史文化、师资状况、学生情况,以及外部条件,甚至校长风格等因素相关。集团内每所学校这些因素都不尽相同,很难以一种方式发展不同的学校,需要寻找与自己学校发展阶段相适宜的改革方式。

因此,集团建设的首要工作是聚集智慧,协助每一所学校寻找撬动学校改进的支点,确定带动学校发展的引擎项目。并以引擎项目为主线,开展主题校本研修,带动学校的其他工作,探索适合的教育。

最终,我们围绕"集团建设师资队伍"的命题,根据各校引擎项目,寻找不同项目的共同因素及其核心根源,确定"立足集团办学,重构教师专业发展系统"为集团共同探索的主题。以集团核心主题研讨,服务各校"引擎项目"实践,激活学校自主发展动力,提升学校综合发展水平。

二、案例描述与分析

(一)集团教研对接:重构教师专业发展系统的关键一步

重构集团(群)教师专业发展系统,首先必须构建集团(群)联合教研平台,开展集团(群)内联组教研。我们通过教研对接机制,让集团建设的重心下移到教研组,研讨的阵地前移到课堂。建设教师联合教研平台,在学科教研层面,把4所学校的力量整合起来,各学校都有领衔的学科,成为教研基地,如上理工初中领衔音体美、辽阳中学领衔综合理科、包头中学领衔数学等,大家都能"当主人"。一门科目牵涉的老师仍然太多,就再细分到年级。比如4所学校的初一数学老师建立组群,音体美劳在大组长领衔下分别建立音乐、美术、体育等学科组群等,彼此之间认识,每个学期举行不少于3次集体教研,每位教师至少参加1次。借助于联合教研平台自发派生出优质课程资源的共建共享,如科学共同研发预备年级科学的教学设计,历史、道法共同研发学科日常评价方案等。

(二)集团教学研讨:重构集团教师专业发展系统的核心内涵

我们秉承"互联网+"工作思路,采用"线上线下"相结合的教研方式,开展聚焦项目主题的联组教研,确定以"基于标准与学生的教学改进"为联组教研的总方向,每个学科确定适合本学科特点的研修主题。例如语文"单元作文指导的教学设计";英语"基于标准与学生的单元教学设计研究";理化"实验教学的设计与实践"。通过主题研修实践,完善有利于集体教研、集体备课研讨的行动研究机制,促进集团内教师的专业成长。在联合教研的基础上,自2017年始,集团举办两届"新优杯"创智课堂教学大奖赛。同时,开展集团主题培训。如聚焦中考改革背景下的学校课程与教学改进,举行集团暑期教师培训。四校领衔教研组长,围绕联合教研、聚焦中考改革分别进行经验分享。各领衔教研组,生动翔实地介绍了一年内联合教研给组内老师带来的收获及教研反思,全面展示了集团老师在联合教研组活动中积极认真的教研态度,自觉将教研行为转化为课堂教学行为的做法。

(三)集团教师流动:重构集团教师专业发展系统的重要环节

集团理事会制订了集团教师流动工作方案。以需求导向的流动为主,通过互换流动、援助流动、课程流动、带教流动、跟岗流动等多种方式探索集团教师流动。例如上理工附属初中的化学科都是新进的青年,需要有老教师领航带教,我们派出区学科带头人到上理初中支教一年。鞍山实验中学体育学科缺乏领航教师,包头中学派出区骨干教师来支教指导学校的体育工作,同时鞍山实验中学派出校骨干到包头中学交流学习。包头中学物理教师怀孕,鞍山实验派出校骨干教师支援。这种需求导向的流动,对集团各成员学校的教师队伍建设效果明显,但是教师流动的量还不够。为了更大范围的流动,我们落实教育局关于集团内教师流动的"蓄水池"计划,用好核心校编制数,招聘学历高、素质高的新教师,充实集团力量。通过集团内"支教",盘活优质师资资源,促进集团师资队伍整体提高。

(四)集团建设机制:重构集团教师专业发展系统的重要保障

我们聚焦集团建设目标——"让每一所学校都拥有各自发展动力的'动车组'教育集团",完善集团的组织架构,即理事会、秘书处和5个中心、6个联合教研的组织架构,充分发挥各校和校长的优势特长。在此基础上,又进一步厘清由专家团队咨询与指导、集团理事会决策、秘书处执行落实、集团中心项目推进的协同与分工的工作机制,确保"动车组"的强大动力,保障集团教师专业发展系统的有效运行。教师研修中心负责联合主题研修,提高整体教研水平;课程共享中心组织特色课程共享,助力特色教师成长;人文实践中心组织集团教师人文实践活动,培育师德与人文;教师交流中心探索集团教师柔性流动,激发教师成长动力;学生活动中心开展集团学生联合活动,搭建师生共同成长平台。

三、案例总结与反思

在"重构集团教师专业发展系统"的引领下,我们集团工作取得了积极的成效。比如,全面落实教师柔性流动,开展集团教师"蓄水池"计划,完善管理制度,明确流动教师的人事关系、工作量、考核评价、绩效奖励等,让流动教师在为集团内优质均衡发展做出贡献的同时,也确保其自身价值的体现,促使流动的老师真正实现流动价值。又如,发挥集团名师工作坊的攻关和孵化作用。集团有2个班主任工作坊,英语、历史学科基地。集团分别承办了中考改革背景下初中教学研究项目——英语、历史、生命科学与地理的市级学科展示研讨,让集团内的教师有机会直接得到市教研员的指导。另外,通过特色教师的特色课程共享,助力教师成长。如东辽阳"麦秆画课程";包头"动漫画绘画技巧""联通语文";鞍山实验"共同的祝福"(年画教材);上理初级"安全体验"的6门共享课程,通过课程共享,激发了这些教师的专业价值与专业动力。再如,整体设计集团教师研修培训,集团已经形成利用暑假校本培训开展集团教师集中培训的制度,重点探索中考改革背景下,英语、历史、地理、道法等学科的素养导向的教学改进。

当前要进一步完善集团"1-5-6-1"机制建设,发挥集团内新优质校、强校工程实验校的优势,做好"构建集团教师专业发展系统"的项目实施与总结,提炼项目特色亮点,引领自主发展,增强集团凝聚力和归属感,形成更强大的合作互动团队。(王寒煜执笔)

附 录

政策文件

上海市教育委员会关于推进
本市紧密型学区和集团建设的实施意见

沪教委基〔2019〕7号

各区教育局、市教委各有关直属事业单位：

近年来，本市大力推进学区化集团化办学，优质教育资源覆盖面持续扩大，校际差距有所缩小，呈现良好的工作局面。同时也存在部分学区、集团之间发展动力不足、优质共享机制不够完善等问题。为深入贯彻落实党的十九大精神和全国教育大会精神，落实市委、市政府关于本市基础教育综合改革的部署，进一步提高义务教育优质均衡发展水平，努力让每个学生都能享有公平而有质量的教育，现就推进本市紧密型学区和集团建设提出如下实施意见。

一、总体思路

坚持"办好每一所学校、成就每一名教师、教好每一位学生"的理念，按照"紧密合作、优质共享、提质增效"的思路，着力加强紧密型学区、集团创建，通过促进组织更紧密、师资安排更紧密、教科研更紧密、评价更紧密，激发每个学区和集团合作共进的创新活力，实现管理、师资、课程、文化等互通互融，提高每一所成员校的办学效益，整体提升义务教育优质均衡发展水平。

二、工作目标

通过两轮（3年一轮）创建，全市基本形成紧密型学区、集团创建的良好格局，学区和集团内各成员校的教师专业发展水平、教学质量进一步提高，办学特色更加明显，家长和社会满意度进一步提升。力争20%以上的学区、集团成为紧密型学区、集团，且覆盖所有区。

三、主要内容

各区依据行政区划、人口布局、优质资源分布等因素，结合已有的学区和集团分布，进一步优化学区、集团布局。根据各学区、集团的发展基础,分年度规划紧密型学区和集团创建工作,提出区域紧密型学区和集团建设方案。要合理确定学区、集团规模,加强政策保障,指导基础较好的学区、集团率先制订创建计划,推动更多学区、集团创建成为紧密型学区或集团。

各学区、集团要对照紧密型办学的任务和要求,结合自身发展实际,从治理体系、师资结构、课程教学、特色办学等方面进行全方位的梳理与总结,形成紧密型学区或集团创建方案,开展创建工作,经区级教育行政部门组织评估,认定为区级紧密型学区或集团。区教育行政部门遴选典型的区级紧密型学区或集团,向市教委申报上海市示范性学区或集团。市教委每3年开展一轮上海市示范性学区或集团评定工作,通过过程性监测、问卷调查等方式,对申报的学区、集团进行综合评定。通过评定的,命名为上海市示范性学区或集团。

四、主要任务

(一)健全治理体系,促进组织更紧密

各学区、集团应建立常设协调管理机构,选派政治素质高、沟通能力强、富有责任心的干部承担学区、集团日常管理、协调事务。

建立更加科学有效的规章制度,明晰学区、集团内部各法人学校的主体责任,健全组织管理和运行机制,完善议事规则和决策程序,确保紧密型学区、集团建设方案逐年得到落实。

加强学区、集团干部队伍建设,提任或转任学区、集团成员校校长应当事先听取学区、集团牵头校的意见,同时可征询学区、集团决策机构(理事会等)的意见。

(二)优化流动机制,促进师资安排更紧密

推进实施教师"区管校聘"制度,统筹区域内教师资源,加强师资培养,健全骨干教师流动"蓄水池"机制,通过统筹编制、盘活存量等方式,形成干部、教师有序流动的工作制度。将学区、集团内1~2年的交流轮岗工作经历作为提任校级干部的重要因素。经学区管理委员会或集团理事会研究决定,根据紧密型学区、集团创建的需要,可统筹各校干部、教师的招聘、配备和使用,统筹中、高级职称申报,统筹部分绩效工资增量分配,促进干部、教师有序流动。同学段学区、集团每年教师交流轮岗人数应达到符合交流条件教师总数的10%~20%,跨学段学区、集团每年教师交流轮岗人数应不低于符合交流条件教师总数的5%,其中骨干教师比例均不低于交流轮岗教师总数的20%。

发挥学区、集团内名校长、名师及其他优秀干部和骨干教师的示范带头作用,通过共建名校长名师工作室、特级教师流动站、骨干教师研修共同体等方式,搭建干部、教师成长发展平台,促进学区、集团内干部教师专业发展、素质提升。

着力提升教师专业素养,在校本研修的基础上,探索开展学区、集团内师资培训机制,形成市级培训、区级培训、学区集团培训、校本培训的教师培训新架构。经区级及以上教育部门认定,教师在学区、集团内参训可按照高于校本培训的原则核定学分。开展学区、集团层面的课堂交流展示、教科研活动,按照高于校级的原则认定。

（三）加强课程教学共研共享,促进教科研更紧密

建立学区、集团同学段学科教研组或备课组,实施教师联合备课、联合教研、合作科研、教学比武,激发教师的积极性和创造性。探索实施教师走教、学生走校、信息化同步教学等多种课程教学互动模式。

建立健全学区、集团优质课程资源共享平台,丰富课程教学资源供给,共享优质特色课程资源、教学资源、教师培训研修和教科研成果等资源。学区、集团牵头校每年应组织开展高质量共享共用课程建设。

统筹学区、集团各类资源,建立文体场馆、创新实验室、外语听说测试教室、理科实验室等场地资源的共享共用机制。相关的社会场馆资源、社区文体资源、社会专业团体资源应当在学区、集团内充分共享。建立学生活动、家庭教育指导、课后服务联合运作机制,整体提升学区、集团在学生德育、体育、科技和艺术活动及家校合作等方面的水平。

充分发挥学区的群体智慧和集团的品牌影响力,以先进文化引领学校"和而不同"的发展。集中学区、集团专业力量,帮助各校在提升常态课教学水平的同时,打造特色课程,凝练办学特色。

（四）实施捆绑考核,促进评价更紧密

完善学区、集团考核评价制度,把学区、集团内每一所学校的发展进步作为对牵头校校长年度绩效考核的重要依据,把参与学区、集团共建作为对其他成员校校长年度绩效考核的重要内容。加强对学校推进紧密型学区、集团建设工作的考核比重,原则上不低于区域对学校考核内容或分值总量的20%。

赋予学区、集团相应的考核评价建议权,区教育部门对成员校校长及相关干部进行年度考核应当事先充分听取学区、集团牵头校的意见;有条件的区可赋权学区、集团牵头校对其他成员校进行年度考核。

对考核优秀的,区教育行政部门可予以专项奖励。对积极参与学区、集团建设且办学水平提升明显的成员校校长,区教育行政部门可直接或通过学区、集团牵头校进行奖励。

（五）探索学生共育,促进培养方式更紧密

在形成学校办学特色的前提下,上海市示范性学区或集团可在坚持义务教育免试就近入学原则下,实施部分特色项目的学生联合培养实验。

上海市示范性学区或集团可按照高中阶段招生考试改革的方向和要求,适度加大市实验性示范性高中招名额分配综合评价录取招生计划向学区、集团内不选择生源初中的倾斜力度,激发市实验性示范性高中服务学区、集团的积极性和创造性。

五、推进机制

(一)市区联动

市教委建立紧密型学区、集团建设领导小组,日常工作由市教委基础教育处承担,统筹协调推进紧密型学区、集团建设工作。市教科院建立紧密型学区、集团建设项目组,牵手市集团化办学研究中心等机构,共同开展相关的专业指导和评估工作。

各区教育局在区人民政府的领导下,以创建紧密型学区、集团为契机,结合实施公办初中强校工程、新优质学校集群发展等工作,规范对紧密型学区、集团的管理,形成区域配套政策,统筹资源,加大投入,强化保障,加强指导,形成争创紧密型学区、集团的良好局面。

(二)以评促建

研制紧密型学区、集团建设评估指标,开展创建方案评估、中期评估、验收评估等工作,充分激发牵头校的引领作用和成员校的参与热情,不断加强治理能力建设和共建共享力度,提升学生、家长、社区的满意度。

相关评估结果作为学区、集团改进提升、绩效考核的重要依据,作为命名区级紧密型学区、集团和上海市示范性学区、集团的依据。

(三)交流展示

定期开展紧密型学区、集团建设交流展示活动,分享典型经验,研究解决推进中的具体问题。紧密型学区、集团创建过程中,创建市级示范性的学区、集团,每年至少在全区范围内有一次高质量的交流展示,3年内至少在全市范围内有一次高质量的交流展示,并取得较好的交流效果。

充分发挥新闻媒体的舆论引导作用,加大宣传力度,引导全社会关心、支持基础教育改革发展,营造有利于基础教育改革发展的良好氛围。

六、保障措施

(一)各区应在区域范围内,统筹解决紧密型学区、集团创建所需编制,健全骨干教师流动"蓄水池"机制。

(二)评定高级教师、特级教师等职称、荣誉,向学区、集团内经常性流动、承担带教任务的教师倾斜。

(三)加大考核力度,在绩效工资统筹部分中对紧密型学区、集团办学的先进单位和个人给予一定的奖励,调动各校教职工参与学区、集团办学的积极性。

(四)专项经费支持紧密型学区、集团建设,重点用于学区、集团整体办学所需要的课程建设、场地设施、专业资源引入、展示交流等项目支出。

(五)上海市示范性学区或集团可试点特色项目学生联合培养、市实验性示范性高中名额分配综合评价录取倾斜等改革项目。

(六)加大宣传力度。在有关媒体上开辟专栏,对紧密型学区、集团建设典型进行集中报道。

上海市教育委员会
2019 年 1 月 21 日

杨浦区教育局
印发《关于进一步深化集团化办学的实施意见》的通知

杨教〔2015〕52号

各小学、初中（含民办学校、九年一贯制学校）：

现将《关于进一步深化集团化办学的实施意见》印发给你们，请认真贯彻执行。

2015年6月19日

关于进一步深化集团化办学的实施意见

近十年来，我区先后成立打虎山路第一小学、杨浦小学、控江二村小学、上海理工大学附属小学四个教育集团，通过集团资源的整合优化，促进了区域教育品质整体提升。为贯彻落实市教委《关于深化基础教育学区化集团化办学的指导意见》主要精神，探索多元化办学体制机制，进一步提高区域优质教育覆盖面，为每个适龄儿童提供公平优质的公共教育服务，特制订本实施意见。

一、指导思想

以杨浦整体教育综合改革为引领，以促进义务教育优质均衡发展为根本目标，以创新办学体制和管理体制为基本路径，以推进教育公平、实现区域内学校群体进步为核心理念，充分发挥现有优质教育资源的影响、辐射、示范和带动作用，努力满足人民群众对优质教育的需求。

二、基本原则

1. 行政主导原则。以行政推进为主要模式，发挥学校参与的积极性；通过行政推动落实。

2. 开放协同原则。集团内的每一所学校要努力打破校际壁垒，通过合作共享，发挥教育资源的辐射效应。

3. 尊重差异原则。在共享共育集团办学资源的同时，尊重集团内每一所学校的办学历史和文化，鼓励学校发展个性，建设特色。

三、发展目标

1. 进一步拓展集团规模。小学学段，拟三年内在尚未覆盖的南、北部区域增设教育集团，实现区域地理位置上全覆盖；在不同类型的初中、高中学段，探索新优质学校集团、与高校合作办学集团、学段衔接集团等多种模式，使集团结构更加优化、多元。

2. 进一步形成可复制经验成果。梳理已经取得的经验，从中找寻集团化办学成功的要素，在此基础上形成我区集团化办学的具体推进策略和整体制度设计。

3. 进一步创新办学机制。建立健全区域支持集团化办学的配套机制。

四、推进举措

1. 进一步完善集团理事会管理机制

主动探索适合集团化办学的现代学校管理制度，采用章程管理模式，由集团核心校和成员校共同商议制定本教育集团章程，明确集团宗旨、组织机构、管理办法及核心校、成员校的权利和义务，探索赋权集团理事长独立办学的更大空间，充分调动集团成员校参与办学的积极性，提高集团化办学管理水平。

2. 进一步完善促进集团化办学的内涵发展机制

积极探索课程资源共享、教育科研互通、场地资源共用、学校文化共建等内涵发展机制，整合集团内教育资源，既确保集团整体教育品质提升，又充分发展集团内各成员校的个性和特色。探索多种途径的集团内师资流动方式，完善配套政策。增加集团核心校一定数量的编制，由集团核心校统一招聘新教师，建立形成"蓄水池"，支持集团内教师流动。

3. 进一步完善促进集团化办学的评估机制

不断完善已经形成的集团化办学绩效评估制度。修订评估指标体系，重点对集团化办学的规划制定、实施过程、办学成效进行评估。引入第三方机构参与，发挥对集团化办学的社会监督和促进作用。

4. 进一步完善促进集团化办学的激励机制

设立专项工作经费，完善考核激励机制。根据各集团年度工作目标内容以及集团学校规模，下拨集团化办学专项工作经费，用于集团管理和教育教学等相关工作。各集团要确保专款专用。将集团化办学纳入学校和校长绩效考核并作为重要指标。开展分级评估,对各集团整体办学和集团内每一所学校进行评估,根据评估结果,对理事长和成员校校长进行工作绩效奖励。对集团内流动教师,由各集团根据章程确定考核和奖励办法。对在集团内参与流动、有两校任教经历的教师,在专业职称评审上予以优先考虑。适当增加集团核心校高级职称指标和副校长岗位,用于薄弱学校支教或派驻。原则上集团内各学校教师每年流动不少于本校在编在岗教师数的8%。

五、保障机制

1. 加强组织领导

建立由区政府分管领导牵头,规划、人保、财政、教育、督导等相关部门参与的协调机制,定期召开集团化办学工作会议,解决集团化办学中跨部门的综合性问题,制定推进集团化办学实施方案,明确工作目标和推进举措。教育局原集团化办学工作小组不变,负责协调、组织、实施区域集团化办学工作。

2. 加强经费保障

每年从专项经费中安排集团化办学试点经费,并逐年增加,纳入部门预算管理,用于办学补助,实行专款专用。

3. 加强专业指导

区教师进修学院教研室和科研室要指导各教育集团设计和开展各类教科研活动,引导集团提升内涵。区教师进修学院干训和师训部门要重点关注集团化办学过程中的干部和教师培养,尤其是骨干教师团队建设。区教育督导室要建立集团化办学督导评估制度,制定完善集团化办学督导评估标准和实施方案。

4. 营造良好氛围

通过举办集团化办学研讨会、经验交流会和成果展示会,及时总结集团化办学的经验与做法。坚持正确舆论导向,加大集团化办学的宣传力度,通过多种渠道、多种形式积极营造支持集团化办学的良好环境,引导社会和家长建立科学、理性的教育价值观。

杨浦区教育局
关于印发《关于推进教育集团内教师流动的若干意见(试行)》的通知

杨教〔2016〕61号

各基层单位：

现将《关于推进教育集团内教师流动的若干意见(试行)》印发给你们,请认真贯彻执行。

2016年6月15日

关于推进教育集团内教师流动的若干意见
(试行)

为贯彻落实党的十八大和十八届三中、四中、五中全会精神,深化教育综合改革,推进实施集团化办学,建立集团内教师流动机制,充分发挥集团内优秀教师的示范作用,不断优化教师队伍资源配置,逐步缩小集团内的校际差距,促进基础教育优质均衡发展。根据《教育部、财政部、人社部关于推进县(区)域内义务教育学校校长教师交流轮岗的意见》(教师司〔2014〕4号)和《上海市教育委员会关于促进优质均衡发展、推进学区化集团化办学的实施意见》(沪教委基〔2015〕80号)的精神,结合杨浦教育的实际情况,特制定以下意见。

一、流动对象

集团内学校在编在岗教师,凡男55周岁、女50周岁以下均应参加教师流动,集团内每学年教师流动的比例不低于符合流动条件教师总数的8%左右,其中骨干教师比例应不低于流动总数的15%。

二、流动方式和期限

教育集团内部应建立明确的教师流动制度,依据核心校与成员校之间的学科优势差异、师资队伍结构,在集团内不同学校之间选派教师进行流动,每学年调整一次。集团内教师每次的流动时间原则上为 2 年但不少于 1 年。

三、教师流动程序

(一)公布岗位。每年 5 月集团根据本集团的实际情况,确定教师流动方案,在集团内公布教师流动的岗位需求。

(二)申报推荐。每年 6 月采取个人申报与学校推荐相结合的方式,确定流动教师名单,并在集团内进行公示。公示无异议后,上报教育局义教科和人事科备案。

(三)统筹安排。每年 8 月底,由集团安排教师流动人员到相应岗位任职。

四、日常管理

(一)人事关系。参与流动的教师人事关系可转入流入学校,也可保留在派出学校,享受派出学校工作待遇。

(二)工作要求。流动教师必须全职到流入学校工作,流动期满后是否继续留任,由集团视工作需要并结合流动教师意愿协商确定。

(三)考核评价。教师流动期间的考核评价分为学期考核、终期考核两个阶段。学期考核由流入学校负责实施,在个人述职的基础上,由流入学校对流动教师工作情况进行考核,并将考核情况书面上报集团审核,审核同意后,报教育局义教科和人事科备案。终期考核由教育集团负责实施,在教师个人总结、流入学校汇报的基础上,组织专家对其流动工作进行考核评估,终期考核优秀的比例为 30%。

五、组织保障

(一)教育局集团化办学工作领导小组负责对集团内教师流动工作进行总体规划、指导推进和检查监督。各教育集团理事会负责具体实施,集团理事长是实施集团内教师流动工作的第一责任人。

(二)集团内教师流动实施情况将作为集团年终考核的重要内容。适当增加集团内核心校编制数,用于招聘新教师,使核心校成为教师培养的"蓄水池",为集团内教师流动作准备。

(三)在职称评审、岗位晋升时,同等条件下向有集团内流动经历的教师倾斜。流入学校有岗位空缺,参与流动的教师可跨校申报,取得相应资格后,人事关系必须转入流入学校,才能聘任。

(四)设立教师流动专项资金,用于参与流动教师的津贴,经学期考核合格,由区教育局按学期统一发放教师流动津贴。终期考核优秀的教师给予一定的奖励。

杨浦区教育局
关于印发《关于进一步加强义务教育教育集团内教师队伍建设的实施意见》的通知

杨教〔2018〕63 号

教育系统各单位：

现将《关于进一步加强义务教育教育集团内教师队伍建设的实施意见》印发给你们，请认真贯彻执行。

2018 年 9 月 18 日

关于进一步加强义务教育教育集团内教师队伍建设的实施意见

为贯彻落实党的十九大精神，深化教育综合改革，推进实施义务教育集团化办学，加强集团内教师队伍建设，合理调配优质教育资源，不断优化师资队伍结构，逐步缩小集团内的校际差距，促进基础教育优质均衡发展。根据《中共中央、国务院关于全面深化新时代教师队伍建设改革的意见》（中发〔2018〕4 号）、《上海市教育委员会关于印发〈上海市"十三五"中小学、幼儿园、中等职业学校教师培训工作实施意见〉的通知》（沪教委人〔2016〕41 号）、《教育部、财政部、人社部关于推进县（区）域内义务教育学校校长教师交流轮岗的意见》（教师司〔2014〕4 号）和《上海市教育委员会关于促进优质均衡发展、推进学区化集团化办学的实施意见》（沪教委基〔2015〕80 号）的精神，结合杨浦教育的实际情况，特制定以下意见。

一、统一招聘，严格把关，提高集团内新教师队伍质量

加强集团内编制管理，适当增加集团内核心校编制数，由理事长进行统一调配、使

用和管理,用于招聘新教师,使核心校成为教师培养的"蓄水池",为集团内教师流动作准备。教师招聘以集团为单位进行统一招聘,由理事长牵头制定集团教师招聘计划数、招聘条件、招聘流程和录用意向等,严格把关,积极引进,提高集团内新教师队伍质量。集团还要积极与高校对接,主动宣传,建立实习基地,扩大教育集团的影响力,吸纳优秀人才加盟。

二、资源共享,搭建平台,提升集团内教师专业发展水平

基于集团发展规划,进一步创新教师培养培训机制、模式,积极营造一个有利于教师自我要求、良性发展的政策环境,营造一个上下求索、丰富底蕴的文化环境,营造一个多元、立体、友好、健康、便捷、共享的学习环境,营造一个师德高尚、专业厚实的教师团队发展环境。

(一)加强师德建设,提升教师综合素养

建立健全师德师风建设长效机制,以教师的育德意识和育德能力培养为重点,制定集团内师德建设规划和实施方案,进一步弘扬集团内优秀教师的先进事迹,创新师德教育培训机制,提升教师的人文素养、师德水平和专业能力。

(二)加强高端培养,形成骨干教师梯队

集团要实施骨干教师培养计划,探索建立教师分层分类培养发展机制,形成集团内骨干教师发展梯队。要搭建多元平台,鼓励骨干教师建立工作室,进行公开教学、参与课题研究、承担项目建设、培养带教教师和著书立说等,以骨干教师优秀团队的专业示范引领,带教一批优秀教师,整体提升集团教师队伍专业水平。

(三)加强见习培训,增强见习教师技能

充分发挥集团内市、区教师专业发展学校暨见习教师培训基地学校的引领、示范作用,将集团理事单位的见习教师安排至集团内的见习教师培训基地学校,参加见习教师规范化培训,进一步夯实集团内见习教师的教育教学基本功。

(四)加强课程建设,促进教师培养培训

完善集团内教师培养培训制度,坚持创新发展、需求导向,精准实施,加强集团教师培养培训方案整体设计和系统思考,针对集团内教师的发展专业需求和存在问题,结合《杨浦区中小学(幼儿园)教师专业(专项)能力提升计划》,编制各级各类教师培养培训方案。加强教师培训课程开发建设,充分运用集团优质教育资源,以专家引领、团队合作的形式,形成"低结构、短课时、数字化、模块式、研训一体"的系列微课程。

(五)加强项目建设,创新教师培训模式

以集团项目为依托,根据杨浦整体教育综合改革和市基础教育创新试验区建设的总体目标、要求及任务,结合区域教师教育方式、机制创新的行动研究,优化教师培训的

形式、内容,加强团队建设,提升集团教师的整体水平。

（六）优化平台建设,促进资源共建共享

创新和丰富校本研修内容,共建共享集团优质校本研修课程资源,满足集团内教师个性化培训需求。立足课堂实践,以"专家引领、团队合作、同伴互助、个人反思"为抓手,以研促训、以训促教,构建教师教学研究、教学反思、专业提升的良性循环机制。在"互联网＋"信息时代的大背景下,加强集团平台建设,搭建教师网上研修社区平台,创设"教师研修云课堂",突破时间和空间的限制,落实集团内教育教学资源的共享。

三、整体规划,推进流动,优化集团内教师资源配置

加大教育集团内教师流动力度,推进集团内教师队伍"县管校聘"管理改革,使教师由"学校人"变为"集团人",推进集团内教师资源均衡配置。

（一）流动对象

集团内学校在编在岗教师,凡男55周岁、女50周岁以下均应参加教师流动,集团内每学年教师流动的比例不低于符合流动条件教师总数的10%左右,其中骨干教师比例应不低于流动总数的20%。

（二）流动方式和期限

教育集团内部应建立明确的教师流动制度,依据核心校与成员校之间的学科优势差异、师资队伍结构,在集团内不同学校之间选派教师进行流动,每学年调整一次。集团内教师每次的流动时间原则上为2年但不少于1年。

（三）教师流动程序

1. 公布岗位。每年5月集团根据本集团的实际情况,确定教师流动方案,在集团内公布教师流动的岗位需求。

2. 申报推荐。每年6月采取个人申报与学校推荐相结合的方式,确定流动教师名单,并在集团内进行公示。公示无异议后,上报教育局义教科和人事科备案。

3. 统筹安排。每年8月底,由集团安排教师流动人员到相应岗位任职。

（四）日常管理

参与流动的教师人事关系可转入流入学校,也可保留在派出学校,享受派出学校工作待遇。流动教师必须全职到流入学校工作,流动期满后是否继续留任,由集团视工作需要并结合流动教师意愿协商确定。教师流动期间的考核评价分为学期考核、终期考核两个阶段。学期考核由流入学校负责实施,在个人述职的基础上,由流入学校对流动教师工作情况进行考核,并将考核情况书面上报集团审核,审核同意后,报教育局义教科和人事科备案。终期考核由教育集团负责实施,在教师个人总结、流入学校汇报的基础上,组织专家对其流动工作进行考核评估,终期考核优秀的比例为30%。

四、组织保障

（一）教育局集团化办学工作领导小组负责对集团内教师队伍建设工作进行总体规划、指导推进和检查监督。各教育集团理事会负责具体实施，集团理事长是实施集团内教师队伍建设的第一责任人。

（二）教育局将集团教师队伍建设、教师流动、培训经费使用等实施情况作为集团年终考核的重要内容。各集团要加强集团内教师队伍建设的规划和研究，制定实施方案，建立责任体系，制定教师绩效考核评价指标体系，形成集团内教师队伍建设的长效管理机制，切实推进集团化办学的优质均衡。

（三）教育集团统一组织、实施的教师培训课程，可申报区级培训课程，经区教师专业发展中心审核同意后，依据《杨浦区"十三五"中小学、幼儿园教师培训学分管理办法》，纳入杨浦区教师培训学分管理系列，并认定相应的学分。

（四）在职称评审、岗位晋升时，同等条件下向有集团内流动经历的教师倾斜。流入学校有岗位空缺，参与流动的教师可跨校申报，取得相应资格后，人事关系必须转入流入学校，才能聘任。设立教师流动专项资金，用于参与流动教师的津贴，经学期考核合格，由区教育局按学期统一发放教师流动津贴。终期考核优秀的教师给予一定的奖励。

杨浦区教育局
关于印发《推进紧密型集团建设的实施意见》的通知

杨教〔2019〕87号

义务教育阶段各学校：

现将《推进紧密型集团建设的实施意见》印发给你们，请认真贯彻执行。

2019年9月30日

推进紧密型集团建设的实施意见

2014年，杨浦区被列为上海市集团化办学试点区，按照"传承发展、创新机制、完善布局、体现特色"的发展思路，以"总结经验、复制经验、创新经验"为基本策略，集团化办学覆盖面持续扩大、管理不断创新，取得了一定成效。为进一步贯彻落实《上海市教育委员会关于推进本市紧密型学区和集团建设的实施意见》（沪教委基〔2019〕7号）的精神，提高杨浦教育优质均衡发展水平，结合区域实际情况，现就推进杨浦区紧密型集团建设提出如下实施意见。

一、总体思路

继续围绕"坚持以办学集团化推进教育均衡化，通过加强理论和实践研究、体制机制创新和改革深化，建设好、治理好、运行好每一个教育集团，最终办好每一所学校"的区域集团化办学工作发展目标，聚焦三个"导向"的研究，着力加强紧密型集团创建，通过促进"组织更紧密、师资安排更紧密、教科研更紧密、评价更紧密、学生培养方式更紧密"，激发集团合作共进的创新活力，实现管理、师资、课程、文化等互融互通，提高每一所成员校的办学效益，整体提升义务教育优质均衡发展水平。

二、工作目标

通过两轮(3年一轮)创建,区域基本形成紧密型集团创建的良好格局,集团内教师专业发展水平、教学质量进一步提高,成员校办学特色进一步彰显,家长和社会满意度进一步提升,力争区内20%以上的集团建设成为紧密型集团。

三、主要内容

1. 进一步优化集团布局,完成新一轮结构调整工作。

依据学校建设、优质资源分布等因素,进一步优化集团布局,新增上海市第二师范学校附属小学教育集团、上海市复旦实验中学教育集团。同时,兼顾各集团规模、集团整体发展水平及成员学校发展需求,调整11所成员学校,完成集团结构重组。

2. 开展区级紧密型集团创建工作。

各集团要认真对照紧密型集团办学的任务和要求,结合自身发展实际,从治理体系、师资结构、课程教学、特色办学等方面进行全方位的梳理与总结,形成紧密型集团创建方案,开展创建工作。通过组织评估,认定首批区级紧密型集团。同时遴选典型区级紧密型集团,申报3年一轮的上海市示范性集团。

四、主要任务

(一)坚持"三个导向"的研究,推动集团办学模式优化。

坚持科学导向,深入开展集团化办学理论与实践研究,重点开展紧密型集团办学管理模式与制度设计研究,确保集团工作高效运行。

坚持效能导向,进一步深化集团教师柔性流动研究,探索建立"集团统筹部分绩效工资"的紧密型集团教师流动管理和效益评估机制,逐步实现动态管理。

坚持目标导向,继续开展分级考核与发展性督导评价研究,围绕紧密型集团建设,进一步更新优化指标。全面推进以集团为单位的督导,集团督导要凸显发展性,注重过程性,体现差异性,在全面评估的基础上,对集团未来发展提出意见、建议。

(二)促进五个"更紧密",推动紧密型集团创建。

1. 健全集团治理体系,促进组织更紧密。

各集团应进一步健全协调管理机构,选派政治素质高、沟通能力强、富有责任心的干部承担集团日常管理、协调事务。

建立更加科学有效的规章制度,明晰集团各法人学校的主体责任,健全组织管理和运行机制,完善议事规则和决策程序,确保紧密型集团建设方案逐年得到落实。

加强集团内干部队伍建设。集团核心校党组织要切实发挥好党管干部的作用,定期向区教育工作党委反馈集团成员校校长及集团内干部的工作情况,并视情作为干部选拔、任用、调整的重要依据。

2. 优化流动机制,促进师资安排更紧密。

加大紧密型教育集团内教师流动力度,推进实施教师"区管校聘"制度,适当增加核心校编制数,由理事长进行统一调配、使用和管理,使核心校成为教师培养的"蓄水池",形成教师流动的工作制度。

经集团理事会研究决定,可统筹教师招聘、配备和使用,统筹中、高级职称申报,统筹部分绩效工资增量分配,促进教师有序流动。同学段集团每年教师交流轮岗人数应达到符合交流轮岗教师总数的15%左右,跨学段集团每年教师交流轮岗人数应不低于符合交流轮岗教师总数的5%,其中骨干教师比例均不低于交流轮岗教师总数的20%。

在职称评审、岗位晋升、评优时,向集团内经常性流动、承担带教任务的教师倾斜。

3. 加强课程教学共研共享,促进教科研更紧密。

在原有区、校两级学科研修平台的基础上,探索介于两者之间的教育集团研修机制。通过项目研究、骨干引领等方式,进一步提升教育集团和集团内学校课程实施的品质。

聚焦项目研究,提炼学科实践策略。根据市教委统编教材研究、"基于课程标准的教学与评价"等相关工作及区教育局教育综合改革重大项目推进要求,各教育集团组织开展课程与教学实施的项目研究,明确研究的目标、内容、方法、成果。依据项目研究的相关目标任务,集团内各学科制订联组教研的专题,明确研究的问题、路径、方法、内容和形式,逐步提炼学科教学实践的有效策略。

依托骨干引领,提升教师专业素养。充分发挥各教育集团"区学科带头人、骨干教师"的专业特长,通过师徒带教、名师工作室、学科研修坊等方式,分享、辐射骨干教师的教学实践经验,在互动研讨、教学实践中整体提升教师团队的教学素养。

搭建展示平台,完善学科教研机制。探索建立集团内师资培训机制,形成"市—区—集团(联合体)—校"教研网络体系,经区级及以上教育部门认定,教师在集团内参训可按照高于校本培训的原则核定学分。开展集团层面的课堂交流展示、教科研活动,通过集团学科实验基地建设等计划,培养锻炼一批领军教师;通过课堂教学实践、团队研修活动、研究成果发布等形式展示、共享集团学科教学研究与实践的阶段成效,丰富区域学科教研的形式,集团交流展示报区级教育部门按照高于校级的原则认定。

4. 实施立体化考核,促进评价更紧密。

进一步完善集团考核评价机制。一是把集团内每一所学校的发展进步作为教育集团和理事长个人年度绩效考核的重要依据;二是把参与集团共建作为成员校校长年度绩效考核的重要内容;三是优化第三方参与的考核评价方式,加大对学校推进紧密型集团建设工作的考核比重,原则上不低于区域对学校考核内容或分值总量的20%;四是进一步完善集团化办学考核评价指标,结合区教育综合改革和基础教育创新试验区建设的核心项目与任务,凸显集团化办学的"机制保障、课程共建共享、教学共研、教师流动与专业发展"等要义。

进一步赋予集团相应的考核评价建议权。教育局对集团成员校校长及相关干部的年度考核事先听取集团核心校的意见并作为考核依据之一;赋权集团核心校对成员校进行年度考核,考核结果作为教育局对学校办学绩效考核确定等第的依据之一。

5. 探索学生共育,促进培养方式更紧密。

在形成学校办学特色的前提下,上海市示范性集团可在坚持义务教育免试就近入学原则下,实施部分特色项目的学生联合培养实验。

上海市示范性集团可按照高中阶段招生考试改革的方向和要求,适度加大市实验性示范性高中名额分配综合评价录取招生计划向集团内不选择生源初中的倾斜力度,激发市实验性示范性高中服务集团的积极性和创造性。

五、推进机制

(一)多级联动

成立区紧密型集团建设领导小组,日常工作由区教育局义务教育科承担,统筹协调推进紧密型集团建设工作。区教育学院科研室建立紧密型集团建设项目组,依托市集团化办学研究中心等机构,共同开展相关的专业指导和评估工作。

以创建紧密型集团为契机,结合实施公办初中强校工程、新优质学校集群发展等工作,规范对紧密型集团的管理,形成区域配套政策,统筹资源,加大投入,强化保障,加强指导,形成争创紧密型集团的良好局面。

(二)以评促建

依据市、区紧密型集团建设评估指标,开展创建方案评估、中期评估、验收评估等工作,充分激发核心校的引领作用和成员校的参与热情,不断加强治理能力建设和共建共享力度,提升学生、家长、社区的满意度。

相关评估结果作为集团改进提升、绩效考核的重要依据,作为命名区级紧密型集团和申报上海市示范性集团的依据。

(三)交流展示

定期开展紧密型集团建设交流展示活动,分享典型经验,研究解决推进中的具体问题。紧密型集团创建过程中,创建市级示范性集团,每年至少在全区范围内有一次高质量的交流展示,3年内至少在全市范围内有一次高质量的交流展示,并取得较好的交流效果。

充分发挥新闻媒体的舆论引导作用,引导全社会关心、支持基础教育改革发展,营造有利于杨浦教育优质均衡发展的良好氛围。

六、保障措施

(一)统筹解决紧密型集团创建所需编制,进一步健全骨干教师流动"蓄水池"机制。

(二)绩效工资统筹部分向紧密型集团办学的单位倾斜,适当增加紧密型集团绩效工资总量,由教育集团统筹安排。完善考核激励制度,在绩效工资统筹部分中对紧密型集团办学的先进单位和个人给予一定奖励,调动各校教职工参与集团办学的积极性。

(三)专项经费支持紧密型集团建设,重点用于集团整体办学所需要的课程建设、场地设施、专业资源引入、展示交流等项目支出。

(四)上海市示范性集团可试点特色项目学生联合培养、市实验性示范性高中名额分配综合评价录取倾斜等改革项目。

(五)加大宣传力度。通过各级各类主流媒体和新媒体平台,开展对紧密型集团建设典型的持续集中报道。

后　记

　　本书的缘起是"杨浦区集团化办学经验共享机制建设"研究课题。该课题经市教委批准立项，2018年启动。打虎山路第一小学教育集团等4所学校参与了其中的4个子项目，并分别完成了子项目的报告撰写。在编写的过程中，课题组将视野扩展至所有已组建的义务教育阶段的教育集团，以因应杨浦区集团化办学覆盖面已达到85%这样的布局，尽可能更全面地反映区域推进情况。同时，在框架结构上，从"区域层面"到"项目建设"到"一线报告"再到"案例分享"渐次展开，逐层深入。而其中贯穿的一条主线——从优质均衡到紧密发展，不仅是杨浦区这十多年来在集团化办学道路上探索的方向，其已形成的比较成熟的实践经验亦可为上海市其他区域乃至全国其他省市开展集团化办学提供更有效的范例。于是，最终形成的成果是《优质均衡，紧密发展——杨浦区集团化办学共享机制研究》。

　　考虑到各个教育集团组建时间有先有后，在"一线报告"的体例上，要求所有教育集团在撰稿时将时间点全部集中在2019年。这样做，组建较早的教育集团过往的办学经验可能无法更多展开，但所有的教育集团在一个时间点上，对反映区域发展情况，可更加全面。在"案例分享"的编辑上，我们按"文化共识""课程共创""教学共研""队伍共建"和"成果共享"来分类。对集团化办学核心特征有多种表述，但这五个"共"普遍有共识，所以作为了分类的参照。

　　因集团化办学是一个动态的推进过程，布局也在不断调整，书中个别地方难免有疏忽或遗漏，敬请专家、读者批评指正。

编　者
2021年2月26日

图书在版编目(CIP)数据

优质均衡,紧密发展：杨浦区集团化办学共享机制研究 / 朱萍主编 .— 上海：上海社会科学院出版社,2021

ISBN 978-7-5520-3244-4

Ⅰ.①优… Ⅱ.①朱… Ⅲ.①办学模式—研究—中国 Ⅳ.①G522.7

中国版本图书馆 CIP 数据核字(2021)第 147217 号

优质均衡,紧密发展:杨浦区集团化办学共享机制研究

主　　编：朱　萍
责任编辑：王　睿
封面设计：黄婧昉
出版发行：上海社会科学院出版社
　　　　　上海顺昌路 622 号　邮编 200025
　　　　　电话总机 021-63315947　销售热线 021-53063735
　　　　　http://www.sassp.cn　E-mail:sassp@sassp.cn
照　　排：南京理工出版信息技术有限公司
印　　刷：上海天地海设计印刷有限公司
开　　本：710 毫米×1010 毫米　1/16
印　　张：19.5
字　　数：313 千
版　　次：2021 年 9 月第 1 版　2021 年 9 月第 1 次印刷

ISBN 978-7-5520-3244-4/G·1115　　　　　　　定价:118.00 元

版权所有　翻印必究